汽车机械制图及识图

（修订版）

李茗　主编　　蔡俊霞　审

化学工业出版社

·北京·

本书为应用型本科、高等专科和高等职业技术教育车辆、汽车类专业规划教材，内容主要包括制图基础知识、投影基础、基本立体视图、组合体、轴测图、机件的表达方法、标准件和常用件、汽车零件图、汽车装配图、汽车机械部件识图等。本书内容涉及汽车曲轴、制动杠杆、转向器壳体、支架、安全阀、停车阀、气门研磨器、活塞连杆机构、变速器等零件图和装配图以及对汽车总体结构、发动机结构的认识和底盘、离合器、悬架图形的识读。本书由校企合作完成，能较好地适应后续课程教学和相关工作岗位的要求。本书电子课件可在 www.cipedu.com 查询下载。本书附加二维码，可查阅相关知识点内容。《汽车机械制图及识图习题集》（李茗主编）可与本书配套使用。

本书可作为高等院校应用型本科、高等专科车辆、汽车类专业教材，也可供相关工程技术人员自学和参考使用。

图书在版编目（CIP）数据

汽车机械制图及识图/李茗主编. —修订本. —北京：化学工业出版社，2019.2（2021.5重印）
ISBN 978-7-122-33506-7

Ⅰ.①汽⋯ Ⅱ.①李⋯ Ⅲ.①汽车-机械制图-教材 ②汽车-机械图-识图-教材 Ⅳ.①U462

中国版本图书馆 CIP 数据核字（2018）第 288425 号

责任编辑：李玉晖　　　　　　　　　　　　　　装帧设计：韩　飞
责任校对：王素芹

出版发行：化学工业出版社（北京市东城区青年湖南街13号　邮政编码100011）
印　　装：三河市延风印装有限公司
787mm×1092mm　1/16　印张13½　插页1　字数361千字　2021年5月北京第2版第4次印刷

购书咨询：010-64518888　　售后服务：010-64518899
网　　址：http://www.cip.com.cn
凡购买本书，如有缺损质量问题，本社销售中心负责调换。

定　　价：49.00元　　　　　　　　　　　　　　　　　　　　版权所有　违者必究

《汽车机械制图及识图（修订版）》是研究如何运用正投影基本原理，绘制和阅读汽车机械图样的课程，主要任务是培养相关专业学生具有一定的绘制简单零件图和识读汽车零件图、装配图的能力，能够识读汽车维修中的零件图和装配图，具备运用标准、手册等资料的能力，养成遵守国家标准的习惯和严谨、细致的工作作风。

本书结合汽车专业的实际情况，以汽车零部件为主线进行讲解，使学生既可以学习到机械制图基础知识，又可以认识汽车的部分典型零部件。在内容的选择上，突出了课程内容的职业指向性，淡化课程内容的宽泛性，对纯理论部分进行了适当的删减，重点突出零件图和装配图部分。本书和配套的《汽车机械制图及识图习题集》侧重"读图能力"的训练，将"读图"作为基本技能贯穿始终。尤其汽车零件图和汽车装配图两章增加了较多汽车零件图和装配图实例，为学习"汽车发动机构造""汽车底盘构造与维修"等后续课程打下基础。

同时，我们还邀请企业人员参与教材编写，并与相关职业资格标准、行业规范相结合，充分体现了校企合作和工学结合的特点，突出了创新性、先进性和实用性。

参加本书编写的有范莉（第一章、第五章、附录），王丽（第二章～第四章），王臣（第六章、第七章），李茗（第八章、第九章），李晗（第十章）。全书由李茗主编，蔡俊霞审阅。

在教材的编写过程中，得到了各位同事的大力支持和帮助，在此表示衷心的感谢。

《汽车机械制图及识图习题集》（李茗主编）可与本书配套使用。

由于笔者水平所限，书中难免存在不妥之处，恳请读者批评指正。

编　者

2018 年 10 月

| 绪论 | 1 |

第一章　制图基础知识　2

  第一节　绘图工具及作图方法 …………………………………… 2
  第二节　制图的基本规定 ………………………………………… 4
  第三节　几何作图 ………………………………………………… 10
  第四节　平面图形的画法 ………………………………………… 13
  第五节　草图的画法 ……………………………………………… 15

第二章　投影基础　17

  第一节　投影法 …………………………………………………… 17
  第二节　物体的三视图 …………………………………………… 18
  第三节　三视图作图方法及步骤 ………………………………… 21

第三章　基本立体视图　23

  第一节　基本立体的三视图 ……………………………………… 23
  第二节　截交线 …………………………………………………… 29
  第三节　相贯线 …………………………………………………… 35
  第四节　立体的尺寸标注 ………………………………………… 38

第四章　组合体　41

  第一节　组合体的组合形式 ……………………………………… 41
  第二节　组合体视图的画法 ……………………………………… 43
  第三节　组合体的尺寸标注 ……………………………………… 46
  第四节　看组合体视图的方法 …………………………………… 48

第五章　轴测图　54

  第一节　轴测图的基本知识 ……………………………………… 54

第二节　正等轴测图的画法 …………………………………… 55
　　第三节　斜二等轴测图的画法 …………………………………… 60

第六章　机件的表达方法　62

　　第一节　视图 …………………………………………………… 62
　　第二节　剖视图 ………………………………………………… 66
　　第三节　断面图 ………………………………………………… 73
　　第四节　其他表达方法 ………………………………………… 76
　　第五节　表达方法综合应用举例 ……………………………… 80

第七章　标准件和常用件　84

　　第一节　螺纹与螺纹连接件 …………………………………… 84
　　第二节　键和销连接 …………………………………………… 96
　　第三节　齿轮 …………………………………………………… 100
　　第四节　滚动轴承 ……………………………………………… 105
　　第五节　弹簧 …………………………………………………… 107

第八章　汽车零件图　112

　　第一节　概述 …………………………………………………… 112
　　第二节　零件图的视图选择原则 ……………………………… 114
　　第三节　零件图的尺寸标注 …………………………………… 115
　　第四节　零件上常见的工艺结构 ……………………………… 118
　　第五节　零件图的技术要求（一）——表面结构的表示 …… 123
　　第六节　零件图的技术要求（二）——极限与配合 ………… 129
　　第七节　零件图的技术要求（三）——形状与位置公差 …… 134
　　第八节　看零件图 ……………………………………………… 138
　　第九节　零件测绘 ……………………………………………… 147

第九章　汽车装配图　152

　　第一节　装配图的作用和内容 ………………………………… 152
　　第二节　装配图的表达方法 …………………………………… 154
　　第三节　装配图的尺寸标注和技术要求 ……………………… 157
　　第四节　装配图上的零部件序号和明细栏 …………………… 158
　　第五节　常见的装配工艺结构 ………………………………… 159
　　第六节　装配图的画法 ………………………………………… 164
　　第七节　读装配图 ……………………………………………… 169
　　第八节　由装配图拆画零件图 ………………………………… 174

第十章 汽车机械部件识图 ... 177

第一节 汽车的类型和结构 ... 177
第二节 汽车发动机的组成 ... 181
第三节 汽车底盘、离合器、悬架部件识图 ... 185

附录 ... 191

表 1   螺纹 ... 191
表 2   螺栓 ... 193
表 3   螺母 ... 195
表 4   螺柱 ... 195
表 5   螺钉 ... 196
表 6   垫圈 ... 198
表 7   销 ... 199
表 8   键 ... 200
表 9   基本尺寸小于 500mm 的标准公差 ... 202
表 10 滚动轴承 ... 203
表 11 优先及常用配合轴的极限偏差 ... 204
表 12 优先及常用配合孔的极限偏差 ... 205
表 13 机构运动简图符号 ... 206
表 14 常用热处理方法及应用 ... 207
表 15 常用金属材料与非金属材料 ... 207

参考文献 ... 210

绪 论

一、本课程的性质和地位

汽车机械制图及识图是一门重要的技术基础课，它是研究如何运用正投影法的基本原理，绘制和识读汽车机械图样的课程。本课程主要任务是培养学生看图、绘图和空间想象能力，以适应今后从事工程技术工作的需要。

二、学习本课程的主要任务

（1）学习正投影法的基本原理及其应用。
（2）培养绘制和识读中等复杂程度机械图样的能力。
（3）培养对三维形状与相关位置的空间逻辑和形象思维能力。
（4）培养计算机绘图的能力。
（5）培养耐心细致的工作作风和严肃认真的工作态度。

三、本课程的学习方法

（1）在学习本课程时，除了通过听课和复习，掌握基本理论、基本知识和基本方法以外，还要结合生产实际完成一系列的制图作业，进行将空间物体表达成平面图形，再由平面图形想象空间物体的反复训练，掌握空间物体和平面图形的转化规律，并逐步培养空间想象力。

（2）正确处理读图和画图的关系。对于从事机械制造工作的人员，正确地读懂图样是非常重要的。通过绘制图样可以加深对制图规律和内容的理解，从而提高读图能力。同时对图样理解得好，才能又快又好地将其画出。

（3）在读图和画图的实践过程中，要注意逐步熟悉和掌握国家标准《技术制图》与《机械制图》及其他有关规定，在学习中应注意养成认真负责、耐心细致、一丝不苟的优良作风。

第一章

制图基础知识

在汽车机械中，为了准确表达工程对象的形状、大小、材料和技术要求，按照国家标准和有关规定绘制的图形，称为图样。图样是汽车制造、检验、维修所依据的重要文件，是进行技术交流的语言。

本章主要介绍绘图工具的使用方法和国标规定的图幅、比例、字体、图线和尺寸标注等内容。

第一节 绘图工具及作图方法

正确地使用绘图工具，既能保证绘图质量、提高绘图速度，又能延长绘图工具的使用寿命。

一般用三种方法绘制图样。

1) 计算机绘图　应用计算机软件绘制图样。

2) 徒手绘图　以目测估计图形与实物比例，按一定画法要求徒手（或部分使用绘图仪器）绘制图样的草图。

3) 仪器绘图　使用绘图仪器和工具绘制图样。

绘图仪器和工具包括图板、丁字尺、三角板、圆规、分规、绘图铅笔和绘图纸等。

1. 图板

图板是供铺放和固定图纸用的木板。它由板面和四周的边框组成，板面应平整光滑，左右两导边必须平直。图纸可用胶带纸固定在图板上，如图 1-1（a）所示。常用图板规格有 0 号（900mm×1200mm）、1 号（600mm×900mm）和 2 号（450mm×600mm），可以根据图纸幅面的大小选择图板。

2. 丁字尺和三角板

丁字尺由尺头和尺身组成，尺头和尺身的结合处必须牢固，尺头的内侧面必须平直。丁字尺主要用来画水平线。使用时左手把住尺头，靠紧图板左侧导边（不能用其余三边），上下移动丁字尺，自左向右画不同位置的水平线。三角板由 45°和 30°（60°）两块组成为一副。

丁字尺和三角板配合使用，可以画水平线、垂直线和特殊角度线，如图 1-1 所示。

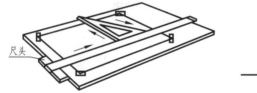

(a) 画水平线、竖直线和60°斜线　　　　(b) 画15°、75°斜线

图 1-1　图板、丁字尺和三角板的用法

3. 圆规与分规

圆规是画圆或圆弧的工具。为了扩大圆规的功能，圆规一般配有铅笔插腿（画铅笔线圆用）、鸭嘴插腿（画墨线圆用）、钢针插腿（代替分规用）三种插腿和一支延长杆（画大圆用）。圆规钢针有两种不同的针尖。画圆或圆弧时，应使用有台阶的一端，并把它插入图板中。使用圆规时需注意，圆规的两条腿应该垂直于纸面。如图 1-2 所示。

分规是等分线段、移置线段及从尺上量取尺寸的工具，如图 1-3 所示。使用分规时需注意：分规的两针尖并拢时应对齐。

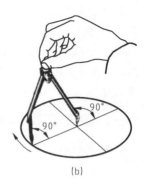

图 1-2　圆规的用法

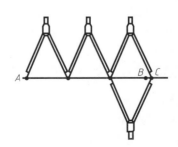

(a) 量取尺寸　　　　　　　　(b) 等分线段

图 1-3　分规的使用方法

4. 绘图铅笔

绘制工程图样应使用绘图铅笔。绘图铅笔依笔芯的软硬有 2B、B、HB、H、2H 等多种标号。B 前面的数字越大，表示铅芯越软。H 前面的数字越大，表示铅芯越硬。HB 标号的铅芯软硬适中。绘图时建议按下列标号选用绘图铅笔：

（1）画粗实线时选用 HB 或 B 型铅笔；画粗实线圆选用 2B 铅笔。

（2）写字以及画箭头、细实线和各类细点画线时选用 HB 或 H 型铅笔。

（3）打底稿时用 H 或 2H 型铅笔。

铅笔的笔芯可磨削成锥形或矩形两种形状，如图 1-4 所示。锥形用来写字和打底稿，矩形用来加粗和描深。

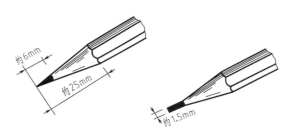

图 1-4　铅芯的长度与形状

5. 绘图纸

绘图纸的质地应坚实，用橡皮擦拭时不易起毛。绘图时必须用图纸的正面，识别正面的方法是用橡皮擦拭一下，不易起毛的一面为正面。

除了上述工具外，还有曲线板、比例尺、铅笔刀、橡皮、胶带纸、量角器、擦图片等工具。

第二节　制图的基本规定

图样是现代工业生产的重要技术文件，是人们表达设计思想、进行技术交流、组织生产与施工的重要工具之一，是工程技术人员的"语言"。

国家标准对图样的画法、格式和尺寸标注等做出统一规定，具体参照 GB/T 14689—2008、GB/T 14691—2008 等的标准规定。其中"GB/T"为推荐性国家标准代号，一般可简称"国标"；14689、14691 为标准批准顺序号；2008 表示该标准发布的年份。

一、图纸幅面与格式

1. 图纸幅面

绘制图样时，应优先采用表 1-1 中规定的图纸幅面。必要时，也允许采用加长幅面，其尺寸是由基本幅面的短边成整数倍增加后得出的。

表 1-1　图纸幅面　　　　　　　　　　　　　　　　　　　　　单位：mm

幅面代号	A0	A1	A2	A3	A4
$B×L$	841×1189	594×841	420×594	297×420	210×297
a	25				
c	10			5	
e	20			10	

2. 图框格式

图框格式分为不留装订边（见图 1-5）和留装订边（见图 1-6）两种。但同一产品图样只能采用一种格式。无论哪种格式的图纸，其图框线均应采用粗实线绘制。装订时可采用 A4 幅面竖装，A3、A2 幅面横装。

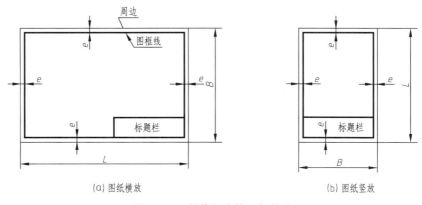

图 1-5　不留装订边的图框格式

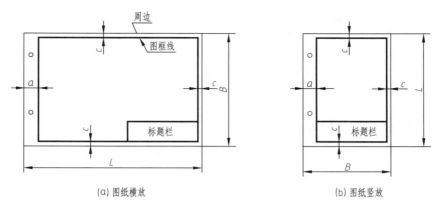

(a) 图纸横放　　　　　　　　　(b) 图纸竖放

图 1-6　留装订边的图框格式

3. 标题栏方位

（1）每张图样上必须画出标题栏，标题栏的位置位于图纸的右下角，如图 1-5、图 1-6 所示。

（2）标题栏的长边置于水平方向并与图纸的长边平行时，则构成 X 型图纸，如图 1-5（a）和图 1-6（a）所示。当标题栏的长边与图纸长边方向垂直时，则构成 Y 型图纸，如图 1-5（b）和图 1-6（b）所示。

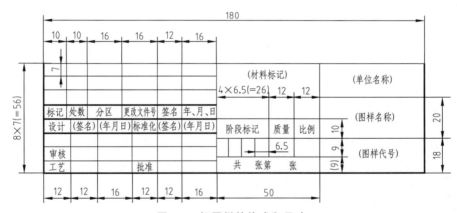

图 1-7　标题栏的格式和尺寸

（3）标题栏中的文字方向与看图方向一致。

（4）标题栏内容、格式及尺寸见图 1-7、图 1-8，制图作业的标题栏建议采用如图 1-8 所示的格式。

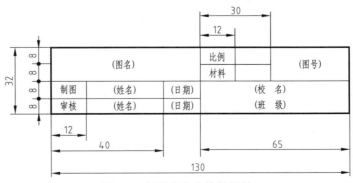

图 1-8　制图作业中的标题栏

二、比例

图样中线性尺寸与其实物相应要素的线性尺寸之比称为比例。

比例有三种类型:原值比例、放大比例、缩小比例。

原值比例:比值为 1 的比例,即 1∶1。

放大比例:比值大于 1 的比例,如 2∶1 等。

缩小比例:比值小于 1 的比例,如 1∶2 等。

不管用哪种比例绘制图形,图中的尺寸均应按照实物的实际大小进行标注。图 1-9 为用不同比例绘图的效果。

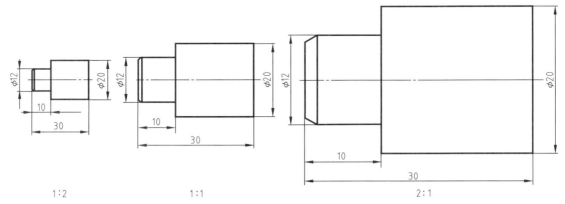

图 1-9　不同比例绘制的图形

国家标准规定了上述各种比例的比例系列。表 1-2 中是优先比例,绘制图样时,一般可从中选择采用,并在标题栏中比例项内填写。当某个视图需要采用不同比例时,必须另行标注。

表 1-2　优先比例

种类	比　　例
原值比例	1∶1
缩小比例	1∶1.5　　1∶2　　1∶2.5　　1∶3　　1∶4　　1∶5
放大比例	2∶1　　2.5∶1　　4∶1　　5∶1　　10∶1

三、字体

图样中除了用图形表达机件的结构形状外,还需要用文字、数字说明机件的名称、大小、材料和技术要求等。

(1) **基本要求**　书写的汉字、数字、字母的基本要求为:字体工整、笔画清楚、间隔均匀、排列整齐。

(2) **字体大小**　字体大小分为 20、14、10、7、5、3.5、2.5、1.8 八种号数。字体的号数即字体的高度(单位:mm)。

(3) **汉字**　图样上的汉字应写成长仿宋体,并应采用国家正式公布推行的简化字。汉字的高度不应小于 3.5,字宽等于字高的 $1/\sqrt{2}$。

(4) **阿拉伯数字、罗马数字、拉丁字母和希腊字母**　数字和字母有正体和斜体之分,一般情况下用斜体。斜体字字头向右倾斜,与水平基准线成 75°。字母和数字按笔画宽度情况分为 A 型和 B 型两类,A 型字体的笔画宽度(d)为字高(h)的 1/14,B 型字的笔画宽度为字高的 1/10,即 B 型字体比 A 型字体的笔画要粗一点。

（5）字体示例　汉字、字母和数字的示例见表1-3。

表 1-3　字体示例

字体		示　　例
长仿宋体汉字	10号	字体工整 笔画清楚 间隔均匀 排列整齐
	7号	横平竖直　注意起落　结构匀称　填满方格
	5号	技术制图石油化工机械电子汽车航空船舶土木建筑矿山井坑港口纺织焊接设备工艺
	3.5号	螺纹齿轮端子接线飞行指导驾驶舱位挖填施工引水通风闸阀坝棉麻化纤
拉丁字母	大写斜体	ABCDEFGHIJKLMNOPQRSTUVWXYZ
	小写斜体	abcdefghijklmnopqrstuvwxyz
阿拉伯数字	斜体	0 1 2 3 4 5 6 7 8 9
	正体	0 1 2 3 4 5 6 7 8 9
罗马数字	斜体	Ⅰ Ⅱ Ⅲ Ⅳ Ⅴ Ⅵ Ⅶ Ⅷ Ⅸ Ⅹ
	正体	Ⅰ Ⅱ Ⅲ Ⅳ Ⅴ Ⅵ Ⅶ Ⅷ Ⅸ Ⅹ
字体的应用		$\phi 20^{+0.010}_{-0.023}$　$7^{\circ +1^{\circ}}_{\ -2^{\circ}}$　$\frac{3}{5}$　10Js5($\pm$0.003)　M24-6h $\phi 25\frac{H6}{m5}$　$\frac{Ⅱ}{2:1}$　$\frac{A}{5:1}$　$\sqrt{6.3}$　R8　5%　$\sqrt{3.50}$

四、图线

（1）线型及图线尺寸　图样是由多种图线组成的，国家标准《技术制图》中规定了基本线型。所有线型的图线宽度 d 应按图样的类型和尺寸大小在下列公比为 $1:\sqrt{2}$ 的系数中选择：0.13mm，0.18mm，0.25mm，0.35mm，0.5mm，0.7mm，1mm，1.4mm，2mm。

（2）图线的应用　国家标准《技术制图》规定了工程图样中各种图线的名称、型式及画法，如图1-10。常用图线的名称、型式、宽度以及在图样上的应用见表1-4。

表 1-4　机械制图常用图线

No	线型		名称	图线宽度	在图上的一般应用
01	实线	 ———————	粗实线	d	可见轮廓线
		 ———————	细实线	约$\frac{d}{2}$	(1)尺寸线及尺寸界线 (2)剖面线 (3)重合断面的轮廓线 (4)螺纹的牙底线及齿轮的齿根线 (5)指引线 (6)分界线及范围线 (7)过渡线
		 ～～～～～	波浪线	约$\frac{d}{2}$	(1)断裂处的边界线 (2)剖与未剖部分的分界线
		 ⌐⌐⌐⌐	双折线	约$\frac{d}{2}$	(1)断裂处的边界线 (2)剖与未剖部分的分界线

续表

No	线型	名称	图线宽度	在图上的一般应用
02	-------	细虚线	约 $\frac{d}{2}$	不可见轮廓线
03	—·—·—·—	细点画线	约 $\frac{d}{2}$	(1)轴线 (2)对称线和中心线 (3)齿轮的节圆和节线
	▬·▬·▬·▬	粗点画线	d	限定范围的表示线
04	—··—··—··	细双点画线	约 $\frac{d}{2}$	(1)相邻辅助零件的轮廓线 (2)极限位置的轮廓线 (3)假想投影轮廓线 (4)中断线

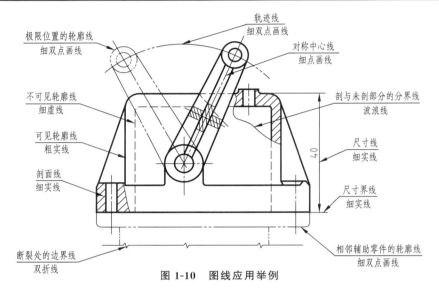

图 1-10 图线应用举例

五、尺寸标注

物体的形状可用图形来表达,但其大小必须依据图样上标注的尺寸来确定,因此尺寸标注是绘制工程图样的一项重要内容。本节主要介绍国家标准《机械制图尺寸注法》(GB 4458.4)和《技术制图》(GB/T 16675.2)中的规定画法。

这些规定,在画图时必须遵守,否则会引起混乱,并给生产带来损失。

1. 标注尺寸的基本规则

(1) 机件的真实大小应以图样上所注尺寸数值为依据,与图形的大小及绘图的准确度无关。

(2) 图样中的尺寸,以毫米(mm)为单位时,不需在尺寸数字后面标注计量单位的代号或名称,如采用其他单位,则必须注明相应计量单位的代号或名称。

(3) 图样中所注的尺寸,为该图样所示机件最后完工尺寸,否则应另加说明。

(4) 机件的每一尺寸,一般只标注一次,并应标注在反映该结构最清晰的图形上。

(5) 标注尺寸时,应尽可能使用符号和缩写词。常用符号和缩写词见表 1-5。

表 1-5 常用符号和缩写词

名称	符号和缩写词	名称	符号和缩写词
直径	ϕ	45°倒角	C
半径	R	深度	↧
球直径	$S\phi$	沉孔或锪平	⌴
球半径	SR	埋头孔	∨
厚度	t	均布	EQS
正方形边长	□		

2. 尺寸的组成

一个完整的尺寸应由尺寸界线、尺寸线、箭头和尺寸数字四个要素组成，如图 1-11 所示。

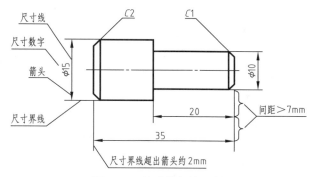

图 1-11　尺寸的标注示例

3. 常见尺寸标注的方法

表 1-6 是常见尺寸标注方法。

表 1-6　常见尺寸标注方法

项目	说　明	图　例
尺寸数字	1. 线性尺寸的数字一般注在尺寸线的上方，也允许填写在尺寸线的中断处	
尺寸数字	2. 线性尺寸的数字应按右栏中左图所示的方向填写，并尽量避免在图示 30°范围内标注尺寸。竖直方向尺寸数字也可按右栏中右图形式标注	
尺寸数字	3. 数字不可被任何图线通过。当不可避免时，图线必须断开	
尺寸线	1. 尺寸线必须用细实线单独画出。轮廓线、中心线或它们的延长线均不可作尺寸线使用 2. 标注线性尺寸，尺寸线必须与所标注的线段平行	
尺寸界线	1. 尺寸界线用细实线绘制，也可以利用轮廓线（图 a）或中心线（图 b）作尺寸界线 2. 尺寸界线应与尺寸线垂直。当尺寸界线过于贴近轮廓线时，允许倾斜画出（图 c） 3. 在光滑过渡处标注尺寸时，必须用细实线将轮廓线延长，从它们的交点引出尺寸线（图 d）	

项目	说明	图例
尺寸界线	1. 尺寸界线用细实线绘制，也可以利用轮廓线（图a）或中心线（图b）作尺寸界线 2. 尺寸界线应与尺寸线垂直。当尺寸线过于贴近轮廓线时，允许倾斜画出（图c） 3. 在光滑过渡处标注尺寸时，必须用细实线将轮廓线延长，从它们的交点引出尺寸界线（图d）	
直径与半径	标注直径尺寸时，应在尺寸数字前加注直径符号"ϕ"；标注半径尺寸时，加注半径符号"R"，尺寸线应通过圆心	
	标注小直径或小半径尺寸时，箭头和数字都可以布置在外面	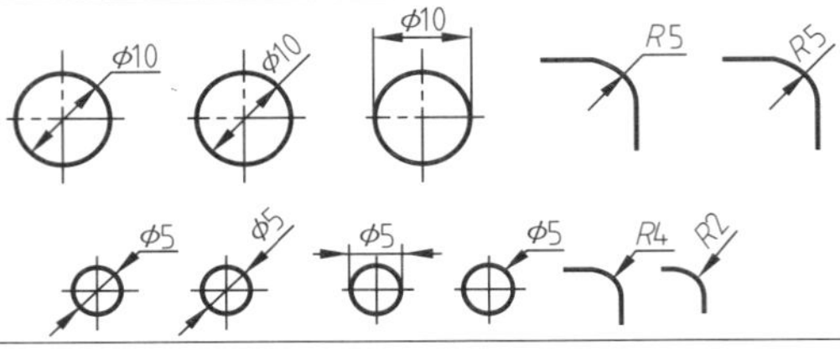
小尺寸的注法	1. 标注一连串的小尺寸时，可用小圆点或斜线代替箭头，但最外两端箭头仍应画出 2. 小尺寸可按右图标注	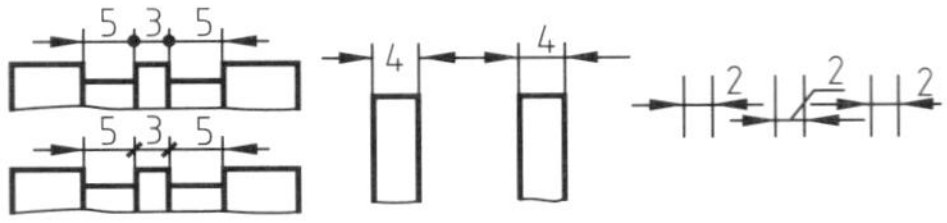
角度	1. 角度的数字一律水平填写 2. 角度的数字应写在尺寸线的中断处，必要时允许写在外面或引出标注 3. 角度的尺寸界线必须沿径向引出	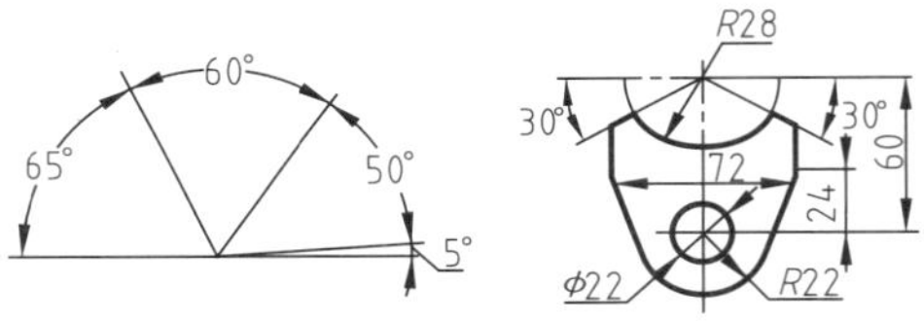

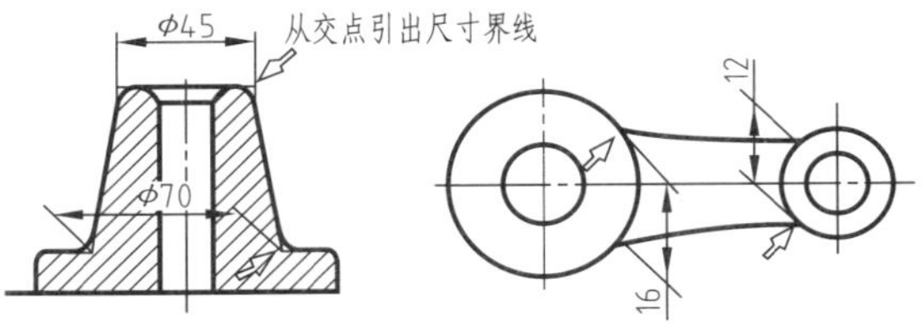

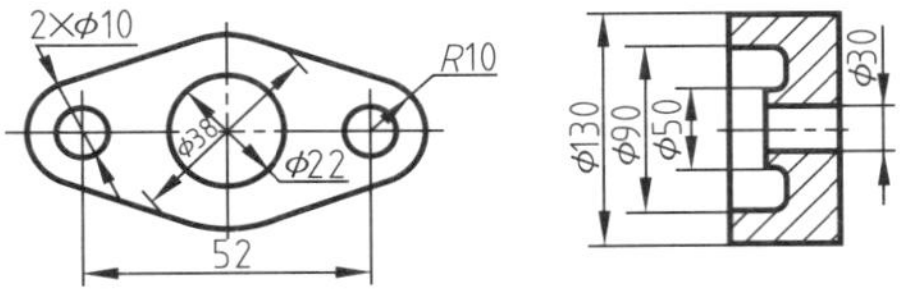

第三节　几何作图

虽然机件的轮廓形状是多种多样的，但它们的图样基本上都是由直线、圆弧和其他一些曲线所组成的几何图形。因此，为了正确地画出图样，必须掌握各种几何图形的作图方法。

一、等分圆周

用绘图工具作圆的内接正六边形的方法有两种，如图 1-12 所示。扫描二维码可观看相关视频。

第一种方法：以点 A、D 为圆心，以已知圆的半径为半径画圆弧，交圆于 B、C、E、F，即得圆周六等分点，依次连接 $ABCDEFA$ 即得圆内接正六边形，如图 1-12 (a)。

第二种方法：用三角板和丁字尺作图，如图 1-12 (b)。

用圆规画正三角形、正十二边形的方法如图 1-13 所示。

二、斜度和锥度

（1）斜度 S　斜度是一直线对另一直线或一平面对另一平面的倾斜程度。其大小是以它们

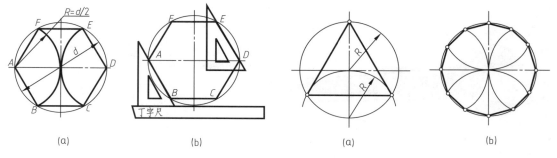

图 1-12 正六边形画法　　　　图 1-13 正三角形、正十二边形画法

之间夹角的正切表示，如图 1-14（a）所示，并把比值化为 1∶n 的形式。即：

$$S = \tan\alpha = H : L = 1 : (L/H) = 1 : n$$

斜度符号如图 1-14（b）所示，符号的倾斜方向应与斜度方向一致。图 1-14（c）为斜度的画法，图 1-14（d）所示为斜度在图形上的标注。

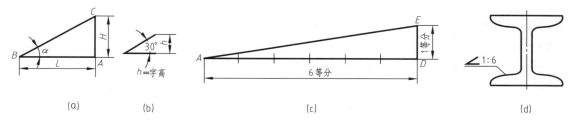

图 1-14 斜度、斜度符号及斜度画法

（2）锥度 C　锥度是指正圆锥的底圆直径与圆锥高度之比，即 $D:L$。而圆台锥度就是两个底圆直径之差与圆台高度之比，如图 1-15（a）所示，即锥度 $C=(D-d)/l=2\tan(\alpha/2)=1:n$。

锥度符号按图 1-15（b）绘制，符号方向应与锥度方向一致。图 1-15（c）为锥度的画法，图 1-15（d）为锥度的标注，锥度标注在与指引线相连的基准线上。

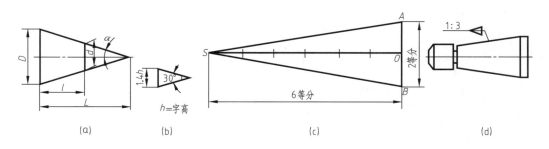

图 1-15 锥度、锥度符号和画法

三、圆弧连接

在绘制机械图样时，经常需要用一个已知半径的圆弧来光滑连接（即相切）两个已知线段（直线段或曲线段），称为圆弧连接。此圆弧称为连接圆弧，两个切点称为连接点。为了保证光滑连接，必须正确地作出连接弧的圆心和两个连接点，且保证两个被连接的线段都要正确地画到连接点为止。如图 1-16 所示。

画连接圆弧时，需要用到平面几何中以下两条原理。

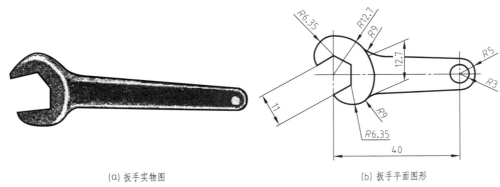

(a) 扳手实物图　　　　　　　　　(b) 扳手平面图形

图 1-16　圆弧连接

（1）与已知直线相切且半径为 R 的圆弧，其圆心轨迹为与已知直线平行且距离为 R 的两直线，连接点为圆心向已知直线所作垂线的垂足，如图 1-17（a）所示。

（2）与已知圆弧相切的圆弧，其圆心轨迹为已知圆弧的同心圆，其半径为：外切时（如图 1-17b 所示）为连接圆弧与已知圆弧的半径之和；内切时（如图 1-17c 所示）为连接圆弧与已知圆弧的半径之差。连接点为：外切时，连心线与已知圆弧的交点；内切时，连心线的延长线与已知圆弧的交点。

扫描二维码可观看相关视频。

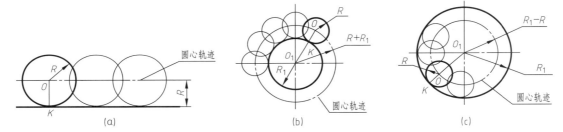

图 1-17　求连接圆弧的圆心和切点的基本作图原理

【例 1-1】　用半径为 R 的圆弧连接两直线 AB 和 BC，如图 1-18 所示。

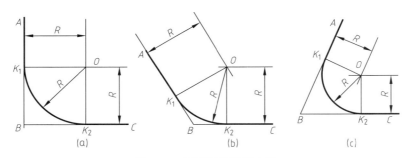

图 1-18　用圆弧连接两直线

作图步骤如下。

（1）求圆心　分别作与已知直线 AB、BC 相距为 R 的平行线，其交点 O 即为连接弧（半径 R）的圆心。

（2）求切点　自点 O 分别向直线 AB 及 BC 作垂线，得到的垂足 K_1 和 K_2 即为切点。

（3）画连接弧　以 O 为圆心，R 为半径，自点 K_1 至 K_2 画圆弧，即完成作图。

【例 1-2】　用半径为 R 的圆弧连接两已知圆弧（R_1、R_2），如图 1-19 所示。

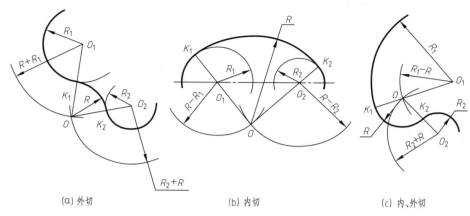

(a) 外切　　　　　(b) 内切　　　　　(c) 内、外切

图 1-19　用圆弧连接两圆弧

作图步骤如下。

(1) 求圆心　分别以 O_1、O_2 为圆心，R_1+R 和 R_2+R（外切时，如图 1-19a 所示）、或 $R-R_1$ 和 $R-R_2$（内切时，如图 1-19b 所示）、或 R_1-R 和 R_2+R（内、外切，如图 1-19c 所示）为半径画弧，得交点 O，即为连接弧（半径 R）的圆心。

(2) 求切点　作两圆心连线 O_1O、O_2O 或 O_1O、O_2O 的延长线，与两已知圆弧（半径 R_1、R_2）相交于点 K_1、K_2，则 K_1、K_2 即为切点。

(3) 画连接弧　以 O 为圆心，R 为半径，自点 K_1 至 K_2 画圆弧，即完成作图。

第四节　平面图形的画法

平面图形由许多线段连接而成，这些线段之间的相对位置和连接关系靠给定的尺寸确定。画图时，只有通过分析尺寸和线段间的关系，才能明确画该平面图形应从何处着手，以及按什么顺序作图。

一、尺寸分析和线段分析

根据在平面图形中所起的作用，尺寸可分为定形尺寸与定位尺寸两大类。

定形尺寸用于确定线段的长度、圆弧的半径（圆的直径）和角度等大小的尺寸称为定形尺寸，如图 1-20 中的 $\phi5$、$\phi20$、$R12$、$R50$ 等。

定位尺寸用于确定线段在平面图形中所处位置的尺寸，称为定位尺寸，如图 1-20 中的尺寸 8、45 等。定位尺寸应从基准出发标注，平面图形中常用的尺寸基准多为图形的对称线、较大圆的中心线或图形的轮廓边线等，如图 1-20 中的 B 面和 A 轴线。

定形尺寸与定位尺寸这两类尺寸在绘制平面图形时经常出现。

平面图形中的线段经常由直线和圆弧组成，根据定位尺寸完整与否，可分为三类。

(1) 已知线段　定形尺寸和定位尺寸

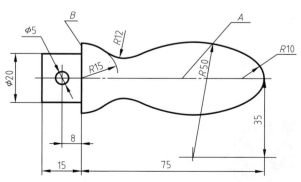

图 1-20　手柄平面图

都齐全的线段,如图 1-20 中尺寸 $R15$、$R10$、$\phi5$。

(2) 中间线段　已知定形尺寸和一个定位尺寸,如图 1-20 中的尺寸 $R50$。

(3) 连接线段:已知定形尺寸而无定位尺寸的线段,如图 1-25 中尺寸 $R12$。作图时由于缺少定位尺寸会影响作图,因此平面图形的线段中如缺少一个定位尺寸,必须同时补充一个连接条件;如缺少两个定位尺寸,则应同时补充两个连接条件,这样才能作图。

画图时应先画已知线段,再画中间线段,最后画连接线段。

二、平面图形的画图步骤

1. 准备工作

(1) 分析图形的尺寸及其线段;

(2) 确定比例,选择图幅,固定图纸;

(3) 拟定具体的作图顺序。

2. 绘制底稿

(1) 画底稿的步骤如图 1-21 所示。

1) 画出基准线,并根据各个封闭图形的定位尺寸画出定位线,图 1-21 (a);

2) 画出已知线段图 1-21 (b);

3) 画出中间线段图 1-21 (c);

4) 画出连接线段图 1-21 (d)。

(2) 画底稿时,应注意以下几点。

1) 画底稿用 H 或 2H 铅笔,笔芯应经常修磨以保持尖锐;

2) 底稿上,要分清线型,但线型均暂时不分粗细,并要画得很轻很细,便于修改;

3) 画错的地方,在不影响画图的情况下,可先做记号,待底稿完成后一起擦掉。

(3) 检查、描深。

在铅笔描深以前,必须检查底稿,把画错的线条及作图辅助线用软橡皮轻轻擦净。加深后的图纸应整洁,线型层次清晰,线条光滑、均匀并浓淡一致。

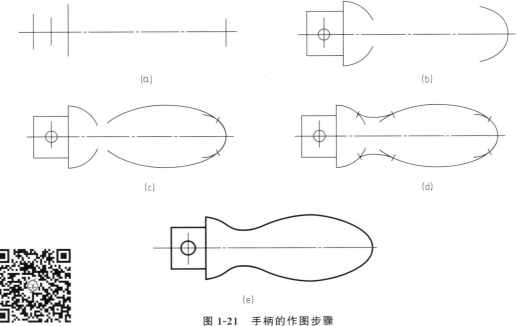

图 1-21　手柄的作图步骤

加深步骤：应先曲后直、先细后粗；先用丁字尺画水平线，后用三角板画竖、斜的直线，如图 1-21（e）。

扫描二维码可观看相关视频。

三、平面图形的尺寸注法

平面图形中标注的尺寸，必须能唯一地确定图形的形状和大小，不遗漏、不多余地标注出确定各线段的相对位置及其大小的尺寸。标注尺寸的方法和步骤如图 1-22 所示。

（1）分析图形，确定图形中各线段的性质，选择水平和垂直方向的基准线。

确定图形由外线框、内线框和两个小圆构成。整个图形左右是对称的，所以选择对称中心线为水平方向基准。垂直方向基准选两个小圆的中心连线。

（2）按已知线段、中间线段、连接线段的次序逐个标注尺寸。

一般先标注定位尺寸再标注定形尺寸。

1）标注定位尺寸　左右两个圆心的定位尺寸 65，上下两个半圆的圆心定位尺寸 5 和 10。

2）标注定形尺寸　外线框需注出 $R12$ 和两个 $R20$ 以及 $R15$；内线框需注出 $R8$，两个小圆要注出 $2×\phi12$。

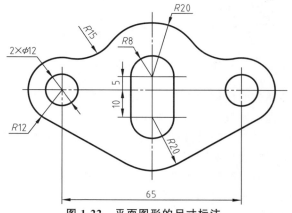

图 1-22　平面图形的尺寸标注

第五节　草图的画法

草图是以目测来估计物体的大小，不借助绘图工具，徒手绘制的图样。草图经常用于设计、仿制、维修车辆设备等场合，用不同的方式记录产品的图样或表达设计思想。

一、画草图的要求

绘制草图时应做到图形清晰、线型分明、比例匀称，并应尽可能使图线光滑、整齐，绘图速度要快，标注尺寸要准确、齐全，字体工整。

初学者徒手画图，最好在坐标纸上进行，以便控制图线的平直和图形大小。经过一定的训练后，最后达到在白纸上画出匀称、工整的草图的程度。

二、画草图的方法

1. 画直线

执笔要稳，眼睛看着图线的终点，均匀用力，匀速运笔。画水平线时，为了便于运笔，可将图纸微微左倾，自左向右画线；画竖直线时，应自上而下运笔画线；画 30°、45°、60° 等常见角度斜线时，可根据两直角边的比例关系，先定出两端点，然后连接两端点即为所画角度线，如图 1-23 所示。

2. 画圆

画圆时，先确定圆心位置，并过圆心画出两条中心线；画小圆时，可在中心线上按半径目测出四点，然后徒手连点；当圆直径较大时，可以通过圆心多画几条不同方向的直线，按半径目测出一些直径端点，再徒手连点画圆，如图 1-24 所示。徒手画图，最重要的是要保持物体

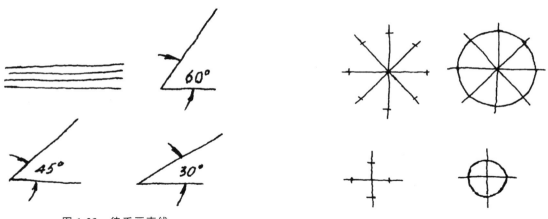

图 1-23 徒手画直线　　　　图 1-24 徒手画圆

各部分的比例关系,确定出长、宽、高的相对比例。画图过程中随时注意将测定线段与参照线段进行比较、修改,避免图形与实物失真太大。对于小的机件可利用手中的笔估量各部分的大小,对于大的机件则应取一参照尺度,目测机件各部分与参照尺度的倍数关系。

3. 画平面图形

徒手绘制平面图形时也和使用尺规作图时一样,要进行图形的尺寸分析和线段分析,先画已知线段,再画中间线段,最后画连接线段。图 1-25 所示为徒手画平面图形的示例。

三、草图绘制实例

绘制方向盘草图（图 1-26）：画出圆的中心线,等分 OM,过中心点 N 作中心线的平行线与圆周交于 A、B,则 A、B、C 三等分圆周；画出其他部分,完成全图。

扫描二维码可观看相关视频。

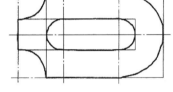

图 1-25 徒手绘制平面图形

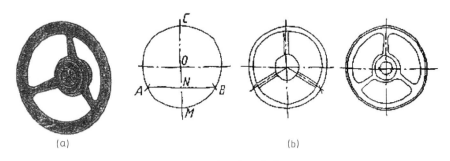

图 1-26 绘制方向盘草图

第二章

投影基础

第一节 投影法

一、投影法的概念

生活中,物体在光线照射下,就会在地面或墙壁上产生影子。影子在某些方面反映出物体的形状特征,这就是常见的投影现象。我们把光线称为投射线,地面或墙壁等称为投影面,影子称为物体在投影面上的投影。

二、投影法的分类

工程上常见的投影法有中心投影法和平行投影法。

1. 中心投影法

投射线汇交于一点的投影法称为中心投影法,如图 2-1 所示。中心投影法所得投影具有很强的立体感,适用于建筑物的透视图,由于作图复杂,度量性差,因此在机械图样中很少使用。

2. 平行投影法

若将图 2-1 的投射中心 S 移至无穷远处,则投射线互相平行,这种投射线互相平行的投影法称为平行投影法。根据投射线与投影面的关系不同平行投影法分为两类:

斜投影法——投射线与投影面斜交。根据斜投影法所得到的图形,称为斜投影或斜投影图(图 2-2)。

正投影法——投射线与投影面垂直。根据正投影法所得到的图形,称为正投影或正投影图(图 2-3)。

由于正投影法的投射线相互平行且垂直于投影面,正投影在投影图上容易如实表达空间物体的形状和大小，作图比较方便，因此绘制机械图样主要采用正投影法，并将正投影简称为投影。

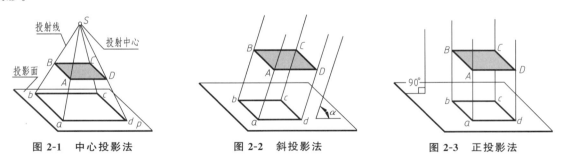

图 2-1　中心投影法　　　　图 2-2　斜投影法　　　　图 2-3　正投影法

三、正投影的基本特征

（1）真实性　当直线或平面与投影面平行时，直线的投影为反映空间直线实长的直线段，平面投影为反映空间平面实形的图形，正投影的这种特性称为真实性。

（2）积聚性　当直线或平面与投影面垂直时，直线的投影积聚成一点，平面的投影积聚成一条直线，正投影的这种特性称为积聚性。

（3）类似性　当直线或平面与投影面倾斜时，直线的投影为小于空间直线实长的直线段，平面的投影为小于空间实形的类似形，正投影的这种特性称为类似性。

第二节　物体的三视图

一般情况下，一个投影不能确定物体的形状，如图 2-4 所示，两个形状不同的物体，在投影面上的投影都相同。因此，要反映物体的完整形状，必须增加投影才能将物体表达清楚，工程上常用的是三视图。

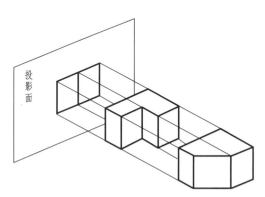

图 2-4　一个投影不能确定物体的形状

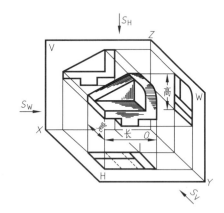

图 2-5　三投影面体系

一、三视图的形成

1. 三投影面体系的建立

在图 2-5 中，三投影面体系由三个相互垂直的投影面组成，三个投影面分别为：

正立投影面，简称正面，用 V 表示；

水平投影面，简称水平面，用 H 表示；

侧立投影面，简称侧面，用 W 表示。

每两个投影面的相互交线，称为投影轴，分别是：

OX 轴，是 V 面和 H 面的交线，代表长度方向；

OY 轴，是 H 面和 W 面的交线，代表宽度方向；

OZ 轴，是 V 面和 W 面的交线，代表高度方向。

三轴分别简称为 X 轴、Y 轴、Z 轴。

三根投影轴垂直相交的交点 O，称为原点。

2. 三视图的形成

将物体放置在三投影面体系中，按正投影法向各投影面投射，即可分别得到物体的正面投影、水平投影和侧面投影，如图 2-5 所示。

规定用正投影法得到的三个投影图称为物体的三视图。

主视图：物体由前向后在正立投影面上得到的投影。

俯视图：物体由上向下在水平投影面上得到的投影。

左视图：物体由左向右在侧立投影面上得到的投影。

3. 三投影面体系的展开

为了画图方便，需将相互垂直的三个投影面展平在同一个平面上。展开的方法：正投影面不动，将水平投影面绕 OX 轴向下旋转 $90°$，将侧投影面绕 OZ 轴向右旋转 $90°$，如图 2-6（a）所示，分别重合到正投影面上，如图 2-6（b）所示。应注意当水平投影面和侧立投影面旋转时，OY 轴分为两处，分别用 OY_H（在 H 面上）和 OY_W（在 W 面上）表示。

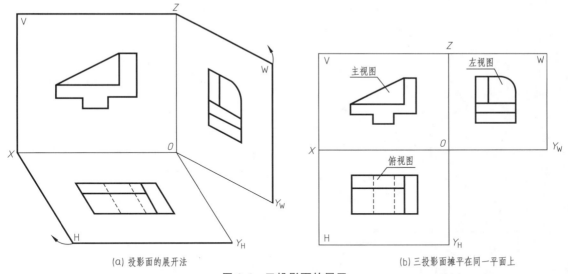

(a) 投影面的展开法　　　　　(b) 三投影面摊平在同一平面上

图 2-6　三投影面的展开

实际绘图时，不必画出投影面的范围，因为它的大小与视图无关。这样三视图则更加清晰，如图 2-7 所示。

二、三视图间的对应关系

由图 2-6 可知，三个视图分别反映物体在三个不同方向上的形状和大小。三视图之间形成了一定的对应关系。

1. 位置关系

以主视图为准，俯视图在它的正下方，左视图在它的正右方，如图 2-7 所示。

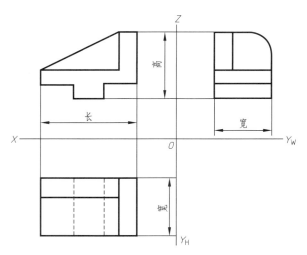

2. "三等"关系

从三视图的形成过程中,可以看出:主视图反映物体的长度(X)和高度(Z);俯视图反映物体的长度(X)和宽度(Y);左视图反映物体的高度(Z)和宽度(Y)。

由此可归纳出三视图间的"三等"关系(见图2-7、图2-8):

主、俯视图——长对正;
主、左视图——高平齐;
俯、左视图——宽相等。

3. 方位关系

物体在三投影面体系内的位置确定后,它的六个方位关系在三视图上明确地反映出来,如图2-8、图2-9所示。即:

主视图——反映物体的上下、左右;
俯视图——反映物体的前后、左右;
左视图——反映物体的上下、前后。
扫描二维码可观看相关视频。

图 2-7 物体的三视图

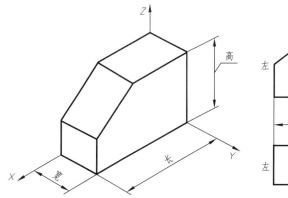

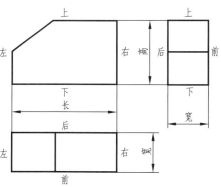

图 2-8 三视图的对应关系

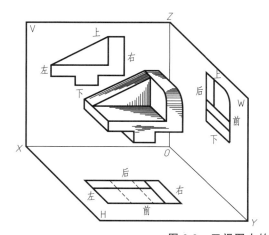

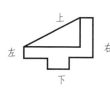

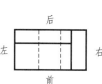

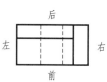

图 2-9 三视图中的物体的方位关系

主视图放正后，俯视图和左视图中，物体的后面靠近主视图，前面远离主视图。一般将三视图中任意两视图组合起来看，才能完全看清物体的上、下、左、右、前、后六个方位的相对位置。

第三节　三视图作图方法及步骤

根据实物画三视图时，首先应分析其结构和形状，放正物体，使其主要面与投影面平行，确定主视图的投影方向。主视图应尽量反映物体的主要特征。

作图时，应先画出三视图的定位基准线，然后根据"长对正、高平齐、宽相等"的投影规律，将物体的各组成部分依次画出，如图 2-10 所示。

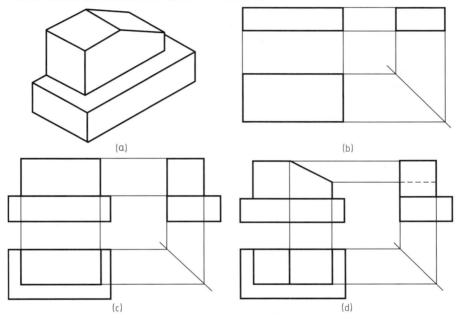

图 2-10　三视图的画图步骤

一、作图方法和步骤

（1）选择主视图。应把模型位置放正，使其上尽量多的表面和投影面平行或垂直。并选择主视图的投射方向，使其能较多地反映形体各部分的形状和相对位置。同时尽可能考虑其余两视图简明好画，虚线少。

（2）画基准线。开始作图前，应先定出各视图长、宽、高三个方向上的作图基准，并分别画出。通常用的基准有对称面、中心线、底面或某些重要端面。各视图之间的距离应适当。

（3）一般先画主视图，比例可根据实际尺寸大小决定。

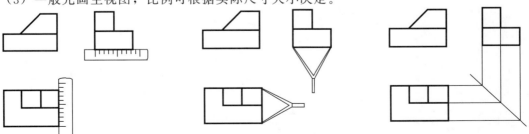

图 2-11　保持宽度相等的三种方法

（4）过主视图引垂线作俯视图，确保主视图和俯视图"长对正"。

（5）过主视图引水平线作左视图，确保主视图和左视图"高平齐"；借助分规或画45°斜线确保俯视图和左视图"宽相等"，如图2-11所示。

（6）检查三视图各部分的投影关系是否正确，是否多线、漏线，确认无误后，描深图线，完成三视图。

二、汽车外形平面视图

1. 卡车模型的三视图和外形图

如图2-12所示。

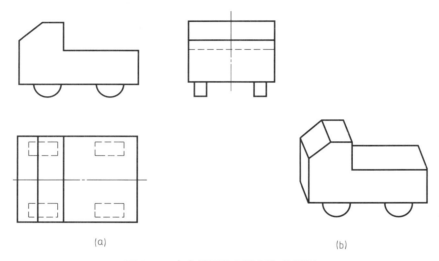

图 2-12　卡车模型的三视图和外形图

2. 小汽车的外形平面视图

表达汽车外形平面图样时，一般采用四个视图，通常将汽车侧面作为主视图投射方向，所以主视图反映汽车侧面形状，左视图反映汽车前面形状，俯视图反映汽车上面形状。为了表达汽车后面图形，必须增加一个右视图。如图2-13所示为汽车外形平面视图。

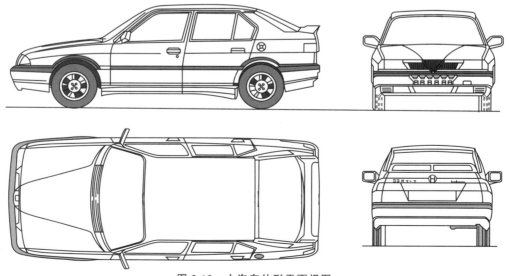

图 2-13　小汽车外形平面视图

第三章

基本立体视图

汽车零件种类繁多，结构形状各异，不论其结构形状多么复杂，一般都可以看作是由一些棱柱、棱锥、圆柱和圆锥及圆球等基本立体按照不同方式组合而成。

第一节　基本立体的三视图

基本立体根据其表面的几何性质可分为平面立体和曲面立体两类。

一、平面立体的三视图

表面都是由平面围成的立体，称为平面立体，如棱柱、棱锥等。

1. 棱柱

（1）棱柱的三视图　棱柱的表面由多个棱面和上、下两个底面组成，两相邻棱面的交线称为棱线，各棱线相互平行。当棱线与底面垂直时，称为直棱柱；倾斜时称为斜棱柱；当直棱柱的上、下底面为正多边形时，称为正棱柱。

为便于画图和看图，常使棱柱的主要表面处于与投影面平行或垂直的位置。如图 3-1（a）所示，其上、下底面平行于 H 面，在俯视图上反映实形，前、后棱面在主视图上反映实形，6 个棱面在俯视图上积聚成直线并与六边形的边重合，六棱柱的 6 条棱线其水平投影积聚在六边形的 6 个顶点上。

画棱柱的三视图时，一般先画反映实形的底面的投影，然后再画棱面的投影，并判断可见性。正六棱柱的画图步骤如下。

1) 画对称中心线。

2) 画出反映上、下两个底面实形（正六边形）的水平投影。

3) 根据棱柱的高度按三视图的投影关系画出其余两视图，如图 3-1（b）所示。

（2）棱柱表面上的点　平面立体表面上取点首先要根据点的投影位置和可见性确定点在哪

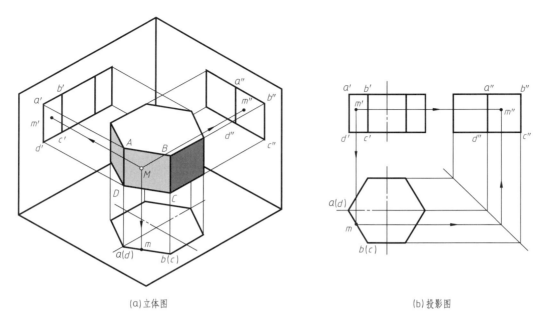

(a) 立体图　　　　　　　　　　　　　　(b) 投影图

图 3-1　正六棱柱的三视图与表面上的点

个面上。对于特殊位置平面上点的投影，可以利用平面的积聚性求出。对于一般位置平面上的点则用辅助线的方法求出。

【例 3-1】　如图 3-1（b）所示，已知正六棱柱表面上点 M 的正面投影 m'，求其另两个投影并判断可见性。

分析：由图 3-1 可知，由于 m' 可见，点 M 在左前棱面上，该棱面水平投影有积聚性，因此点 M 的水平投影 m 可利用"长对正"直接求出，由 m 和 m' 利用"高平齐""宽相等"即可求出 m''。

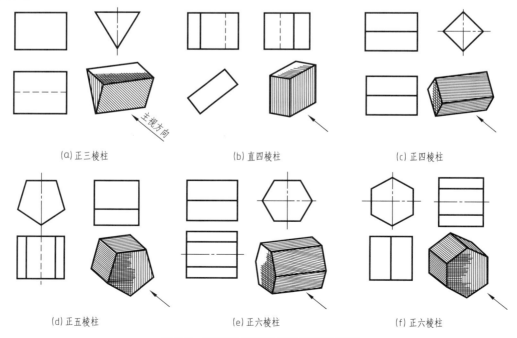

(a) 正三棱柱　　　　　　　　(b) 直四棱柱　　　　　　　　(c) 正四棱柱

(d) 正五棱柱　　　　　　　　(e) 正六棱柱　　　　　　　　(f) 正六棱柱

图 3-2　不同位置的棱柱体及其三视图

棱柱处于不同位置，其三视图也不同。在识图的过程中，应多看、多画其三视图，熟记其形体特征。图 3-2 为常见不同位置的棱柱体及其三视图。画棱柱体的三视图时，应先画多边形，然后再画其他两面投影。

2. 棱锥

（1）棱锥的三视图　棱锥的表面由底面和多个棱面组成，各条棱线汇交于一点（锥顶），各棱面都是三角形，底面为多边形。正棱锥的底面是正多边形，侧面为等腰三角形。

如图 3-3（a）所示为一正三棱锥，它的底面为一正三角形 ABC，三个棱面都是等腰三角形△SBC、△SAB 和△SAC。底面在俯视图上反映实形，正面、侧面投影均积聚为直线段；棱面△SAC 左视图上积聚成直线；其余两棱面三面投影都是类似形。

画棱锥的三视图时，先画底面和顶点的投影，然后再画出各棱线的投影，并判断可见性，如图 3-3（b）所示。

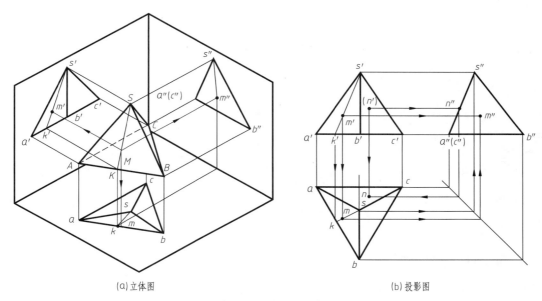

图 3-3　三棱锥的三视图及表面点的投影

（2）棱锥表面上的点　正三棱锥的表面有特殊位置平面，也有一般位置平面。特殊位置平面上的点的投影，可利用该平面投影的积聚性直接作图；一般位置平面上的点的投影，可通过在平面上作辅助线的方法求得。现举例说明。

【例 3-2】　如图 3-3 所示，已知三棱锥表面上点 M、N 的正面投影，求作 M、N 的其余两投影。

分析：由于 n′不可见，可知点 N 在棱面△SAC 上，且平面 SAC 的侧面投影有积聚性，可利用积聚性求 n″，再由 n′和 n″求出 n。点 M 处在△SAB 棱面上，为一般位置平面，需要通过在平面上作辅助线的方法，求出点 M 的其余两投影。

作图：

1）过 n′利用 "高平齐" 作投影连线求得 n″，利用 45°辅助线由 n′和 n″求得 n。

2）过点 M 作辅助线 SK，即连 s′k′交于底边 a′b′于 k′，并求得 sk，由 m′作投影连线交 sk 上得 m，由 m′和 m 求得 m″。

3）判断可见性，△SAC 水平投影可见，侧面投影有积聚性，所以 n 和 n″均可见。棱面△SAB 的三投影均可见，因此点 M 的三面投影也都可见。

如图 3-4 为常见的正棱锥体及其三视图。由图中可看出：正棱锥体是由一个正多边形底面和若干个具有公共顶点的等腰三角形侧面构成。三视图的特征是：一个视图的外形轮廓为正多边形，其他两视图的轮廓均为三角形线框。

棱锥体被平行于底面的平面截去上部，所剩部分叫棱锥台，简称棱台，如图 3-5 所示。

扫描二维码可观看相关视频。

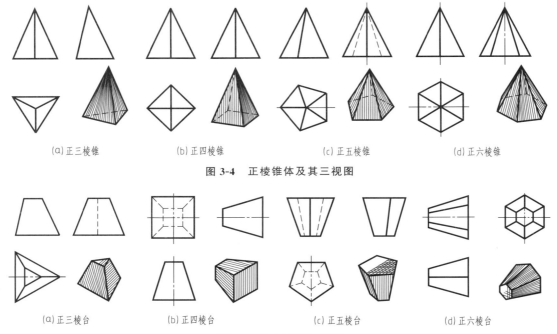

图 3-4　正棱锥体及其三视图

图 3-5　棱台及其三视图

二、曲面立体的三视图

曲面立体是表面全部由曲面或者曲面和平面围成的立体，如圆柱、圆锥、圆球等，常见曲面立体也称为回转体。曲面立体是由一条母线绕一条固定的轴线旋转一周形成的曲面，母线在回转面上的任意位置称为素线。

1. 圆柱

（1）圆柱的形成　圆柱由上下底面及圆柱面组成。圆柱面可看成是母线绕与其平行的轴线旋转而成。

（2）圆柱的三视图　当圆柱的轴线垂直于 H 面时，圆柱面的俯视图积聚在圆周上。圆柱面在主视图中的轮廓线是圆柱面上最左、最右两条素线的投影，在左视图中的轮廓线是圆柱面上最前、最后两条素线的投影。圆柱体的上下底面俯视图为圆（实形），主、左视图积聚为直线。由此可见：圆柱的主、左视图为大小相同的矩形，俯视图为圆，如图 3-6 所示。

画图时，先画中心线，再画积聚性投影圆，最后画其余两视图。画图步骤如下。

1）画基准线，即画俯视图的中心线及轴线的正面和侧面投影。

2）画出投影为圆的俯视图。

3）根据圆柱体的高画出另两个视图如图 3-6（b）所示。

（3）圆柱表面上取点　由于圆柱面投影有积聚性，可利用积聚性作图。

【例 3-3】　如图 3-6（b）所示，已知圆柱面上点 M、N 的正面投影 m' 和 n'，求水平投影和侧面投影。

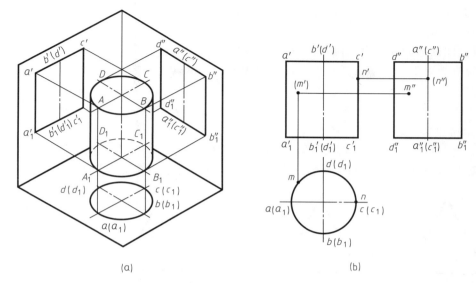

图 3-6 圆柱体的三视图与表面上的点

分析:由于圆柱面的水平投影有积聚性,所以圆柱面上两点 M、N 的水平投影也在该圆上,可直接求出 m、n,由 m′、n′ 和 m、n 可求出 m″、n″。作图步骤同六棱柱表面点的投影。

2. 圆锥

(1) 圆锥的形成 圆锥体由圆锥面与底平面组成。圆锥面可看成是由一条母线绕与它相交的轴线回转而成。圆锥面上过锥顶 S 的任一直线称为素线。

(2) 圆锥的三视图 如图 3-7(a)所示,当圆锥的轴线垂直于水平投影面时,圆锥的俯视图是圆。主视图为一等腰三角形,三角形的底边是圆锥底平面的积聚投影,两腰是圆锥面上最左、最右两条素线的投影。左视图也是等腰三角形,三角形的底边是圆锥底平面的积聚投影,两腰是圆锥面上最前和最后两素线的投影。

画图时,应先画中心线和轴线,再画投影为圆的视图,最后画锥顶和轮廓线的投影,画图步骤如下。

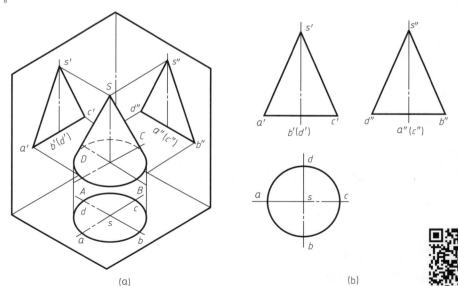

图 3-7 圆锥体的三视图

1) 画俯视图的中心线及轴线的正面和侧面投影。
2) 画投影为圆的俯视图。
3) 根据圆锥体的高画出另两个视图,如图 3-7 (b) 所示。

(3) 圆锥表面上取点 由于圆锥面投影无积聚性,所以求圆锥表面上的点可用辅助素线法和辅助圆法。

【例 3-4】 如图 3-8 (a) 所示,已知点 M 的正面投影 m' 和点 N 的水平投影 n,求 M、N 两点的其余两投影。

分析:由于圆锥的三面视图均无积聚性,所以圆锥面上求点方法必须用辅助素线法和辅助圆法,求出辅助素线或辅助圆的三面投影,然后在线或圆上确定点的投影。作图步骤如图 3-8 (b) 所示。

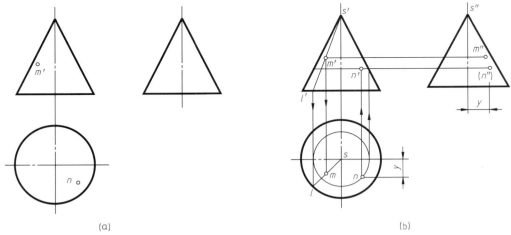

图 3-8 圆锥体表面上的点

方法一:用辅助素线法求解。先过 m' 与锥顶 s' 作辅助素线 $s'l'$,求出 sl,再利用直线上点的从属性求出 m,由 m'、m 可求出 m''。

方法二:用辅助圆法求解。过 n 作辅助圆的水平投影,此水平圆与圆锥底平面圆同心。其正面投影和侧面投影为垂直于轴线的直线,长度为水平圆的直径,n'、n'' 在此线上。

可见性判断:由于点 M 在左前圆锥面上,所以三面投影均可见;点 N 在右前圆锥面上,所以 n'' 不可见。

圆锥体被平行于其底面的平面截去其上部,剩余部分叫圆台,如图 3-9 所示。

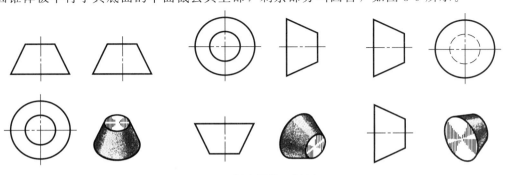

图 3-9 圆台及其三视图

3. 圆球

(1) 圆球的形成 圆球是球面围成的实体。球面可以看成是由一个圆母线绕其自身的直径即轴线旋转而成。

(2) 圆球的三视图　圆球从任意方向投影都是圆，因此其三面投影都是直径相同的圆。3个圆分别是球面在 3 个投影方向上转向轮廓素线圆 A、B、C 的投影，如图 3-10 所示。A 在主视图中是 a'，它是前后半球可见与不可见的分界圆，在俯视图和左视图中都积聚成直线 a 和 a''，并与中心线重合；同理，B 在俯视图上反映为 b，是上下半球可见和不可见的分界圆；C 在左视图上反映为 c''，它是左右半球可见与不可见的分界圆。

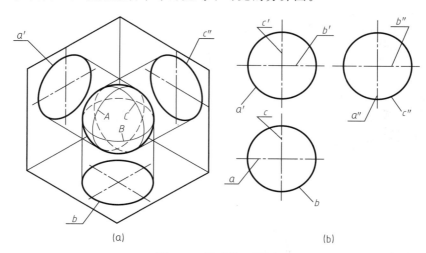

图 3-10　圆球的三视图

画圆球的三视图时，先画中心线，再画圆球的轮廓线并加深，画图步骤如下。
1) 画三个视图的中心线。
2) 画出三个直径等于圆球直径的圆。

(3) 圆球表面上的点　可以用辅助圆法来确定圆球面上的点的投影。圆球面的辅助圆可以是平行于 V 面、H 面或 W 面的圆。当点处于圆球的最大圆上时，可以直接求出点的投影。

第二节　截交线

如图 3-11（a）所示，当立体被平面 P 所截时，该平面 P 称为截平面。它与立体表面的交线称为截交线。

截交线的形状取决于立体的形状及截平面与立体的相对位置。截交线具有下列性质。

(1) 封闭性　由于立体表面是封闭的，因此截交线一般是封闭的平面图形。

(2) 共有性　截交线是截平面和立体表面的共有线，截交线上的点是截平面和立体表面的共有点。

由截交线的性质可知，求截交线实质上是求截平面与立体表面上的一系列交点，并顺次相连，即得截交线的投影。

一、平面与平面立体相交

平面与平面立体相交，其截交线是由直线组成的封闭的平面多边形，多边形的各条边是截平面与平面立体各表面的交线，多边形的顶点是平面立体的各棱线与截平面的交点。因此，作平面立体的截交线，就是求出截平面与平面立体各棱线的交点，然后依次连接各点同面投影，并判断其可见性即得截交线的投影。扫描二维码可观看相关视频。

【例 3-5】 如图 3-11（a）所示，已知正六棱锥被平面 P 截切，求其俯、左视图投影。

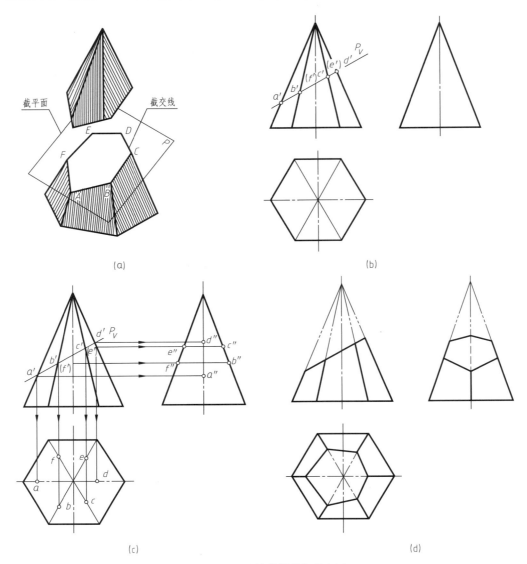

图 3-11 正六棱锥被截切的画法

分析：由于截平面与正六棱锥的 6 个棱面相交，所以截交线是六边形，六边形的顶点是正六棱锥的 6 条棱线与截平面的交点。截交线的正面投影积聚在 P_V 上，水平投影与侧面投影为六边形的类似形。

作图：

1）先画出没有截切的正六棱锥的三视图。

2）求出截平面与各条棱线交点的正面投影 a'、b'、c'、d'、e'、f'，如图 3-11（b）所示。

3）根据直线上点的投影特性，求出各定点的水平投影和侧面投影 a、b、c、d、e、f 及 a''、b''、c''、d''、e''、f''，如图 3-11（c）所示。

4）依次连接各交点即得截交线的水平投影和侧面投影，如图 3-10（d）所示。此外，还应考虑形体其他轮廓的可见性问题，如图 3-11（d）中 $a''d''$ 不可见，改为虚线。

【例 3-6】 图 3-12（a）为正六棱柱被正垂面 P 截切，补画截切后的三视图。

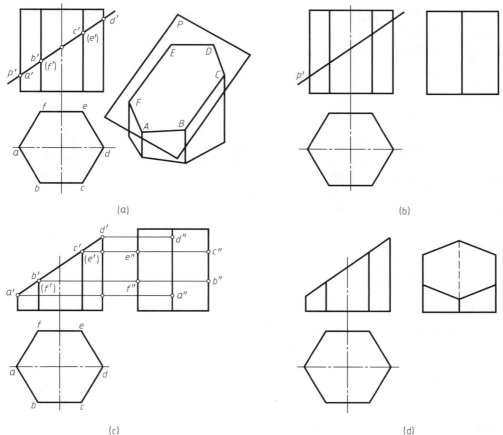

图 3-12 正六棱柱被截切的画法

分析：由于截平面与正六棱柱的 6 个棱面相交，所以截交线是六边形，六边形的顶点是正六棱柱的 6 条棱线与截平面的交点。截交线的正面投影积聚在 P_V 上，水平投影与正六棱柱的投影重合，侧面投影为六边形的类似形。

作图：

1）先画出没有截切的正六棱柱的左视图，如图 3-12（b）所示。

2）根据截平面与各条棱线交点的正面投影 a'、b'、c'、d'、e'、f' 和水平投影 a、b、c、d、e、f，根据直线上点的投影特性，求出各定点的侧面投影 a''、b''、c''、d''、e''、f''，如图 3-12（c）所示。

3）依次连接 a''、b''、c''、d''、e''、f''、a''，判断轮廓其他形体可见性，擦去多余的线，作图结果如图 3-12（d）所示。

二、平面与回转立体相交

平面与回转立体相交，截交线是一条封闭的平面曲线，或由平面曲线和直线或完全由直线所组成的平面图形。

求平面与回转立体截交线的作图步骤如下。

1）根据平面与回转面的相对位置，分析截交线的形状及其在投影面上的投影特点。

2）求共有点。先求出特殊点（即确定截交线范围的最高、最低、最前、最后、最左和最右点），后求一般点（前面介绍的立体表面上取点方法）。

3）判断可见性，依次光滑连接各点的同面投影，并补全回转面轮廓线的投影。

下面分别介绍平面与圆柱、圆锥、圆球回转体表面相交截交线的画法。

1. 平面与圆柱相交

由于截平面与圆柱轴线的相对位置不同，所以圆柱的截交线有 3 种形状，见表 3-1。

表 3-1　圆柱的截交线

截平面的位置	与轴线平行时	与轴线垂直时	与轴线倾斜时
轴测图			
投影图			
截交线的形状	矩形	圆	椭圆

圆柱的截交线求法：圆柱的投影有积聚性，可利用积聚性求出截交线的投影。表 3-1 中前 2 种的情况，直接按截平面的位置找好投影关系即可得到截交线。第 3 种情况的截交线是椭圆，椭圆的形状和大小随截平面对圆柱轴线的倾斜程度不同而变化，但长短轴中总有一轴与圆柱的直径相等。因此，需先找出系列的特殊点，即截交线上极限位置点、截交线的特征点和回转轮廓线上的点等。再找出一般点，最后光滑连接这些点即得到截交线。

【例 3-7】　如图 3-13（a）所示，求圆柱被正垂面斜切的截交线。

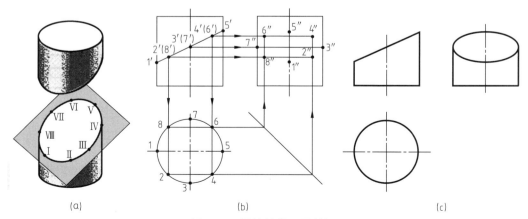

图 3-13　圆柱被截平面斜切

分析：截平面为正垂面斜切圆柱，因此截交线是椭圆。椭圆的正面投影有积聚性，水平投影与圆柱面的投影重合为圆，侧面投影为椭圆。根据投影规律，可由正面投影和水平投影求出侧面投影。

作图如图 3-13（b）所示。

1）先求出截交线上的特殊位置点，即首先求长、短轴的 4 个端点的投影。分别是最低点和最高点、最前点和最后点。也在圆柱的最左、最右、最前和最后素线上。根据水平投影 1、3、5、7 和正面投影 1′、3′、5′、7′可求出侧面投影 1″、3″、5″、7″。

2）再求截交线上的一般位置点。在截交线上任取一般点，根据水平投影 2、4、6、8 和正面投影 2′、4′、6′、8′，可求出侧面投影 2″、4″、6″、8″。

3）最后依次光滑连接各点，即可得到截交线的侧面投影，见图 3-13（c）。

【例 3-8】 如图 3-14 所示，画被切圆柱的三视图。

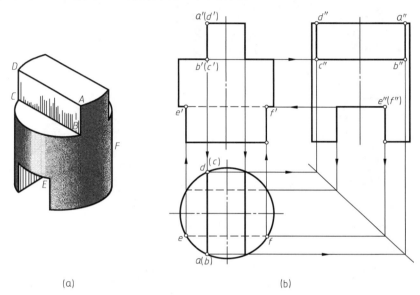

图 3-14　被切圆柱三视图的画法

分析：该圆柱的上端切口由左、右两个平行于圆柱轴线的对称的侧平面及两个垂直于圆柱轴线的水平面截切而成。其下端开槽是用前、后两个平行于圆柱轴线的对称的正平面及一个垂直于圆柱轴线的水平面截切而成。侧平面、正平面与圆柱表面的截交线都为直线，水平面与圆柱表面的截交线都为圆弧，由于它们都分别垂直于相应的投影面，因此，圆柱上部切口和下部开槽部分截交线的投影均可用积聚性法求出。

作图（见图 3-14b）：

1）先画出完整圆柱的三视图。

2）画上端切口部分。由于截平面分别为侧平面和水平面，圆柱截交线的正面投影都有积聚性，侧平面的水平投影也有积聚性，故应按切口部位的尺寸依次画出正面投影和水平投影，再根据这两面投影求出截交线的侧面投影 a″b″c″d″。

3）画下端开槽部分。

作图时应注意两点：①因圆柱最左、最右素线在开槽部位均被切去一段，故主视图的外形轮廓线在开槽部位向内"收缩"，其收缩程度与槽宽有关。②注意区分槽底正面投影的可见性——弓形面的投影是可见的，画成粗实线；中间部分（e′→f′）是不可见的，画成细虚线。

扫描二维码可观看相关视频。

2. 平面与圆锥相交

由于截平面与圆锥轴线的相对位置不同，其截交线有 5 种不同的形状，见表 3-2。

表 3-2 圆锥体截交线

截平面的位置	与轴线垂直	过圆锥顶点	平行于任一素线	与轴线倾斜	与轴线平行
轴测图					
投影图					
截交线的形状	圆	等腰三角形	封闭的抛物线	椭圆	封闭的双曲线

3. 平面与圆球相交

圆球被任意平面截切，得到的截交线都是圆。当截平面是投影面平行面时，截交线在所平行的投影面上的投影是一个圆，其他两面的投影均为直线；当截平面是投影面垂直面时，截交线在所垂直的投影面上积聚为直线，其他两面的投影为椭圆。图 3-15 是球被水平面截切的求解过程。

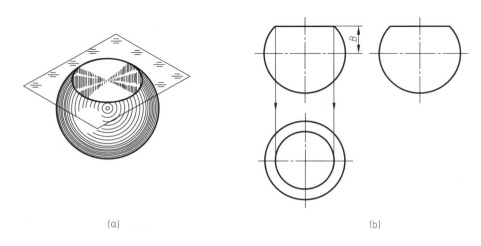

图 3-15 圆球被水平面截切的截交线

【例 3-9】 如图 3-16（a）所示，已知一开槽半圆球的主视图，求其俯视图和左视图。

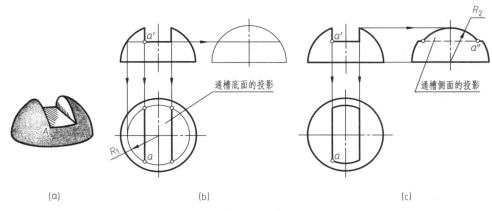

图 3-16 半圆球开槽的视图画法

分析：半圆球开槽是由两侧平面与一水平面截切而成的。侧平面与半圆球的截交线在左视图上的投影是圆的一部分，在俯视图上的投影积聚为直线；水平面与半圆球的截交线在俯视图上的投影是圆的一部分，在左视图上的投影积聚为直线；在左视图上有部分为不可见。

注意：左视图中半球的轮廓线在开槽处被截切。

作图：

1）求出水平面与球面的交线。交线的水平投影为圆弧，侧面投影为直线，如图 3-16（b）所示。

2）求侧平面与球面的交线。交线的侧面投影为圆弧，水平投影为直线，如图 3-16（c）所示。

3）补全半圆球轮廓线的侧面投影，并做出两截平面的交线的侧面投影（为虚线），完成全图。

第三节　相贯线

一、相贯线的概念及其性质

两立体表面相交在两立体表面所产生的交线称为相贯线，如图 3-17 所示。

(a)弯头　　(b)三通　　(c)盖

图 3-17 相贯线实例

两曲面立体的相贯线有下列基本性质。

（1）共有性　相贯线为相交两立体表面所共有，也是两相交回转体的分界线，相贯线上的所有点是两回转体表面的共有点。

（2）封闭性　由于立体表面都是封闭的，所以相贯线一般是封闭的空间曲线，特殊情况下是平面曲线或直线。

扫描二维码可观看相关视频。

二、相贯线的画法

一般按如下步骤求相贯线。

（1）求特殊点　包括曲面转向线上的点和极限位置点，即最高、最低、最前、最后、最左、最右的点。

（2）求一般点　用积聚法、辅助平面法求一般点。

（3）判断可见性，光滑连接　当相贯线上的点同时处于两立体表面的可见部分时，这些点可见，否则为不可见点。然后，用粗实线或虚线依次光滑连接。

图 3-18（a）所示为两圆柱正贯，求其相贯线。

分析：两圆柱轴线垂直相交，相贯线为前后、左右对称的一条闭合空间曲线。由于大小两圆柱的轴线分别为侧垂线和铅垂线，因此小圆柱的水平投影积聚为圆。由相贯线的共有性可知，相贯线水平投影也在该圆上。同样，大圆柱的侧面投影积聚为圆，相贯线的侧面投影是大圆柱与小圆柱共有部分的侧面投影，即一段圆弧。只需求出相贯线的正面投影。

作图方法如图 3-18（b）所示。

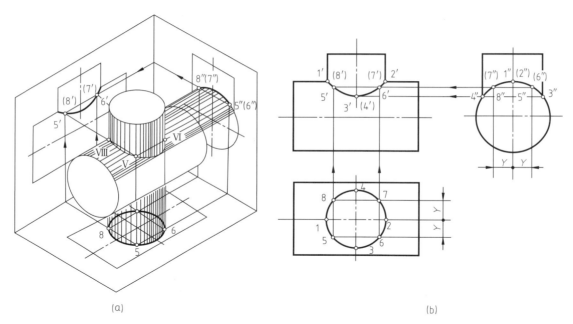

图 3-18　两正交圆柱的相贯线

三、相贯线的近似画法

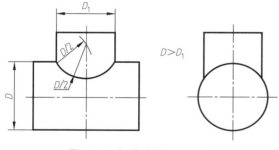

图 3-19　相贯线的近似画法

相贯线的作图步骤较多，如对相贯线的准确性无特殊要求，当两圆柱垂直正交且直径相差较大时，可采用圆弧代替相贯线的近似画法。如图 3-19 所示，用大圆柱的 $D/2$ 为半径作圆弧来代替。需要注意的是：画相贯线时要判定相贯线的弯曲方向，需要补画的相贯线一般为两个圆柱都是非圆的视图中，相贯线的弯曲方向是向大圆柱的轴线方向弯曲。如图 3-20 所示为常见的两正交圆柱直径大小变化引起相贯线的变化。

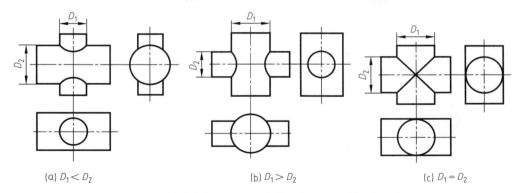

图 3-20　两正交圆柱直径大小变化引起的相贯线的变化

如图 3-21 所示为两正交圆柱相贯的三种情况。

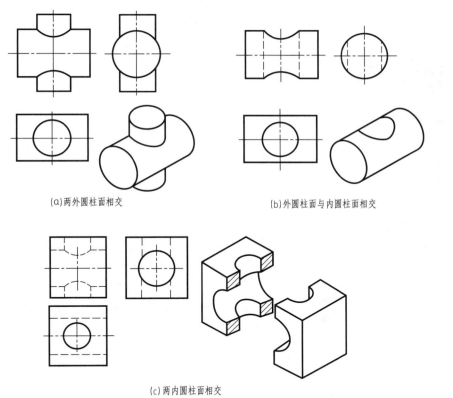

图 3-21　两正交圆柱相贯的三种情况

四、相贯线的特殊情况

一般情况下，相贯线是一条封闭的空间曲线，但在特殊情况下，可成为直线或平面曲线。

1) 两圆柱轴线平行或两圆锥共顶时，相贯线为直线，如图 3-22 所示。

2) 两回转体具有公共轴线时，相贯线为垂直于轴线的圆；当回转体的轴线平行于某投影面时，相贯线在该投影面上的投影积聚成一直线段，如图 3-23 所示。

3) 两回转体公切于一个球时，相贯线是平面曲线——椭圆，当它们的轴线都平行于某投

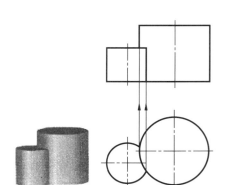
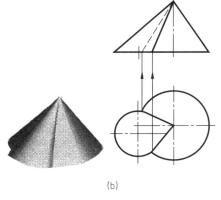

图 3-22　相贯线为直线

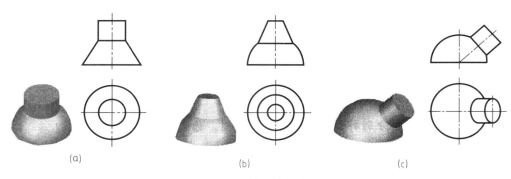

图 3-23　两同轴回转体的相贯线

影面时，相贯线在该投影面上的投影积聚成一直线段，如图 3-24 所示。

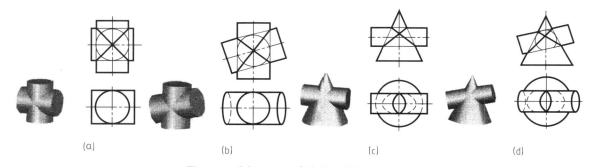

图 3-24　外切于同一球体的回转体的相贯线

第四节　立体的尺寸标注

无论绘制的图样多么准确，都不能用它的大小作为加工的尺寸依据，只有标注在图样上的尺寸才是可靠的依据。对立体的尺寸标注，应遵守尺寸标注的基本规则，并注意以下几点。

1）立体的尺寸应标注在反映形体特征最明显的视图中，尺寸标注尽量集中。

2）半径尺寸一定要标注在反映圆弧的视图中；直径尺寸可以标注在非圆视图中，标注时在尺寸数字前加字符"ϕ"。

3）标注尺寸不能重复。

一、基本立体的尺寸标注

平面立体一般要标注长、宽、高三个方向的尺寸,如图 3-25 所示;回转体一般要标注径向和轴向两个方向的尺寸,如图 3-26 所示。

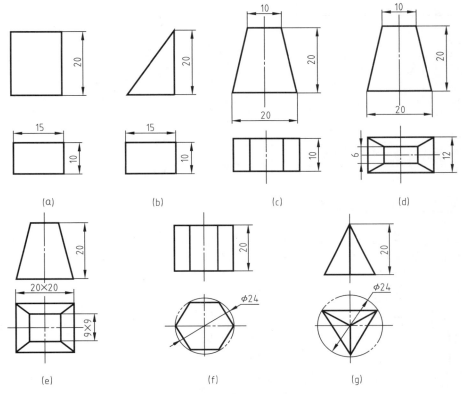

图 3-25 常见平面立体的尺寸注法

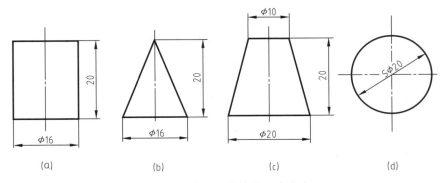

图 3-26 常见回转体的尺寸注法

二、带切口基本立体的尺寸标注

被截切的基本体除了要标注基本体的尺寸外,还要标注切口(截切)定位尺寸。因为截平面与立体的相对位置确定后,截交线已完全确定,所以不需标注截交线形状尺寸。常见切割体尺寸注法如图 3-27 所示,图中打"×"的尺寸为错误的注法,应当避免。

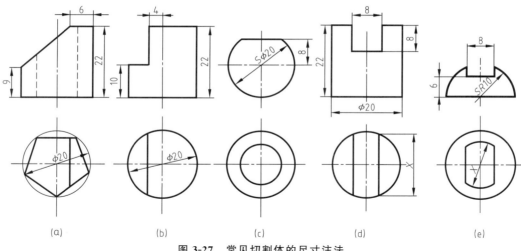

图 3-27 常见切割体的尺寸注法

三、相贯立体的尺寸标注

相贯线的形状和大小取决于立体和立体的形状、大小及相对位置,相贯体的尺寸标注,只需标注参与相贯的各基本形体的尺寸及其相对位置尺寸,如图 3-28 所示。

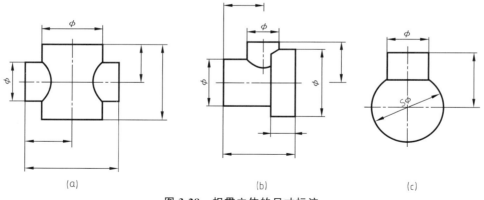

图 3-28 相贯立体的尺寸标注

第四章

组合体

由两个或两个以上的基本体组成的形体称为组合体。本章着重研究组合体视图的画法、看图方法和尺寸标注，为今后学习零件图奠定基础。

第一节　组合体的组合形式

1. 组合体的形体分析

任何复杂的物体都可以假想是由若干个基本几何体组合而成。这些基本体可以是完整的，也可以是经过钻孔、切槽等加工。分析各部分形状，再综合想出整体结构的方法称为形体分析法。如图 4-1（a）所示的支座，可看成是由两个尺寸不同的四棱柱、一个半圆柱和两个肋板

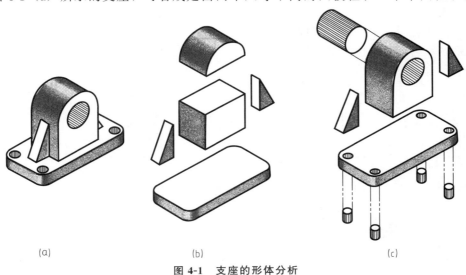

图 4-1　支座的形体分析

（图 4-1b）叠加起来后，再切出一个大圆柱体和四个小圆柱体而成的，如图 4-1（c）所示。

2. 组合体的组合形式

组合体可分为叠加、切割和综合三种组合形式，其中综合式是由前两种形式综合而成。

（1）叠加　将各基本体以平面接触相互堆积、叠加后形成的组合体，如图 4-2（a）所示。

（2）切割　在基本体上进行切块、挖槽、穿孔等切割后形成的组合体，如图 4-2（b）所示。

（3）综合　由叠加式和切割式两种形式综合组成的组合体，如图 4-2（c）所示。

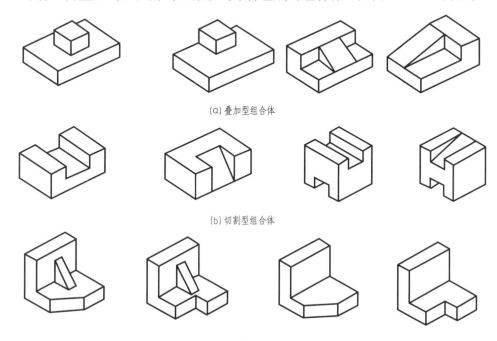

图 4-2　组合体的组合形式

3. 组合体的表面连接关系

组合体表面连接关系有平齐、不平齐、相切、相交和相贯五种形式。弄清组合体表面连接关系，对画图和看图都很重要。相贯在第一章已有介绍，这里只介绍前四种形式。

（1）平齐　当组合体中两基本体的表面平齐（共面）时，在视图中不应画出分界线，如图 4-3 所示。

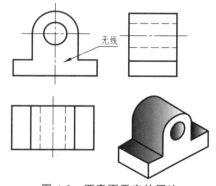

图 4-3　两表面平齐的画法

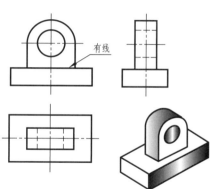

图 4-4　两表面不平齐的画法

第四章 组合体

（2）不平齐　当组合体中两基本体的表面不平齐（不共面）时，在视图中应画出分界线，如图 4-4 所示。

（3）相切　当组合体中两基本体的表面相切时，在视图中的相切处不画线，如图 4-5 所示。

（4）相交　当组合体中两基本体的表面相交时，在视图中的相交处应画线，如图 4-6 所示。扫描二维码可观看相关视频。

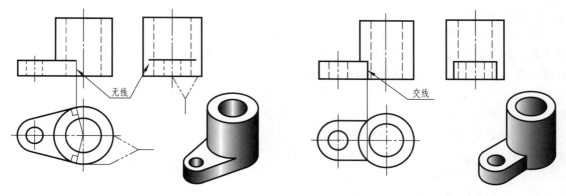

图 4-5　形体相切的画法　　　　　　　图 4-6　形体相交的画法

第二节　组合体视图的画法

画组合体的视图时，首先要运用形体分析法将组合体合理地分解为若干个基本形体，并按照各基本形体的形状、组合形式、形体间的相对位置和表面连接关系，逐步地进行作图。下面结合实例，介绍组合体视图的画法。

一、叠加型组合体视图的画法

【例 4-1】 以图 4-7（a）所示的轴承座为例，介绍叠加型组合体视图的画图方法和步骤。

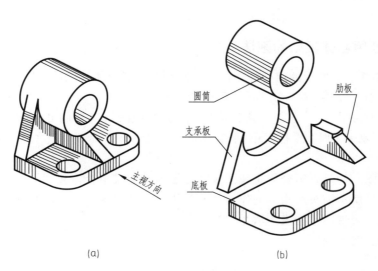

(a)　　　　　　　　　　　　(b)

图 4-7　轴承座形体分析

1. 形体分析

如图 4-7（b）所示，轴承座可分解为底板、圆筒、支承板和肋板 4 部分。底板上有直径相等的 2 个圆孔和 1/4 圆角，底板、支承板和肋板之间的组合形式为叠加。支承板与底板的后面平齐，圆筒与支承板的后面不平齐，支承板的左右侧面与圆筒的外表面相切，肋板位于圆筒的正下方并与支承板垂直相交，其左右侧面、前面与圆筒的外表面相交。

2. 选择视图

（1）选择主视图 主视图是表达组合体的一组视图中最主要的视图。一般应选择形状特征最明显，位置特征最多的方向作为主视图的投射方向，同时应考虑投影作图时避免在其他视图上出现较多的虚线，影响图形的清晰性和标注的尺寸。

如图 4-7（a）所示，可以看出，箭头所指方向作为投射方向能反映轴承座各组成部分的主要形状特征和较多的位置特征，符合主视图的要求。

（2）确定视图数量 确定其他视图数量的原则是：用最少的视图最清楚地表达组合体各组成部分的形状结构、相对位置和表面连接关系。

因此，主视图投射方向选定后，根据轴承座的表达需要，确定画出俯视图来表达底板的形状和两孔的相对位置，画出左视图来表达肋板的形状以及支承板和圆筒的宽度。所以，轴承座需要用主、俯、左 3 个视图才能表达清楚。

（3）选比例、定图幅 选定视图后，要根据组合体的实际大小，按国标规定选择比例和图幅。一般情况下，应采用 1∶1 的比例作图。选择图幅时，应留有足够的空间标注尺寸。

（4）布置视图 根据组合体的总长、总宽、总高确定各视图在图框内的具体位置，使视图分布均匀。因此，画图时应首先画出各视图 2 个方向的基准线，常用的基准线是视图的对称线、大圆柱体的轴线以及大的底面或端面。

（5）画底稿 底稿中的图线应分出线型，线要画得细而轻淡，以便修改和保持图面整洁。

（6）检查、描深 底稿完成后，要仔细检查全图，改正错误。准确无误后，按国家标准规定的线型加粗、描深。描深时应先画圆或圆弧，后画直线；先画虚线、点画线、细实线，后画粗实线，最后标注尺寸。

绘图具体方法与步骤见图 4-8。

二、切割型组合体视图的画法

【例 4-2】 以图 4-9 所示的组合体为例，介绍切割型组合体视图的画图方法和步骤。

（1）形体分析 由图 4-9（b）可以看出切割型组合体是由四棱柱经切割而形成的，先用水平面和侧平面切出右上方Ⅰ（长方体）；再用正垂面切出左侧Ⅱ（三棱柱）；最后用两个正平面和一个水平面切出上面中间部分Ⅲ（矩形块），形成 4-9（a）所示的切割型组合体。

（2）选择视图 切割型组合体主视图选择方法和叠加式组合体相同，此处不再赘述。

如图 4-9（a）所示箭头所指方向作为切割型组合体的主视图方向。经分析切割型组合体需要用主、俯、左 3 个视图才能表达清楚。

（3）选比例、定图幅

（4）布置视图

（5）画底稿 画图时，可以先画出完整长方体的三视图，然后逐个画出被切部分的投影。

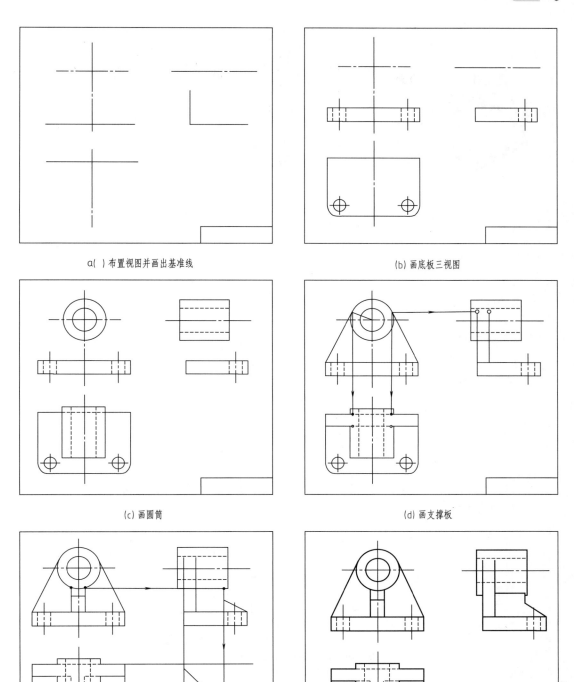

(a) 布置视图并画出基准线 (b) 画底板三视图
(c) 画圆筒 (d) 画支撑板
(e) 画肋板 (f) 检查描深,完成全图

图 4-8 轴承座的画图步骤

如图 4-9（c）～（f）所示。

（6）检查、描深　绘图具体方法与步骤见图 4-9。

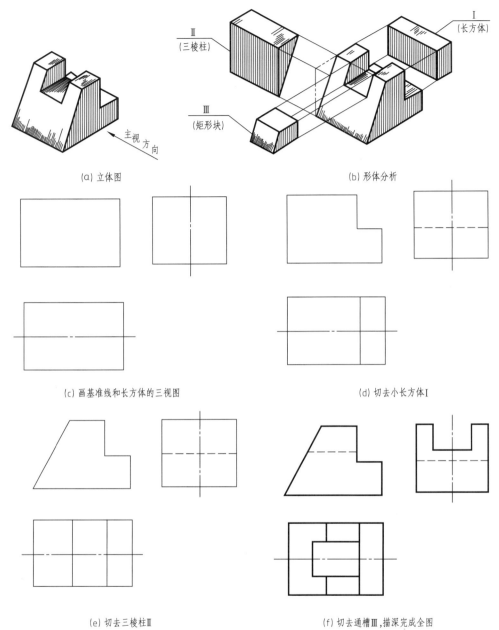

图 4-9 切割型组合体的画图步骤

第三节 组合体的尺寸标注

1. 尺寸基准

标注尺寸的起点称为尺寸基准。组合体的尺寸基准，常选用其底面、重要的端面、对称平面、回转体的轴线以及圆的中心线等作为尺寸基准。

在组合体的长、宽、高 3 个方向中，每个方向至少要有 1 个主要尺寸基准。当形体复杂时，允许有一个或几个辅助尺寸基准。

2. 组合体的尺寸种类

（1）定形尺寸　确定组合体中各基本体的形状和大小的尺寸。
（2）定位尺寸　确定组合体中各组成部分相对位置的尺寸。
（3）总体尺寸　确定组合体外形的总长、总宽和总高的尺寸。

3. 标注组合体尺寸的步骤

标注组合体的尺寸时，首先应运用形体分析法分析形体，找出该组合体长、宽、高3个方向的主要基准，分别注出各基本形体之间的定位尺寸和各基本形体的定形尺寸，再标注总体尺寸并进行调整，最后校对全部尺寸。

扫描二维码可观看相关视频。

【例 4-3】　现以轴承座为例，说明标注组合体尺寸的具体步骤。

（1）对组合体进行形体分析，确定尺寸基准。

如图 4-10 所示，依次确定轴承座长、宽、高 3 个方向主要基准：以通过圆筒轴线的侧平面作为长度方向的主要基准，底板后表面为宽度方向的主要基准，底板的底面作为高度方向的主要基准。

（2）分别标注各组成部分的定位尺寸和定形尺寸。

从组合体长、宽、高 3 个方向的基准出发依次注出各基本形体的定位尺寸。并依次标注轴承座各组成部分的定形尺寸，如图 4-10（a）～（d）所示。

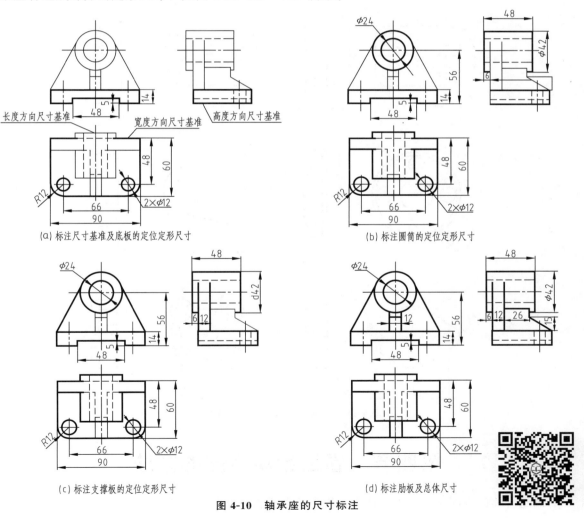

图 4-10　轴承座的尺寸标注

（3）标注总体尺寸。

组合体一般需要标注总长、总宽和总高尺寸，当所有定位尺寸和定形尺寸都标注完成以后经适当调整标注相应的总体尺寸。但是当组合体的一端或两端为回转体时，不标注总体尺寸。

4. 注意事项

标注尺寸需要注意的几个问题，标注尺寸除了要求正确、完整以外，为了便于看图，还要求所注尺寸清晰。为此，必须注意以下几点。

1）尺寸应尽量标注在视图外面，与两个视图有关的尺寸最好布置在两视图之间。

2）同一基本形体的定形、定位尺寸应尽量集中标注，并尽量标注在反映形状和位置特征的视图上。如图 4-10 中 $R12$、$2\times\phi12$、66、48。

3）直径尺寸尽量标注在投影为非圆的视图上，如图 4-10 左视图中的 $\phi42$。

4）尺寸尽量不标注在虚线上。

5）尺寸线、尺寸界线与轮廓线尽量不要相交。

以上各点，并非标注尺寸的固定模式，在实际标注尺寸时，有时会出现不能完全兼顾的情况，应在保证尺寸标注正确、完整、清晰的基础上，根据尺寸布置的需要灵活运用和进行适当的调整。

图 4-11 表示了一些常见组合体结构的尺寸标注，供标注尺寸时参考。

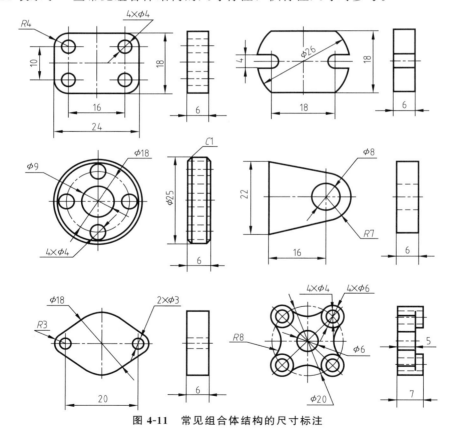

图 4-11 常见组合体结构的尺寸标注

第四节 看组合体视图的方法

画组合体的视图是将三维形体用正投影的方法表示成二维图形；而看组合体的视图，则是

第四章 组合体

将多个二维图形依据它们之间的投影关系,想象出三维的形状。可以说,看图是画图的逆过程。所以,看图同样也要运用形体分析法。但对于复杂的形体,还要对局部的结构进行线面分析,想象出局部结构的形状,从而想象出组合体的空间形状。

一、看图要点

1. 弄清视图中线条与线框的含义

(1) 视图中每一条线的含义 表示具有积聚性的面的投影;表示面与面的交线的投影;表示曲面转向轮廓线。

(2) 视图中线框的含义

① 一个封闭的线框表示物体的一个面;

② 相邻的两个封闭线框,表示物体上位置不同的两个面,如图 4-12、图 4-13 主视图;

③ 一个大封闭线框内包含小的封闭相框,表示在大的几何体上凸出或者凹下小的几何体。

2. 要把几个视图联系起来进行分析

在一般情况下,一个视图是不能完全确定组合体的形状,表达组合体必须要有反映形状特征的视图,看图时,要把几个视图联系起来进行分析,才能想象出组合体的形状,如图 4-12、图 4-13 所示。

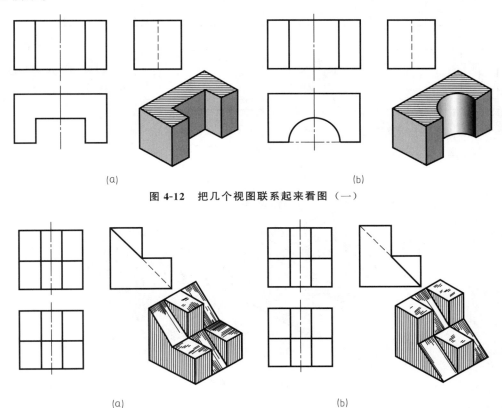

图 4-12 把几个视图联系起来看图(一)

图 4-13 把几个视图联系起来看图(二)

二、看图方法和步骤

1. 形体分析法

看叠加型组合体的视图时,根据投影规律,分析基本形体的三视图,从图上逐个识别出基本形体的形状和相互位置,再确定它们的组合形式及其表面连接关系,综合想象出组合体的形状。

应用形体分析法看图的特点是:从形体出发,在视图上分线框。

【例 4-4】 以图 4-14 所示的轴承座为例,介绍应用形体分析法看图的方法和步骤。

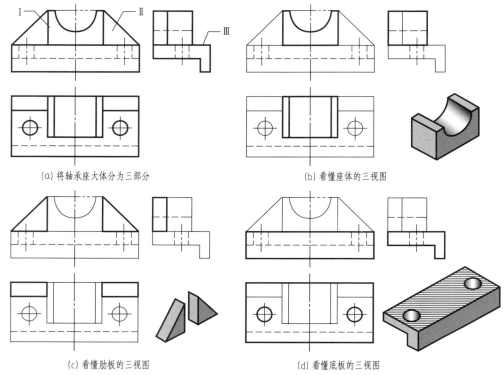

图 4-14　轴承座的看图方法

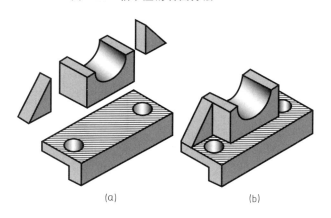

图 4-15　轴承座轴测图

看图步骤如下。

(1) 抓住特征分部分　通过形体分析可知,主视图较明显地反映出Ⅰ、Ⅱ形体的特征,而左视图则较明显地反映出形体Ⅲ的特征。据此,该轴承座可大体分为三部分,如图 4-14 (a) 所示。

(2) 对准投影想形状　形体Ⅰ、Ⅱ从主视图、形体Ⅲ从左视图出发,依据"三等"规律,分别在其他两视图上找出对应投影,并想出它们的形状,如图 4-14 (b)~(d) 所示。

（3）综合起来想整体。长方体Ⅰ在底板Ⅲ的上面，两形体的对称面重合且后面靠齐；肋板Ⅱ在长方体Ⅰ的左、右两侧，且与其相接，后面靠齐。综合想象出物体的整体形状，如图4-15 所示。

2. 线面分析法

线面分析法就是将物体看作是由若干条线及一些面组成的，通过分析线或面的形状与位置来想象立体形状的分析方法。通常适用于切割体及复杂组合体中的切割体部分。线面分析法的重点是分析面的形状。

当基本体或不完整的基本体被投影面垂直面切割时，截平面的投影是类似形，如图4-16 所示，分别有一个 L 形的铅垂面、工字形的正垂面和凹字形的侧垂面。在它们的三视图中，与截平面垂直的投影面上的投影积聚成一直线，与截平面倾斜的另两个投影面上的投影均为类似形。

图 4-16 切割体的视图分析

三、补画漏线与第三视图

1. 补画漏线

补画视图中的漏线，即物体的 3 个视图都具备，但有的视图有缺线，要求补全这些缺线。这种题目，一般应抓住物体的形状、位置特征明显的视图，联系其他视图逐个补出缺线。复杂的物体则要联合运用形体分析法及线面分析法进行分析，弄清物体的形状，也可通过画立体图帮助想象。

【例 4-5】 补画图 4-17（a）三视图中的缺线。

（1）形体分析 如图 4-17（a）所示，从已知 3 个视图分析，该组合体是长方体被几个不同位置的平面切割而成的。可采用边切割边补线的方法逐个补画 3 个视图中的缺线。在补线过程中，要应用"长对正、高平齐、宽相等"的投影规律，要特别注意俯、左视图宽相等及前后对应的投影关系。

（2）作图

1）从左视图上的斜线可知，长方体被侧垂面切去一角。在主、俯视图中补画相应的缺线，如图 4-17（b）所示。

2）从主视图可知，长方体的上部被一个水平面和两个侧平面切了个凹槽。补画俯、左视图中相应的缺线，如图 4-17（c）所示。

3）从俯视图可知，长方体前面被左、右对称切去一角。补全主、左视图中相应的缺线，如图 4-17（d）所示。

【例 4-6】 补画 4-18（a）所示三视图中所缺的图线。

补画缺线步骤如图 4-18（b）~（f）所示，该物体的立体图如图 4-19 所示。

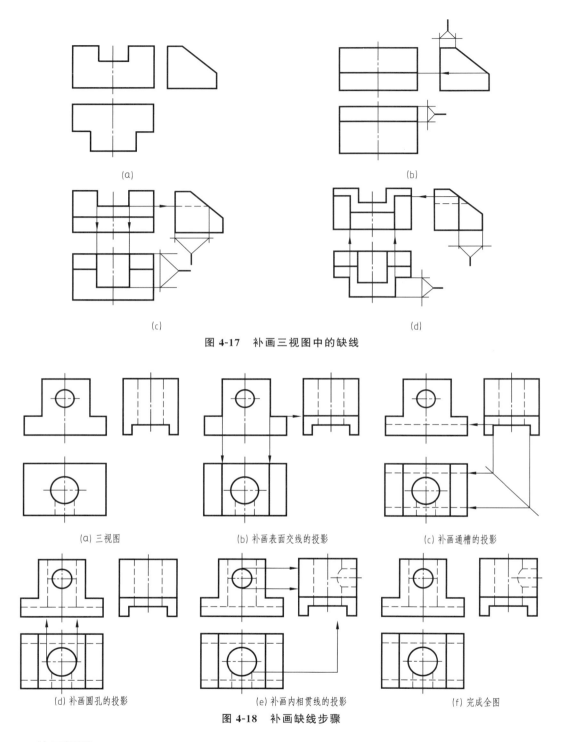

图 4-17 补画三视图中的缺线

图 4-18 补画缺线步骤

2. 补画视图

补画视图就是根据已知两个视图，运用形体分析和线面分析的方法，想象出组合体的结构形状，并把第三视图补画出来。如果已知两视图，通常已完全确定了组合体的结构形状，则答案是唯一的。

第四章 组合体   53

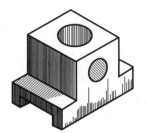

图 4-19　物体立体图

【例 4-7】　根据支座的主、俯视图，补画其左视图，如图 4-20（a）所示。

运用形体分析法，对主、俯视图进行线框分割，大致可看出它由三个部分组成，下部是一个长方体，上后部也是一个长方体，在上部长方体前方有一个凸台，凸台是一顶部带有半圆柱体的长方体。另外后部开有一方槽，上方还有一个小圆柱孔。作图步骤如图 4-20（b）～（f）所示。

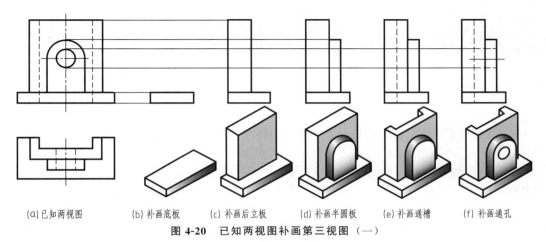

(a) 已知两视图　　(b) 补画底板　　(c) 补画后立板　　(d) 补画半圆板　　(e) 补画通槽　　(f) 补画通孔

图 4-20　已知两视图补画第三视图（一）

【例 4-8】　由图 4-21（a）所示的主、俯视图，补画左视图。

具体作图步骤如图 4-21（b）～（e）所示。

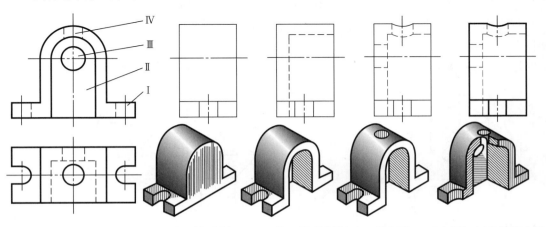

(a) 已知两视图　(b) 补画形体Ⅰ的左视图　(c) 补画形体Ⅱ的左视图　(d) 补画形体Ⅲ、Ⅳ的左视图　(e) 综合想整体，完成左视图

图 4-21　已知两视图补画第三视图（二）

第五章 轴测图

多面正投影图能完整、准确地反映出物体的形状和大小，而且作图简单，但它缺乏立体感，只有具备一定的读图能力的人才能看懂。工程上有时也采用具有立体感的轴测图来表达设计意图。轴测图能够同时反映物体长、宽、高3个方向的形状，有立体感，但其作图复杂，在机械图样中只能作为辅助图样。本章主要介绍轴测图的基本知识和画法。

第一节 轴测图的基本知识

1. 轴测图的形成

将物体连同其所在的直角坐标系，沿不平行于任一坐标平面的方向，用平行投影法将其投射在单一投影面上所得到的具有立体感的图形，称为轴测投影图，简称轴测图。

如图5-1所示，沿投射方向S用平行投影法将空间物体进行投射的情况，所得的投影即为

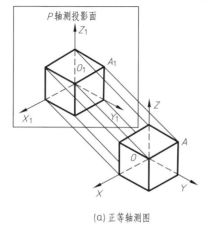

(a) 正等轴测图   (b) 斜二轴测图

图5-1 轴测图的形成

轴测图，投影面 P 称为轴测投影面。轴测图能够同时反映物体长、宽、高 3 个方向的形状，所以具有立体感。

2. 轴测投影的术语

（1）轴测轴　空间直角坐标轴 OX、OY、OZ 在轴测投影面上的投影 O_1X_1、O_1Y_1、O_1Z_1 称为轴测轴。如图 5-1 所示。

（2）轴间角　轴测投影中，任意两轴测轴之间的夹角称为轴间角。如图 5-1 中 $\angle X_1O_1Y_1$、$\angle X_1O_1Z_1$、$\angle Y_1O_1Z_1$。

（3）轴向伸缩系数　轴测轴上的单位长度与相应的直角坐标轴上对应的单位长度的比值，称为轴向伸缩系数。X、Y、Z 轴的轴向伸缩系数分别用 p_1、q_1、r_1 表示，即

$$p_1=O_1X_1/OX \qquad q_1=O_1Y_1/OY \qquad r_1=O_1Z_1/OZ$$

3. 轴测图的分类

按照投影方向与轴测投影面之间关系的不同，轴测图可分为正等轴测图和斜轴测图两类。工程上常见的是正等轴测图和斜二等轴测图。

（1）正等轴测图　轴测投影方向与轴测投影面垂直时所得到的轴测图。$p=q=r$，三个轴向伸缩系数相同，如图 5-1（a）所示。

（2）斜二轴测图　轴测投影方向与轴测投影面倾斜时所得到的轴测图。若 $p=r=2q$，称为斜二等轴测图，简称斜二测，如图 5-1（b）所示。

4. 轴测图的投影特性

由于轴测投影属于平行投影，因此，轴测投影具有平行投影的基本性质。

1）物体上相互平行的线段，其轴测投影也相互平行。

2）物体上与坐标轴平行的线段，其轴测投影平行于相应的轴测轴，且其变形系数与该坐标轴的轴向变形系数相同。

第二节　正等轴测图的画法

一、正等轴测图的形成及参数

如图 5-2（a）所示，正等测的轴间角均为 120°，Z 轴处于铅垂方向，X 轴和 Y 轴与水平方向成 30°，轴测轴的画法，如图 5-2（b）所示。由于空间直角坐标轴与轴测投影面的倾角相同，所以 3 个轴向伸缩系数均相等，经推证并计算得知 $p_1=q_1=r_1\approx 0.82$。

为了作图方便，实际作图时采用简化的变形系数，即 $p=q=r=1$。

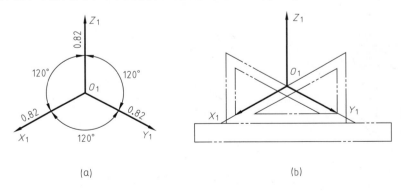

图 5-2　正等测轴间角、轴向伸缩系数及轴测轴的画法

这样，画正等测图时，沿轴向的所有尺寸可直接按物体的实际长度来作图。但按简化伸缩系数画出的图形比实际物体放大了 $1/0.82 \approx 1.22$ 倍。图形虽然大了一些，但形状和直观性都没有发生变化。如图 5-3 所示为两种不同的伸缩系数画出的正等测。

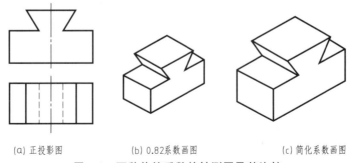

(a) 正投影图　　(b) 0.82系数画图　　(c) 简化系数画图

图 5-3　两种伸缩系数的轴测图及其比较

二、平面立体的正等轴测图画法

1. 基本形体正等轴测图画法

通常采用坐标法绘制立体的正等轴测图。作图时，首先定出空间直角坐标系，画出轴测轴；再按立体表面上各顶点或直线的端点坐标，画出其轴测投影；最后按其可见性连接各点，完成轴测图。

【例 5-1】　画出三棱锥的正等轴测图，如图 5-4 所示。

作图：

1) 确定空间直角坐标体系，为作图方便，使 OX 轴与 AB 重合，即 ox 与 ab 重合，$o'x'$ 与 $a'b'$ 重合，坐标原点与棱锥底面的三角形顶点 B 点重合，即 o 与 b 重合、o' 与 b' 重合。
2) 画轴测轴，按底面三角形顶点的坐标画出 A、B、C 的轴测图，如图 5-4（b）所示。
3) 画出锥顶 S 的轴测图 S_1，如图 5-4（c）所示。
4) 按可见性连接各顶点并描深，如图 5-4（d）所示。

扫描二维码可观看相关视频。

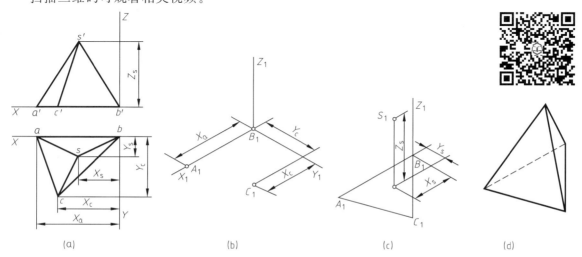

图 5-4　三棱锥的正等轴测的作图步骤

【例 5-2】 画出六棱柱的正等轴测图，如图 5-5（a）所示。

由于正六棱柱前后、左右对称，故选择顶面的中点作为坐标原点，棱柱的轴线作为 Z 轴，顶面的两条对称线作为 X 轴、Y 轴。其作图步骤如图 5-5（b）～（d）所示。

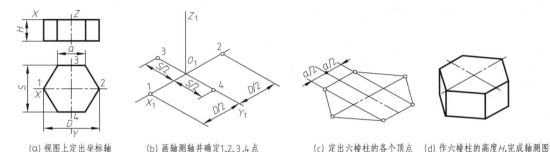

图 5-5 六棱柱的正等轴测画法

2. 组合体正等轴测图的画法

组合体正等轴测图的画法根据组合体的具体的情况分为两种，即叠加法和切割法。

（1）叠加法 先将组合体分解成若干个基本形体，然后按照其相对位置逐个画出各基本形体的轴测图，进而完成整体的轴测图。

【例 5-3】 根据图 5-6（a）所示的组合体的三视图，作其正等轴测图。

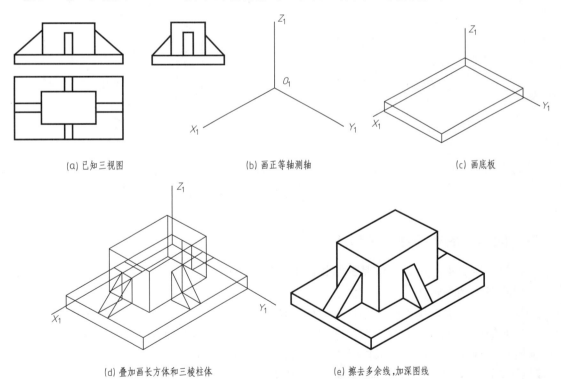

图 5-6 用叠加法画组合体的正等轴测图

该组合体由底板、长方体和 4 个三棱柱叠加而成。采用叠加法画出其轴测图。其作图步骤如图 5-6（b）～（e）所示。

（2）切割法 切割法与叠加法的不同在于先画出完整的基本形体的轴测图（通常为长方体，也称方箱），然后按其结构特点逐个地切去多余的部分，进而完成组合体的轴测图。

【例 5-4】 根据图 5-7（a）所示的组合体的三视图，作其正等轴测图。

根据对组合体的三视图分析，该组合体是一长方体经过多次切割形成，如图 5-7（a）所示。画轴测图时，先画出整体（方箱），再逐步切割。其作图步骤如图 5-7（b）～（d）所示。

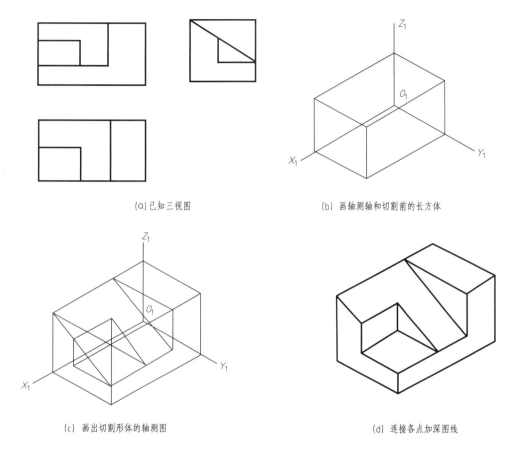

图 5-7 用切割法画组合体的正等轴测图

三、回转体的正等轴测图画法

绘制回转体的正等测，关键是要掌握圆的正等轴测画法。

1. 圆的正等轴测画法

圆的正等测图常采用菱形法（也叫"四心法"）画椭圆。此方法只适用于正等轴测中画平行于坐标面的圆。作图时，首先作出圆的外切正方形轴测投影，即椭圆的外切菱形，然后，再定出画椭圆的四个圆心，由四段圆弧连接即成椭圆。扫描二维码可观看相关视频。

【例 5-5】 现以水平圆为例说明其作图步骤，如图 5-8 所示。

平行于坐标面的圆，其正等轴测图都是椭圆。画回转体的正等轴测时，要明确圆所在的平面与哪一个坐标面平行，才能保证画出方位正确的椭圆，如图 5-9 所示。

2. 圆柱的正等轴测画法

【例 5-6】 根据图 5-10 所示的圆柱的视图，作出其正等轴测图。

圆柱的轴线垂直于水平面，其上、下底两个圆与水平面平行且大小相等（见图 5-10a）。可

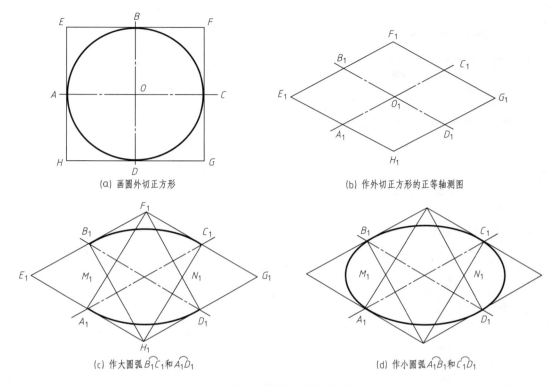

图 5-8 圆的正等轴测图的近似画法

根据其直径 d 和高度 h 作出两个大小完全相同、中心距为 h 的两个椭圆,然后作两个椭圆的公切线即可。具体的作图步骤如图 5-10(b)~(d)所示。

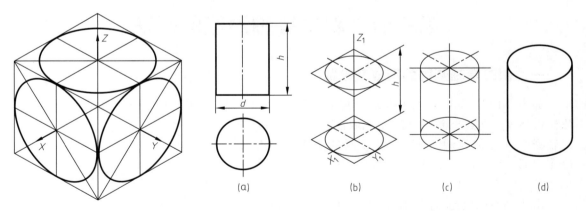

图 5-9 不同坐标面上圆的正等轴测

图 5-10 圆柱的正等轴测画法

3. 圆角的简化画法

平行于坐标面的圆角,实质上是平行于坐标面的圆的一部分。这些圆角的轴测图分别对应于椭圆的 4 段圆弧,画圆角时不必做出整个椭圆,只需直接画出该段圆弧即可,画法如图 5-11 所示。在圆角的边上量取半径 R,从量得的点作边线的垂线,再以两垂线的交点为圆心,以垂线长为半径画圆弧即为所需的圆角。

【例 5-7】 以图 5-11 为例,说明圆角轴测图的简化画法。

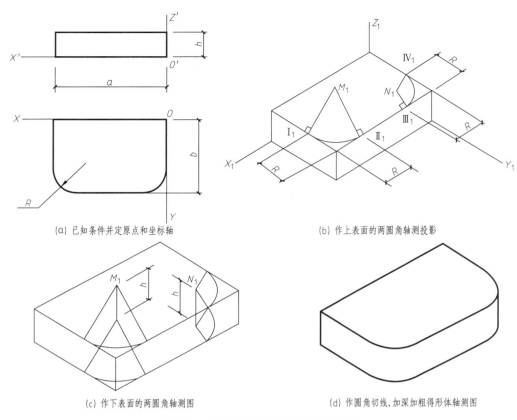

图 5-11　圆角的正等轴测图的简化画法

第三节　斜二等轴测图的画法

一、斜二等轴测图的形成及参数

如图 5-12 所示,在确定物体的直角坐标系时,使 OX 轴与 OZ 轴平行轴测投影面 P,用斜投影法将物体连同其坐标轴一起向 P 面投射,即得到斜二轴测图(简称为斜二测)。斜二测的 3 个坐标轴 O_1Y_1、O_1X_1、O_1Z_1 之间的夹角,形成轴间角,一般取 $\angle X_1O_1Y_1 = \angle Y_1O_1Z_1 = 135°$;$\angle X_1O_1Z_1 = 90°$。

由于 XOZ 坐标面与轴测投影面平行,OX、OZ 轴的轴向伸缩系数相等,即 $p_1 = r_1 = 1$;OY 轴的轴向伸缩系数 q_1 随着投射方向的不同而不同,可以任意选定,为了绘图简便,国家标准规定,$q_1 = 0.5$。

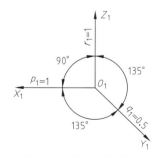

图 5-12　斜二测的轴向伸缩系数和轴间角

按照上述的规定绘制出来的斜轴测图就是斜二测。斜二测的特点是,物体上凡是平行于 XOZ 坐标面的表面,其轴测投影反映实形。利用这一特点画斜二测时,尽量将形状复杂的平面或圆放在与 $X_1O_1Z_1$ 面平行的位置上,作图比较简便快捷。

二、斜二等轴测图的画法

斜二测的作图方法和正等测基本相同,也可采用坐标法、切割法、叠加法等作图方法。所不同的是斜二测的轴间角和正等测不同,斜二测中 OY 的轴向伸缩系数 $q_1=0.5$,沿 O_1Y_1 方向的长度应只取物体上相应长度的一半。扫描二维码可观看相关视频。

【例 5-8】 绘制空心圆锥台的斜二测。

如图 5-13(a)所示的空心圆锥台,单方向的圆较多。故将其轴向垂直于 XOZ 坐标面,使前、后两底圆均平行 XOZ,其轴测图反映实形(圆),沿 Y 轴以 0.5 轴向变形系数依次决定各圆的圆心位置,画出各圆。其作图步骤如图 5-13(b)、(c)所示。

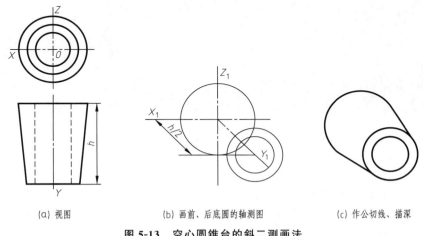

(a) 视图　　　　(b) 画前、后底圆的轴测图　　　　(c) 作公切线、描深

图 5-13　空心圆锥台的斜二测画法

【例 5-9】 绘制如图 5-14(a)所示支架的斜二测图。

如图 5-14(b)所示,取圆及孔所在的平面为正平面,在轴测投影面 $X_1O_1Z_1$ 上得与图 5-14(a)主视图一样的实形。支架的宽为 L,反映在 Y_1 轴上应为 $L/2$;在 Y_1 轴沿圆心 O_1 向后移 $L/2$ 定 O_2 点位置;以 O_2 点画后面的圆及其他部分。最后作圆头部分的公切线,擦去作图辅助线并描深,完成全图。

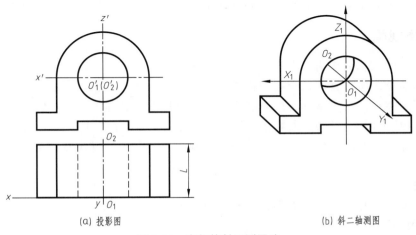

(a) 投影图　　　　　　　　　　(b) 斜二轴测图

图 5-14　支架的斜二测画法

第六章

机件的表达方法

工程实际中，机件的形状是多种多样的，简单的机件用一个或两个视图就可以表达清楚了，但是有些复杂的机件，就是用三个视图也难以将其内外结构形状清楚地表达出来。为此，国家标准规定了机件的各种表达方法。本章将介绍视图、剖视图、断面图、简化画法等常用表达方法。画图时应根据机件的实际结构形状特点，选用恰当的表达方法。

第一节 视图

视图是用正投影法将机件向投影面投影所得的图形。它主要用来表达机件的外部结构形状。其不可见部分用虚线表示，必要时虚线也可省略不画。

视图通常分为基本视图、向视图、局部视图和斜视图四种。扫描二维码可观看相关视频。

一、基本视图

用正六面体的六个面作为基本投影面，将物体放在正六面体内，分别用正投影法将物体向六个基本投影面投影所得到的六个视图称为基本视图，如图6-1（a）所示。除了前面介绍的主视图、俯视图、左视图三个基本视图外又增加了三个视图，名称规定为：后视图（从后向前投影），仰视图（从下向上投影），右视图（从右向左投影）。六个基本视图的展开方法是规定正面不动，把其他投影面展开到与正面成同一个平面上，展开以后基本视图的配置关系如图6-1（b）所示。

1. 位置关系

六个基本视图展开后的位置关系如图6-1（b）所示。

2. "三等关系"

六个基本视图仍然保持"长对正、高平齐、宽相等"的三等关系。

长对正——主、俯、仰、后视图；

第六章　机件的表达方法

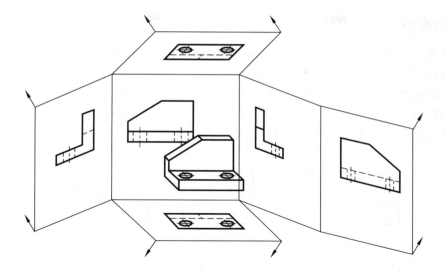

(a) 六个基本视图的形成及展开

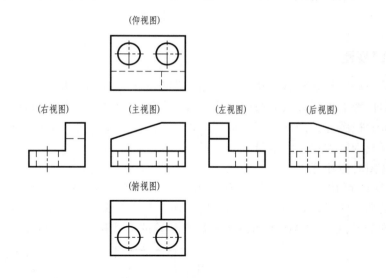

(b) 基本视图的配置

图 6-1　基本视图

高平齐——主、左、右、后视图；
宽相等——俯、左、仰、右视图。
其中俯、左、仰、右视图靠近主视图的一面表示物体的后面，而远离主视图的一面表示物体的前面；后视图的左侧反映物体的右面，右侧反映物体的左面。

3. 方位关系

主、后视图反映物体的上下、左右；
俯、仰视图反映物体的前后、左右；
左、右视图反映物体的上下、前后。
实际绘图时，应根据机件的复杂程度和表达需要，合理选用必要的基本视图。

二、向视图

实际绘图时,由于考虑到视图在图纸中的布局问题,视图可不按图 6-1(b)所示的位置配置,此时应在视图上方标出视图的名称"×"("×"为大写拉丁字母,下同),并用箭头在相应视图附近指明投射方向,并标注相同的字母,这种视图称为向视图。如图 6-2 所示(注意所用字母或箭头要比图中所注尺寸数字和尺寸线上的箭头大一号或两号,字母一律水平书写)。

基本视图和向视图均用于表示机件的整体外形。

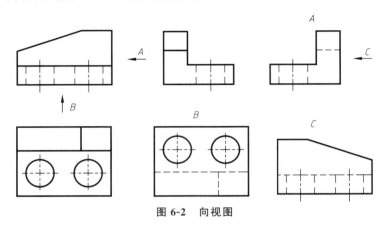

图 6-2 向视图

三、局部视图

当机件某一局部形状没有表达清楚,而又没有必要用一完整基本视图表达时,可单独将这一部分向基本投影面投影,从而避免了另一部分的重复表达。这种将机件的某一部分向基本投影面投射所得的视图称为局部视图,如图 6-3 所示。局部视图是一个不完整的基本视图,利用局部视图可以减少基本视图的数量。

画局部视图时应注意:

1)局部视图可按向视图的形式配置并标注,一般应在局部视图上方标出视图的名称"×",在相应视图的附近,用箭头指明投射方向,并在箭头旁按水平方向注上相同的字母,如图 6-3 中 A 向局部视图。局部视图按基本视图配置的形式配置,且中间没有其他图形隔开时,

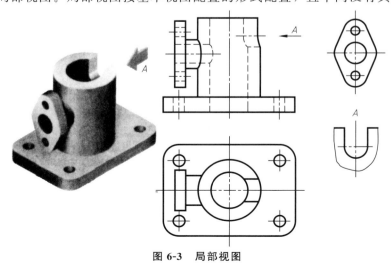

图 6-3 局部视图

可省略标注，如图 6-3 中机件左边的腰圆形凸台。

2）局部视图断裂处的边界线以波浪线（或双折线）表示，不能超出所在视图的轮廓线，如图 6-3 中的 A 向局部视图。当被表达部分的结构是完整的，其图形的外轮廓线成封闭时，波浪线可省略不画，如图 6-3 中的腰圆形凸台和图 6-5 中的 C 向局部视图。

四、斜视图

如图 6-4（a）所示压紧杆，具有倾斜结构，在基本视图上无法反映结构的真实形状，给读图、绘图和标注尺寸带来困难。为此可设置一个与倾斜结构平行的辅助投影面，把倾斜结构向该投影面用正投影法投影即可得到反映该部分实形的视图，如图 6-4（b）所示。这种将机件向不平行于任何基本投影面的平面投射所得的视图称为斜视图。

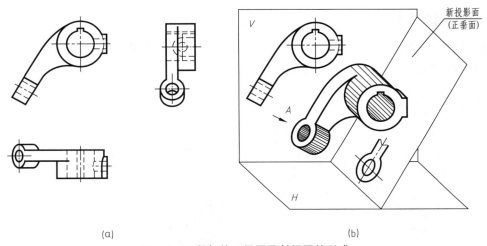

图 6-4 压紧杆的三视图及斜视图的形成

斜视图只需要表达倾斜结构的局部实形，其余部分不必画出，其断裂边界以波浪线（或双折线）表示。画斜视图时，必须在斜视图的上方标出视图名称"×"，在相应的视图附近用箭

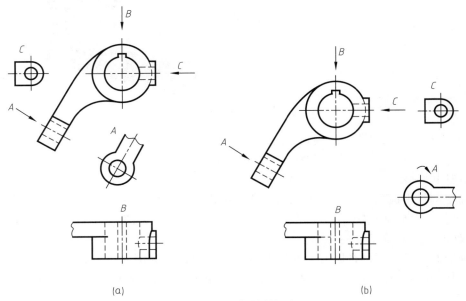

图 6-5 压紧杆的斜视图

头指明投射方向,并在箭头旁按水平方向注上相同的字母,如图6-5(a)所示A向斜视图。

斜视图一般应按投影关系配置,必要时也可配置在适当位置,在不致引起误解时允许将倾斜的图形旋转,标注形式为"⌒A",表示该视图名称的大写拉丁字母应靠近旋转符号的箭头端,如图6-5(b)所示。

第二节 剖视图

用视图表达机件的结构形状时,对于机件上看不见的内部结构形状用虚线表示。当机件内部结构复杂时,在视图上会出现许多虚线从而使图形不清晰。为了将内部结构表达清楚,同时又避免出现虚线,常采用剖视图的方法来表达。

一、剖视的概念

假想用剖切面剖开机件,将处在观察者和剖切面之间的部分移去,将其余部分向投影面投射所得的图形称为剖视图,简称剖视。剖切面就是剖切机件的假想平面或柱面。如图6-6所示。

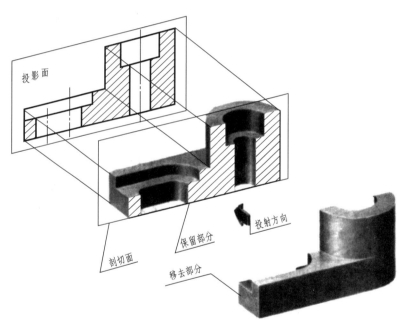

图6-6 剖视的概念

如图6-7所示,主视图采用剖视图的画法,视图中不可见的部分变成可见,原有的虚线变成了实线,加上剖面线的作用,使图形显得非常清晰。

1. 剖视图的画法

1)确定剖切平面的位置。为了能确切地表达物体的真实形状,所选剖切面一般应与某基本投影面平行,并应通过物体内部孔、槽的轴线或对称面,如图6-7(b)所示的剖切平面就是通过机件前、后对称平面的平面。

2)画剖面符号。画剖视图时,在机件与剖切面相接触的剖面区域,应画上剖面符号。机件材料不同,其剖面符号画法也不同。画图时应采用国家标准所规定的剖面符号,常用的剖面符号见表6-1。

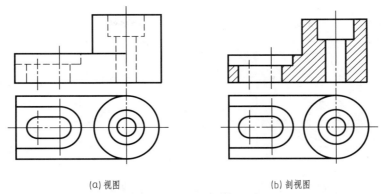

(a) 视图 (b) 剖视图

图 6-7 视图与剖视图的比较

表 6-1 常用的剖面符号

金属材料(已有规定剖面符号者除外)		型砂、填砂、粉末冶金、砂轮等		木质纵剖面	
非金属材料(已有规定剖面符号者除外)		钢筋混凝土		木材横剖面	
转子、电枢、变压器和电抗器等的叠钢片		玻璃及供观察用的其他透明材料		液体	
线圈绕组元件		基础周围的泥土		木质胶合板(不分层)	
混凝土		砖		格网(筛网、过滤网等)	

2. 绘制剖视图的注意事项

1) 剖视图是一个假想的作图过程,因此一个视图画成剖视图后,其他视图仍应按完整机件画出,如图 6-8 所示。

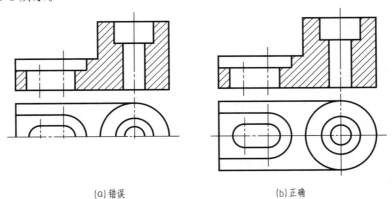

(a) 错误 (b) 正确

图 6-8 画剖视图时应注意机件的完整性

2) 画剖视图时,在剖切面后的可见轮廓线也应画出。初学者常常会忽略这一点而只画出与剖切面重合部分的图形,如图 6-9 所示。

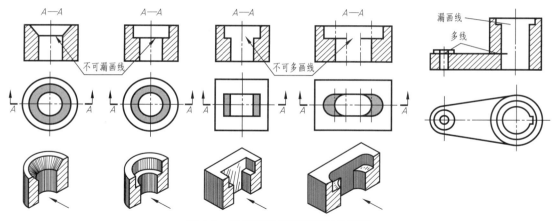

图 6-9 剖视图不应漏画可见轮廓线

3)剖视图上一般不画虚线,以增加图形的清晰性,但若画少量虚线可减少视图数量时,也可画出必要的虚线,如图 6-10 所示。

3. 剖视图的标注

根据国标的规定,在绘制剖视图时,先在相应的视图上用剖切符号和箭头表示剖切位置和投射方向,并注上字母,然后在相应剖视图的上方用相同字母标出剖视图的名称"×—×"。

剖切符号是指剖切面起、止和转折位置(用粗短画表示)及投射方向(用箭头表示)的符号,如图 6-9 所示。

根据具体情况,标注可以简化或省略。

1)当剖视图按投影关系配置,中间又没有其他图形隔开时,可省略箭头。

2)当单一剖切平面通过机件的对称平面或基本对称平面,且剖视图按投影关系配置,中间又没有其他图形隔开时,可省略标注。

3)当单一剖切平面的剖切位置明显时,局部剖视图的标注可省略。

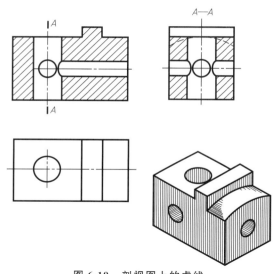

图 6-10 剖视图上的虚线

二、剖视图的种类

按机件被剖开的范围来分,剖视图可分为全剖视图、半剖视图、局部剖视图三种。扫描二维码可观看相关视频。

1. 全剖视图

用剖切面(一个或几个)完全地剖开机件所得的剖视图,如图 6-7~图 6-10 所示。

全剖视图将机件完全剖开,适用于表达不对称的内部形状复杂外形简单的机件。

2. 半剖视图

当机件具有对称平面,在垂直于对称平面的投影面上投射所得的图形,以对称中心线为界,一半画成剖视图,另一半画成视图,这种图形称为半剖视图,如图 6-11 所示。

半剖视图既表达了机件的外形，又表达了其内部结构，适用于内、外形状都比较复杂的对称机件。

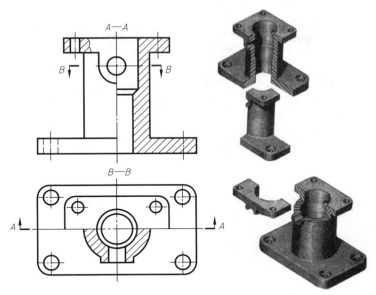

图 6-11　机件的半剖视图

画半剖视图时应注意以下几点。

1）半个视图和半个剖视图应以细点画线为界。

2）在表示外形的半个视图中一般不画虚线，在半个剖视图中未表达清楚的结构，可在半个视图中做局部剖视，对未剖到的孔或槽等，应画出中心线位置，如图 6-11 中的主视图所示。

3）一般用于对称机件。但当机件的形状接近对称，且不对称部分已在其他视图上表达清楚时，也可以画成半剖视图，如图 6-12 所示。

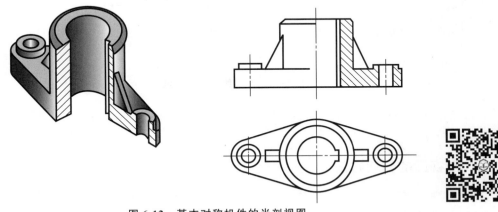

图 6-12　基本对称机件的半剖视图

半剖视图的标注方法与全剖视图相同，如图 6-11。

3. 局部剖视图

用剖切面局部地剖开机件所得的剖视图称为局部剖视图，如图 6-13 所示。

物体内、外形状都需表达而又不对称时，可用局部剖视图表达，如图 6-13 所示。局部剖视只有局部内部形状需要表达，而不必或不宜采用全剖视图时（如轴、连杆、螺钉等实心零件上的某些孔或槽等），可用局部剖视图表达。剖切平面的位置与范围应根据表达需要而决定。

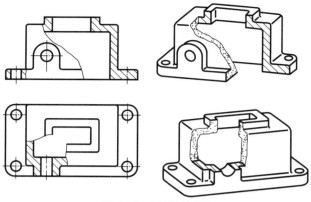

图 6-13 局部剖视图

画局部剖视图时，应注意以下几点。

1）被剖部分与原视图之间用波浪线分开，波浪线表示机件断裂处边界线的投影，因而波浪线应画在机件的实体部分，不能超出视图的轮廓线或与图样上其他图线相重合，也不应画在孔槽之内，如图 6-14 所示。

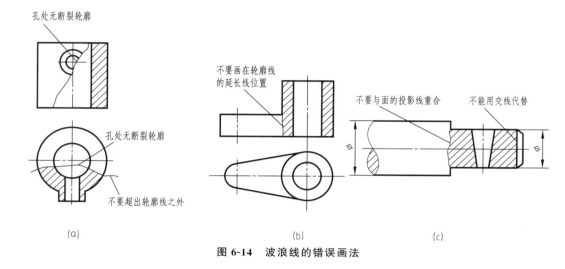

图 6-14 波浪线的错误画法

2）局部剖视图的标注方法与全剖视图相同。对于剖切位置明显的局部剖视图，一般可省略标注。

三、剖视图的剖切方法

由于机件的内部结构形状多种多样，因此画剖视图时，应根据物体的结构特点，选用不同的剖切面，以便使物体的内部形状得到充分体现。为此国标规定的剖切方法有：用单一剖切平面、几个平行的剖切平面、两个相交的剖切平面、不平行于任何基本投影面的剖切平面和复合的剖切平面剖切五种。

1. 单一剖切平面

采用一个剖切平面将物体剖开称为单一剖。

采用这种剖切方法时，一般选用平行于基本投影面的剖切平面，也可以采用柱面剖切机件。

前面所述的全剖视图、半剖视图、局部剖视图均为用单一剖切平面剖切得到。

2. 几个平行的剖切平面

用几个相互平行的剖切平面剖开物体的方法称为阶梯剖，如图 6-15 所示。

阶梯剖适用于表达外形简单、内部结构复杂但排列在几个互相平行平面上的机件。

采用阶梯剖要注意以下几点。

1) 阶梯剖虽然采用了两个或多个相互平行的剖切平面，但在剖切平面的分界处不能画出分界线（即不能画出各剖切平面的交线）。

2) 剖切平面的转折处不应与图中的实线或虚线重合。另外，一般情况下也不要在孔或槽的中间部分转折，以免孔或槽的结构仅有一部分被剖切。

3) 阶梯剖视图必须标注，标注方法如图 6-15 所示。但应注意，剖切面符号在转折处不允许与图上的轮廓线重合。如因转折处位置有限，且不致引起误解时，可以不注字母。当剖视图按投影关系配置，中间又没有其他图形隔开时，可省略箭头。

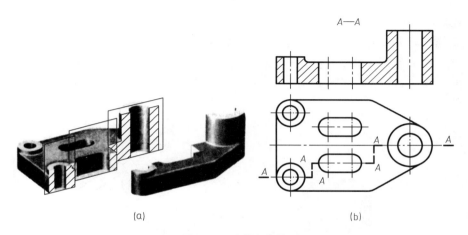

图 6-15　阶梯剖视图

3. 两个相交的剖切平面

用两个相交的剖切平面剖开物体的方法称为旋转剖，如图 6-16 所示。有些物体的内部结构有回转轴线，并与基本投影面倾斜，可用相交的两个剖切平面剖开物体，为使剖开的倾斜结构在剖视图上反映实际尺寸，可以将倾斜剖切面剖开的部分旋转到与基本投影面平行后再进行投影。

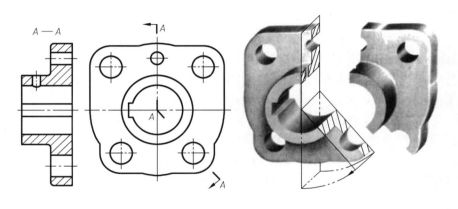

图 6-16　旋转剖视图

当机件内部结构形状用单一剖切平面不能完全表达,而机件在整体上又有回转轴线时,则可用旋转剖表达。

画旋转剖视图时应注意以下几点。

1)必须标注剖切位置。在它的起止点和转折处标注字母"×",在剖切符号两端画出表示剖切后投射方向的箭头,箭头线与剖切符号垂直,并在剖视图的上方注明剖视图的名称"×—×"。但当转折处位置有限又不致引起误解时,允许省略标注转折处的字母。

2)处在剖切平面后的其他结构要素,一般仍按原来的位置投影。

3)强调的是"先剖开后旋转",而不是将要表达的结构先旋转,然后再剖开。

4. 用不平行于任何基本投影面的剖切平面

当物体上具有倾斜结构时,只有沿着倾斜方向剖开才可以表现倾斜结构的内部形状。这种用不平行于任何基本投影面的剖切平面剖开物体的方法叫斜剖。如图 6-17 所示。

与斜视图类似,斜剖视图一般是按照投影关系配置在相对应的位置,必要时可将它放置于其他适当的地方。

画斜剖视图应注意以下几点。

1)斜剖视图必须标注剖切符号、投射方向和剖视图名称。

2)为了看图方便,斜剖视图最好配置在箭头所指方向上,并与基本视图保持对应的投影关系,如图 6-17 中"A—A"所示。为了合理利用图纸,也可将图形旋转画出,但必须标注"×—×⌒"。

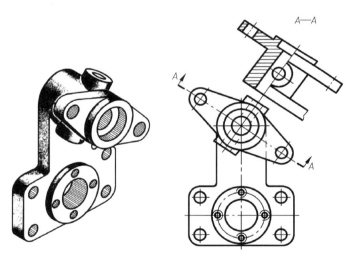

图 6-17 斜剖视图

5. 复合的剖切平面

当机件的内部结构复杂,用阶梯剖或旋转剖仍不能表达清楚时,可以用复合的剖切平面剖开机件,这种方法称为复合剖,如图 6-18 所示。

画复合剖视图时应注意以下几点。

1)复合剖常用来表达多孔的结构和复杂的机件内形。

2)当采用几个旋转剖组成的复合剖一般采用展开画法。

3)复合剖的画图方法和标注方法与旋转剖和阶梯剖的方法基本相同。但展开的复合剖应在剖视图上方注出"×—×展开"。

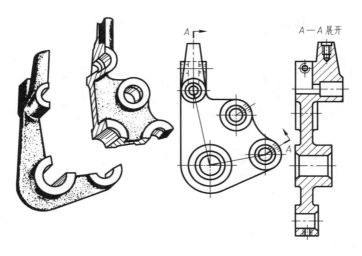

图 6-18 复合剖视图

第三节 断面图

一、断面图的概念

假想用剖切面将机件的某处切断,仅画出该剖切面与机件接触部分的图形,这样的图形称为断面图,又称断面。断面图与剖视图的区别是:断面图只画出机件被剖切后的断面形状,而剖视图除了画出其断面形状外,还必须画出断面之后所有的可见轮廓,如图 6-19 所示。

断面图常用于表达物体某处的断面结构形状,如肋、轮辐、键槽、孔、锥坑以及各种型材的断面形状等。扫描二维码可观看相关视频。

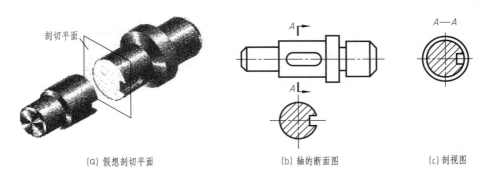

(a) 假想剖切平面　　　　　　(b) 轴的断面图　　　　　　(c) 剖视图

图 6-19 轴的断面图与剖视图的区别

二、断面图的种类

断面图按其配置的位置不同,可分为移出断面和重合断面两种。

1. 移出断面

画在视图外的断面图称为移出断面,如图 6-19 (b)、图 6-20 所示。
移出断面通常按以下原则绘制:
1) 移出断面的轮廓线用粗实线绘制。

2)移出断面图应尽量配置在剖切符号或剖切平面迹线的延长线上。

3)当断面图形对称时也可画在图形的中断处,如图6-21所示。

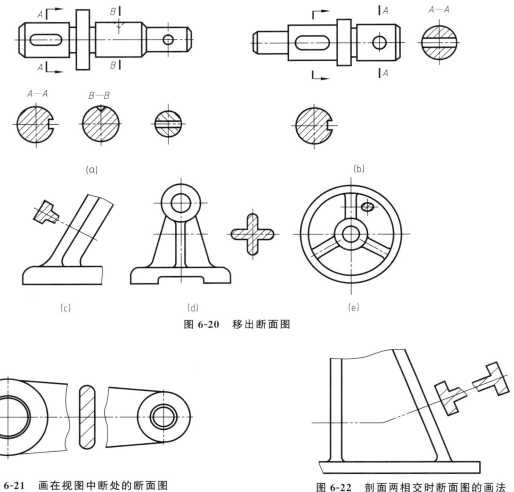

图 6-20 移出断面图

图 6-21 画在视图中断处的断面图

图 6-22 剖面两相交时断面图的画法

4)由两个或多个相交的剖切平面剖切得到的移出断面图,中间应断开,如图6-22所示。

5)当剖切平面通过回转面形成的孔和凹坑的轴线时,这些结构按剖视图绘制,如图6-23所示。

6)当剖切平面通过非圆孔,会导致出现完全分离的两个断面时,则此结构应按剖视绘制,如图6-24所示。

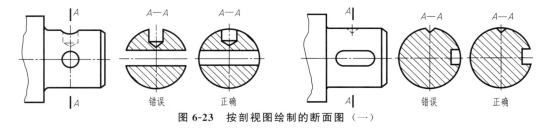

图 6-23 按剖视图绘制的断面图(一)

2. 重合断面

画在视图轮廓线内的断面图称为重合断面图,如图6-25所示。

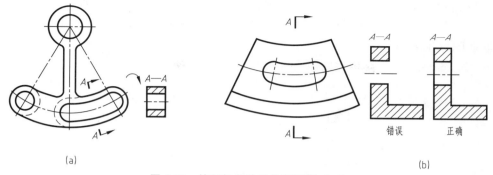

图 6-24 按剖视图绘制的断面图（二）

重合断面的轮廓线规定用细实线绘制。当剖视图中的轮廓线与重合断面的图形重叠时，视图中的轮廓线仍应连续画出，不可断开，如图 6-25（b）所示。

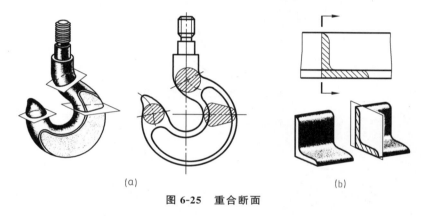

图 6-25 重合断面

3. 断面图的标注

移出断面图一般应在图形上方用大写拉丁字母标出断面图的名称"×—×"，在相应的视图上，用剖切符号表示剖切平面的位置，用箭头表示投射方向并注上相同的字母。

下列情况可以省略字母、箭头或标注。

1) 配置在剖切平面迹线延长线的不对称移出断面图，如图 6-20（a）、（b）所示，或重合断面图可省略字母（见图 6-25）。

2) 按基本视图位置配置的不对称移出断面图（见图 6-23）或不配置在剖切平面迹线延长线上的对称移出断面（见图 6-26 中的 $B—B$）均可省略箭头。

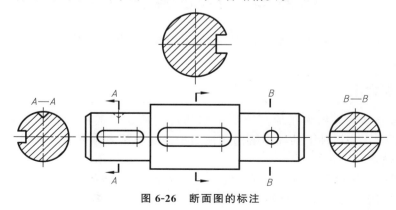

图 6-26 断面图的标注

3）对称的重合断面图（见图6-25a）、配置在剖切平面迹线延长线的对称移出断面图（见图6-20、图6-22），以及配置在视图中断处的移出断面图（见图6-21），均可省略标注。

4. 断面图标注示例

图6-27、图6-28是汽车零件断面图示例。

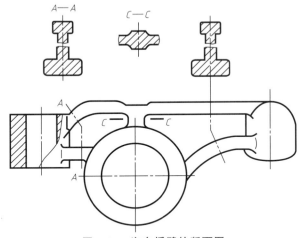

图6-27 汽车摇臂的断面图

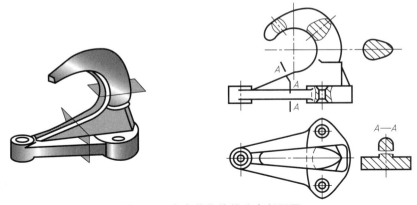

图6-28 汽车前拖钩的移出断面图

第四节　其他表达方法

为使图形清晰和画图简便，国家标准还规定了局部放大图、简化画法等表达方法，以供绘图时选用。

一、局部放大图

将机件的部分结构，用大于原图形所采用的比例所绘出的图形称为局部放大图，如图6-29、图6-30所示。当机件上的细小结构在视图中表达不清楚或不便于标注尺寸和技术要求时，可采用局部放大图。

局部放大图可以根据需要画成视图、剖视图、断面图，它与被放大部分的表达方式无关。必要时可用几个图形来表达同一个被放大的结构。

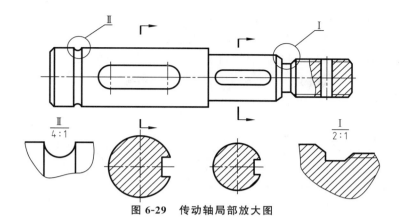

图 6-29 传动轴局部放大图

绘制局部放大图时，用细实线圆圈出被放大的部位，当同一物体有几个被放大的部位时，必须用罗马数字依次标明被放大的部位，局部放大图的上方用分数形式标注出相应的罗马数字和所采用的比例，如果图中只有一处被放大，无须标注字母，只在对应的局部放大图上标注放大比例。局部放大图的比例为图中图形与其实物相应要素的线性尺寸之比，并非与原图形之比。为使看图方便，局部放大图应尽量配置在被放大部位的附近。

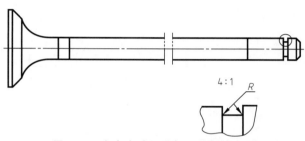

图 6-30 汽车发动机排气门局部放大图

二、规定画法和简化画法

1. 剖视图中的规定画法

1) 对于机件的肋、轮辐及薄壁等，如按纵向剖切，这些结构都不画剖面符号，而用粗实线将它与其邻接部分分开，如图 6-31 所示。

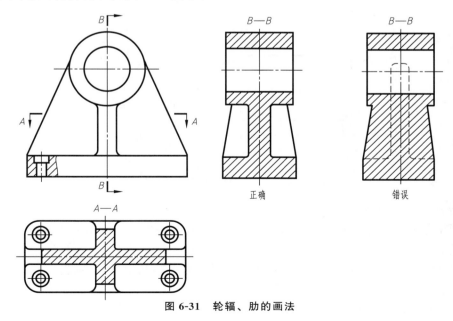

图 6-31 轮辐、肋的画法

当剖切平面垂直轮辐和肋的对称平面或轴线（横向剖切）时，轮辐和肋仍要画上剖面符号。如图 6-31 所示的俯视图中，肋板仍应画上剖面线。

2）均匀分布的结构要素在剖视图中的画法。当回转体一类的物体有成辐射状均匀分布的孔、肋、轮辐等结构，且它们不处于剖切平面上时，可将这些机构旋转到剖切平面的位置上画出，如图 6-32 所示。

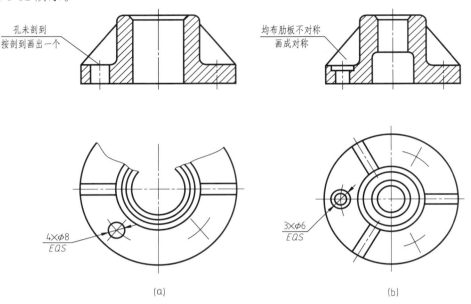

图 6-32 均布结构的规定画法

2. 相同结构

当物体具有多个按一定规律分布的相同结构（齿、槽等）时，只需画出几个完整的结构，其余用细实线连接，并注明该结构的总数。对于多个直径相同且成规律分布的孔（圆孔、螺孔、沉孔等），可以只画一个或几个孔，其余孔只需用点画线表示其位置，并注明孔的总数，如图 6-33 所示。

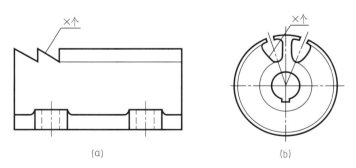

图 6-33 相同结构要素的简化画法

3. 不能充分表达的平面

当图形不能充分表达平面时，可用平面符号（相交两细实线）表示，如图 6-34 所示。

4. 法兰盘上的孔

圆柱形法兰盘及与其类似物体上均布的孔，可按图 6-35 所示方法绘制。

5. 剖面符号

在不致引起误解时，物体的移出断面图允许省略剖面符号，但剖切位置以及断面图的标注

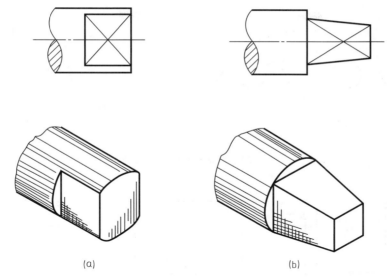

图 6-34 平面的表示方法

必须符合规定，如图 6-36 所示。

6. 折断画法

较长的物体（轴、杆、型材、连杆等）沿长度方向的形状一致或按一定规律变化时，可断开后缩短绘制，如图 6-37 所示，但断开后的尺寸应按实际长度标注。

7. 对称机件的简化画法

在不致引起误解时，对称机件的视图可只画一半或四分之一，并在对称中心线的两端画出两条与其垂直的平行细实线，如图 6-38 所示。

8. 小结构的画法

在不至于引起误解的情况下，零件图中的小圆角或 45°小倒角允许省略不画，但必须标注尺寸或另加说明，如图 6-39 所示。

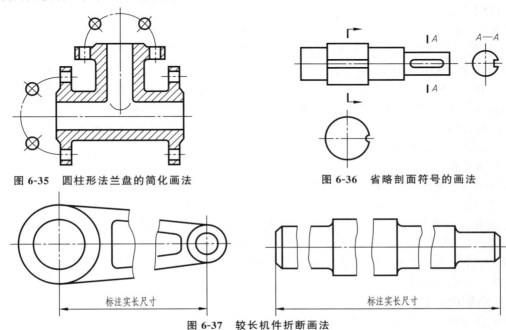

图 6-35 圆柱形法兰盘的简化画法　　图 6-36 省略剖面符号的画法

图 6-37 较长机件折断画法

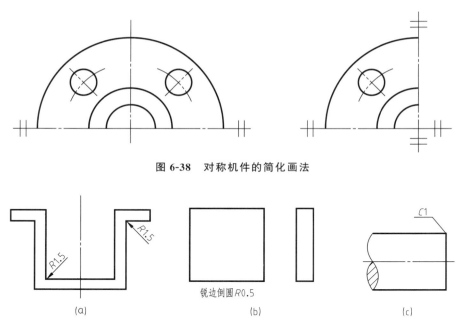

图 6-38 对称机件的简化画法

图 6-39 小结构的画法

第五节 表达方法综合应用举例

正确、灵活、综合运用视图、剖视图、断面图、局部放大图和简化画法等各种表达方法，才能将机件的内外结构、形状表达清楚。选择机件的表达方案时，应根据机件的结构特点及每种表达方法的特点、使用范围，在完整、清晰地表达机件各部分形状和相对位置的前提下，力求作图简便。

【例 6-1】 识读图 6-40 所示阀体的表达方案，想出空间形状。

1. 视图分析

根据图形的数量、位置及其标注，初步认识机件的复杂程度，阀体的表达方案共有五个图形。主视图"B—B"是采用旋转剖画出的全剖视图，表达阀体的内部结构形状；俯视图"A—A"是采用阶梯剖画出的全剖视图，着重表达左、右管道的相对位置，还表达了下连接板的外形及 4×ϕ5 小孔的位置；"C—C"剖视图，表达左端管连接板的外形及其上 4×ϕ4 孔的大小和相对位置；"D"向局部视图，相当于俯视图的补充，表达了上连接板的外形及其上 4×ϕ6 孔的大小和位置，因右前端横管与正投影面倾斜 45°，所以采用斜剖画出"E—E"全剖视图，以表达右连接板的形状。

2. 形体分析

阀体的构成大体可分为管体、上连接板、下连接板、左连接板、右连接板五个部分。管体的内外形状通过主、俯视图已表达清楚，它是由中间一个外径为 36、内径为 24 的竖管，左边一个距底面 54、外径为 24、内径为 12 的横管，右边一个距底面 30、外径为 24、内径为 12、向前方倾斜 45°的横管三部分组合而成。三段管子的内径互相连通，形成有四个通口的管件。阀体的上、下、左、右四块连接板形状大小各异，这可以分别由主视图以外的四个图形看清它们的轮廓，它们的厚度为 8。

3. 综合归纳，想出整体

通过分析形体，想象出各部分的空间形状，再按它们之间的相对位置组合起来，便可想象

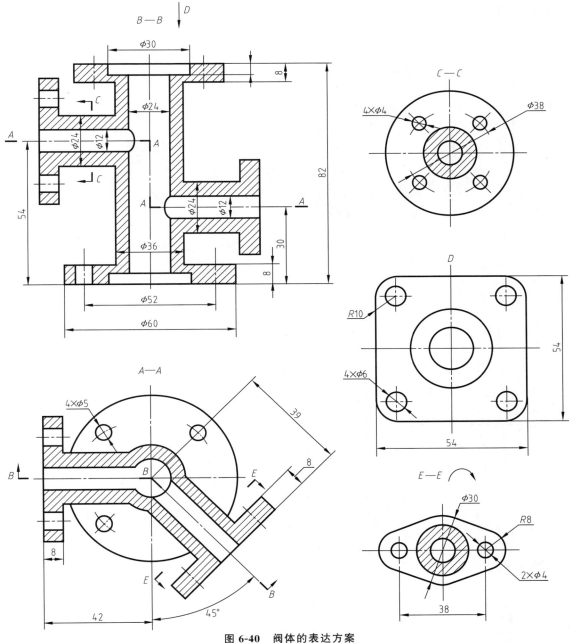

图 6-40 阀体的表达方案

出阀体的整体形状,如图 6-41 所示。

【例 6-2】 识读图 6-42 所示单杠汽油机消声器的表达方案,想出空间形状。

1. 视图分析

单缸消声器零件由四个图形表达。主视图"A—A"采用阶梯剖的局部剖视图,重点表达消声器的内部形状、左中右三部分的上下和左右位置;俯视图采用局部剖视图,表达左端和中间部分的内外结构形状、左中右三部分的前后位置;B 向斜视图表达右端倾斜部分的外形;C—C 剖视图表达左端方孔和凸缘的形状。

2. 形体分析

消声器由三个不同轴的圆筒形体组成,左端为 20×30 的方孔;中间为 $\phi62$ 的圆柱孔,其轴线在方孔的正后方；右端为向 φ62 圆孔轴线后下方倾斜 45°的 φ25 的弯曲圆柱孔。在方孔的上端和 φ62 圆柱孔的下端各与一个 M12×1.25 的螺纹孔相通；右连接板为一外径 φ35，内径 φ25 的圆筒连接一个腰圆形凸台，其上有两个 M6 的螺纹孔；左凸缘外形如 C—C 所示外形，其上有两个 φ7 的光孔。

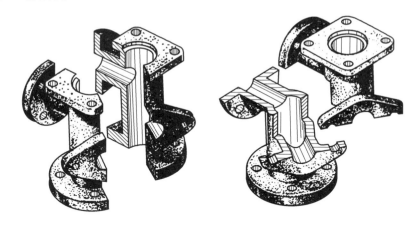

图 6-41　阀体的轴测图

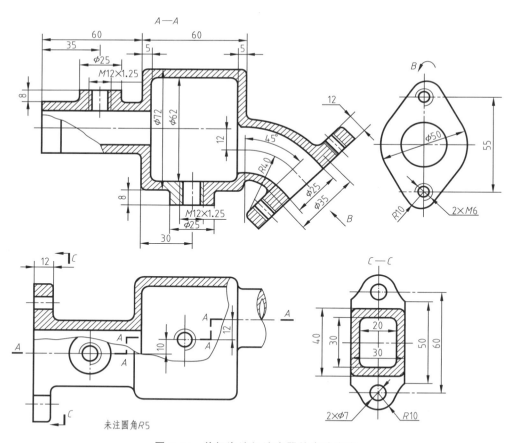

图 6-42　单杠汽油机消声器的表达方案

3. 综合归纳，想象整体

根据视图投影关系想象出几个基本形体之间的相对位置，组合起来经综合想象，便可看懂消声器的结构形状。如图 6-43 为消声器剖切后的轴测图。

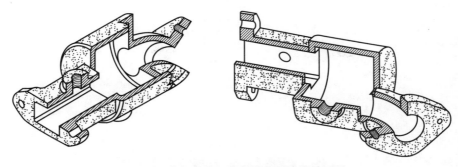

图 6-43　单杠汽油机消声器剖切后的轴测图

第七章

标准件和常用件

在机器和部件中,除了一般零件外,还经常用到标准件和常用件,如螺纹连接件(螺栓、螺柱、螺钉、螺母、垫圈等)、键、销和滚动轴承等,它们的结构尺寸都已经标准化,称为标准件。另一些零件,如齿轮、弹簧等,它们的部分结构和参数也已标准化,称为常用件。对上述零、部件某些结构和形状不必按其真实投影画出,而是根据国家标准所规定的画法、代号和标记进行绘图和标注。

本章主要介绍标准件和常用件的基本知识、规定画法、代号和标记方法以及有关标准的查用。

第一节 螺纹与螺纹连接件

一、螺纹

在圆柱(或圆锥)表面沿着螺旋线形成的、具有相同剖面的连续的凸起和沟槽,称为螺纹。螺纹分外螺纹和内螺纹两种,成对使用。加工在圆柱(或圆锥)外表面的螺纹称为外螺纹,加工在其内表面的螺纹称为内螺纹。如图 7-1 所示为在车床上加工螺纹的方法,如图 7-2 所示为用钻头和丝锥加工内螺纹的方法。

1. 螺纹要素

(1)牙型 在通过螺纹轴线的剖面上,螺纹的轮廓形状称为牙型。常见的螺纹牙型有三角形、梯形、锯齿形等,如图 7-3 所示。

(2)螺纹直径 螺纹的直径有大径、小径和中径。直径符号小写字母表示外螺纹,大写字母表示内螺纹,如图 7-4 所示。

大径(d、D)——与外螺纹牙顶或内螺纹牙底相结合的假想圆柱的直径,也称公称直径。

小径(d_1、D_1)——与外螺纹牙底或内螺纹牙顶相重合的假想圆柱的直径。

中径（d_2、D_2）——假想有一圆柱，其母线通过牙型上沟槽和凸起宽度相等的地方，该假想的圆柱直径称为中径。

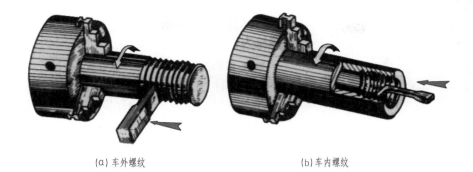

(a) 车外螺纹　　　　　　　　(b) 车内螺纹

图 7-1　在车床上加工螺纹

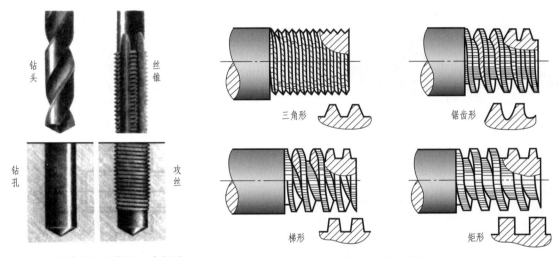

图 7-2　用钻头和丝锥加工内螺纹　　　　图 7-3　螺纹牙型

（3）线数　螺纹有单线和多线之分。沿一条螺旋线形成的螺纹，称为单线螺纹。沿两条或两条以上在轴向等距分布的螺旋线形成的螺纹，称为多线螺纹，线数以 n 表示。

（4）螺距与导程　相邻两牙在中径线上对应两点间的轴向距离，称为螺距，用 P 表示。在同一条螺旋线上的相邻两牙在中径线上对应两点的轴向距离，称为导程，用 S 表示。螺距与导程的关系如图 7-5 所示，即单线螺纹 $P=S$，多线螺纹 $P=S/n$。

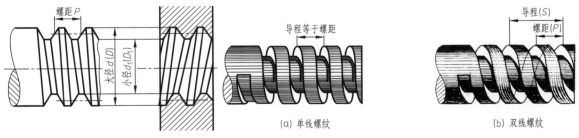

图 7-4　螺纹直径　　　　　　　　图 7-5　线数、螺距和导程

（5）旋向　当外螺纹顺时针方向旋入螺孔时，称其为右旋螺纹；而逆时针方向旋入螺孔

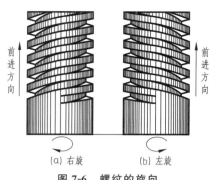

图 7-6 螺纹的旋向

时,称为左旋螺纹。常用的是右旋螺纹。如图 7-6 所示。

内、外螺纹是配对使用的。只有牙型、直径、导程、线数、旋向等要素完全相同的内、外螺纹才能相互旋合。

2. 螺纹的规定画法

螺纹若按真实投影作图,比较麻烦。为简化作图,国家标准对螺纹的画法做了规定。采用规定画法作图并加上螺纹标注(或标记)就能清楚地表示螺纹及其规格。

(1)外螺纹的画法。如图 7-7 所示,不论牙型如何,外螺纹的牙顶(大径)用粗实线表示,牙底(小径)用细实线表示(小径近似画成 0.85 倍大径);在与轴线平行的视图上,表示牙底的细实线画进倒角,螺纹终止线用粗实线表示;在与轴线垂直的视图上,表示牙底的细实线圆只画大约 3/4 圈,且螺杆的倒角省略不画。

外螺纹需要剖切的画法如图 7-8 所示。

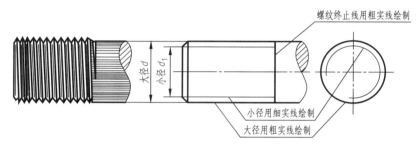

图 7-7 外螺纹的规定画法

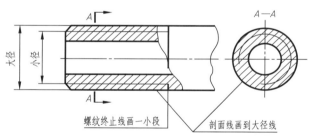

图 7-8 外螺纹剖切的画法

(2)内螺纹的画法。如图 7-9 所示,内螺纹通常采用剖视图。内螺纹的牙顶(小径)用粗实线表示,牙底(大径)用细实线表示(小径近似画成 0.85 倍的大径),螺纹终止线用粗实线画出。在剖视图中,剖面线应画到表示牙顶的粗实线。

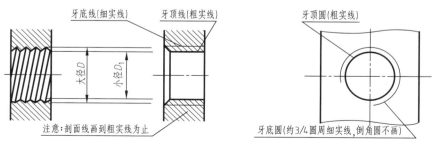

图 7-9 内螺纹通孔画法

第七章 标准件和常用件

在与轴线垂直的视图上，若螺孔可见，牙顶用粗实线，表示牙底的细实线圆画大约 3/4 圈，且孔口倒角省略不画。

绘制不通孔的内螺纹，应将钻孔的深度和螺纹深度分别画出。孔底由钻头钻成的 120°的锥面要画出，如图 7-10 所示。

若螺纹采用不剖画法，牙底、牙顶及螺纹终止线均用虚线表示。

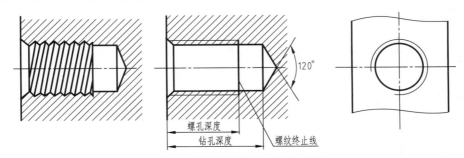

图 7-10　内螺纹不通孔（盲孔）画法

（3）螺纹连接画法　螺纹连接通常采用剖视图。在剖视图中，内、外螺纹旋合部分应按外螺纹的规定画法绘制，其余部分仍按各自的规定画法画出，如图 7-11、图 7-12 所示。

画图时必须注意：表示内、外螺纹大径的细实线和粗实线，以及表示内、外螺纹小径的粗实线和细实线应分别对齐，这与倒角的大小无关，表示内、外螺纹具有相同的大径和小径。在剖切平面通过螺纹轴线的剖视图中，一般实心螺杆按不剖绘制，如图 7-11（a）、图 7-12 所示，但是局部剖视要按照剖视绘制，如图 7-8 所示。扫描二维码可观看相关视频。

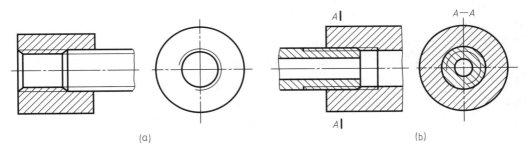

图 7-11　螺纹连接的规定画法（一）

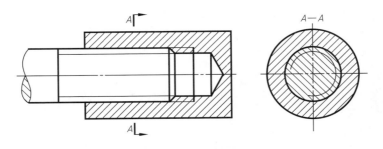

图 7-12　螺纹连接的规定画法（二）

（4）螺纹牙型的表示法　螺纹牙型一般不需要在图形中画出，当需要表示螺纹牙型时，可按图 7-13 的形式绘制。

（5）圆锥螺纹的画法　具有圆锥螺纹的零件，其螺纹部分在投影为圆的视图中，只需画出

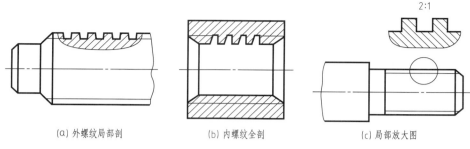

(a) 外螺纹局部剖　　(b) 内螺纹全剖　　(c) 局部放大图

图 7-13　螺纹牙型表示法

一端螺纹视图，如图 7-14 所示。

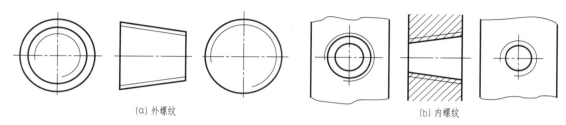

(a) 外螺纹　　　　　　　　　(b) 内螺纹

图 7-14　圆锥螺纹的画法

3. 螺纹的分类

螺纹按用途可分为连接螺纹和传动螺纹两类。

（1）连接螺纹　即起连接作用的螺纹，普通螺纹和管螺纹都属于连接螺纹。其中普通螺纹根据螺距的不同有粗牙普通螺纹和细牙普通螺纹两种，牙型为等边三角形，牙型角为 60°；管螺纹牙型为三角形，牙型角为 55°。管螺纹又分为用螺纹密封的管螺纹和非螺纹密封的管螺纹两种。用螺纹密封的管螺纹有圆锥外螺纹、圆锥内螺纹和圆柱内螺纹三种，它们的配合具有一定的密封能力，多用于高温高压系统；非螺纹密封的管螺纹，其内、外螺纹都是圆柱管螺纹，相配合的螺纹副本身没有密封能力，所以多用于润滑管路系统。

（2）传动螺纹　即用于传递运动和动力的螺纹，梯形螺纹和锯齿形螺纹是两种常用的传动螺纹。

4. 螺纹的标注

由于螺纹的规定画法不能清楚的表达螺纹的种类、要素及其要求，因此，国家标准规定标准螺纹用规定的标记进行标注，并标注在螺纹的公称直径上，以区别不同种类的螺纹。

各种螺纹的标注示例见表 7-1。

（1）普通螺纹的标注

标注格式为：

$$\underset{(螺纹代号)}{\underline{螺纹特征代号\ \ 公称直径\times 螺距\ \ 旋向}}-\underset{(公差带代号)}{\underline{中径公差带代号\ \ 顶径公差带代号}}-\underset{(旋合长度代号)}{\underline{旋合长度代号}}$$

普通螺纹特征代号为 M，普通粗牙螺纹不注螺距，细牙螺纹注螺距；右旋螺纹不注，左旋注"LH"；公差带代号包括中径公差带代号和顶径公差带代号，二者相同时，可只注一个公差代号，外螺纹用小写字母表示，内螺纹用大写字母表示；旋合长度分短、中、长三种，代号分别为"S、N、L"，中等旋合长度不标注，短或长旋合长度必须标注；特殊的旋合长度可直接注出长度数值。

例：M20-5g6g-S

M30×2.5　LH-6H

（2）梯形螺纹和锯齿形螺纹的标注

标注格式为：

　　螺纹特征代号　公称直径×螺距或导程（P 螺距）旋向-中径公差带代号-旋合长度代号

梯形螺纹的特征代号为"Tr"，锯齿形螺纹的特征代号为"B"，单线螺纹的尺寸规格为"公称直径×螺距"表示；多线螺纹用"公称直径×导程（P 螺距）"表示；右旋螺纹不注，左旋注"LH"；旋合长度同上述。

例：Tr36×12（p6）-7H

　　　B40×7LH-8c

（3）管螺纹的标注

1）螺纹密封的管螺纹标注格式为：

　　　　　　　　螺纹特征代号　尺寸代号-旋向代号

螺纹特征代号为：圆锥内螺纹-Rc、圆锥外螺纹-R、圆柱内螺纹-Rp；尺寸代号用 1/2、3/4、1、3/8 等表示，尺寸代号并非是管螺纹的公称直径，而是管子孔径英寸的近似值，如要确定管螺纹的大径、中径、小径的数值，须根据其尺寸代号从附录中查取；右旋不标注，左旋标注"LH"。

例：R1/2-LH

　　　Rp3/4

　　　Rc3/8

2）非螺纹密封的管螺纹标注格式为：

　　　　　　　　螺纹特征代号　尺寸代号　公差等级代号—旋向代号

非螺纹密封的管螺纹特征代号为 G；螺纹公差等级代号对外螺纹分 A、B 两级，对内螺纹则不标记；旋向同上所述。

例：G1/2A

　　　G3/8B-LH

（4）螺纹副的标注　内、外螺纹旋合在一起又称螺纹副，其标记时，内、外螺纹的标记用"/"分开，左边表示内螺纹，右边表示外螺纹。

例：M20-6H/6g

　　　G3/4/G3/4B

　　　Tr48×16（p8）-7H/7e

（5）在图样上的标注方法

1）标准螺纹的螺纹代号（或标记）的注法与一般线性尺寸注法相同，但应特别注意，除管螺纹的标注内容必须注写在螺纹大径引出的指引线的水平折线上以外，其他的都应注写在大径的尺寸线上，见表 7-1。

2）特殊螺纹与非标准螺纹的标注。特殊螺纹应在螺纹种类代号前加注"特"字。非标准螺纹可按规定画法画出，但必须画出牙型和注出有关螺纹结构的全部尺寸。

表 7-1　螺纹牙型、代号和标注

螺纹种类			牙型放大图	牙型代号	标注示例
连接螺纹	普通螺纹	粗牙	60°	M	M16-5g6g-s

续表

螺纹种类		牙型放大图	牙型代号	标注示例
连接螺纹	普通螺纹 细牙	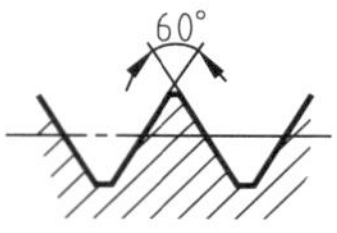 60°	M	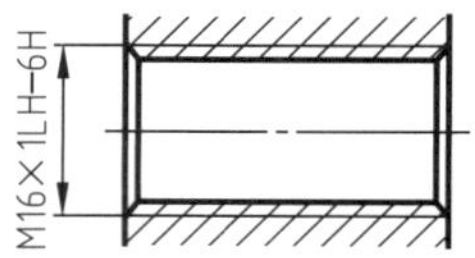 M16×1LH-6H
	管螺纹 螺纹密封	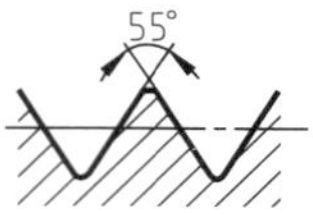 55°	R Rc Rp	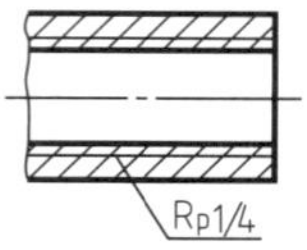 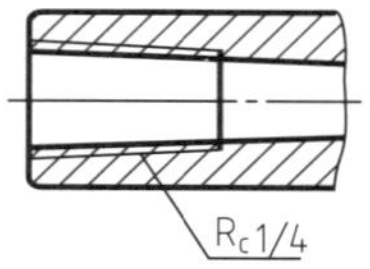 Rp1/4 ／ Rc1/4
	管螺纹 非螺纹密封		G	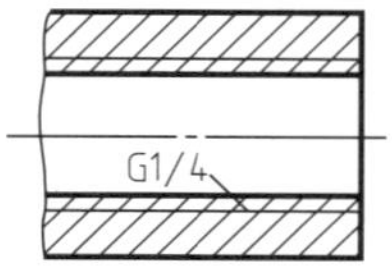 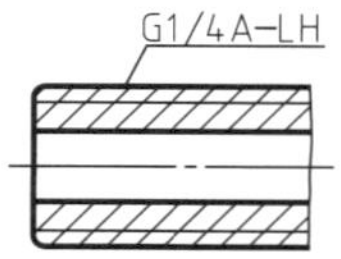 G1/4 ／ G1/4A-LH
传动螺纹	梯形螺纹 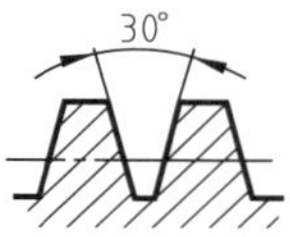 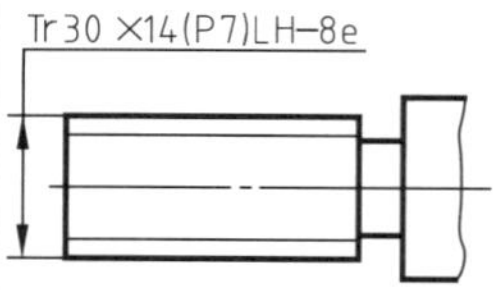	30°	Tr	Tr30×14(P7)LH-8e
	锯齿形螺纹 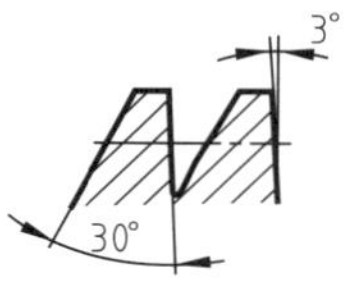 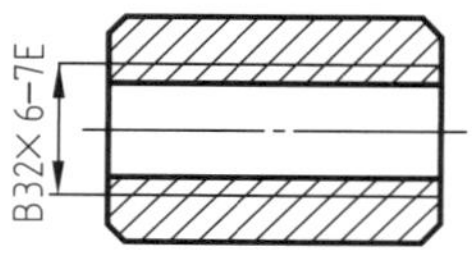	3° / 30°	B	B32×6-7E
	矩形螺纹	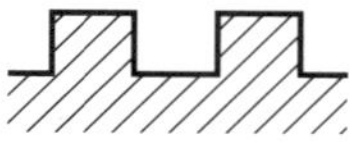	非标准螺纹	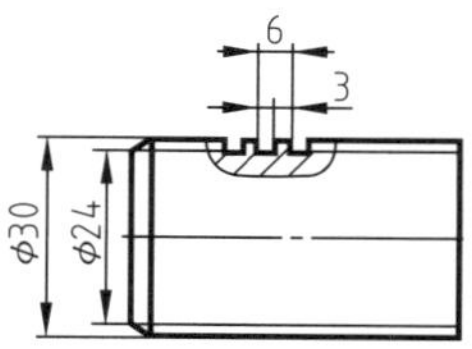 6, 3, φ30, φ24

二、螺纹连接件

螺纹连接是工程上应用广泛的连接方式。常见的连接形式有螺栓连接、双头螺柱连接和螺钉连接。扫描二维码可观看相关视频。

常用的螺纹连接件有螺栓、双头螺柱、螺钉、螺母、垫圈等，如图 7-15 所示。它们的类型和结构形式多样，但大多已标准化，使用时可从相应的标准中查出所需的结构尺寸。

第七章 标准件和常用件

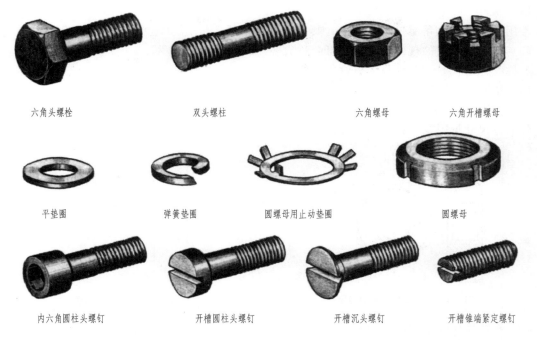

图 7-15 常用螺纹连接件

1. 螺栓连接

螺栓连接适用于被连接件不太厚并且允许钻成通孔的情况。螺栓连接的连接件有螺栓、螺母和垫圈。

（1）螺栓　螺栓的规格尺寸是螺纹大径（d）和螺杆长度（L），其规定标记为：

名称　标准代号　螺纹代号×长度

例：螺栓　GB/T 5782　M20×100

螺杆的公称直径不同对应各部分大小不同，其各部分尺寸关系见附录。可以查表进行绘图，为了快速画图，习惯上采用比例画法绘图，所谓比例画法就是以螺纹的公称直径（d、D）为基准，其余各部分结构尺寸均按与公称直径成一定比例关系绘制，如图 7-16 所示。

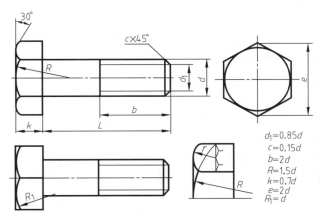

$d_1=0.85d$
$c=0.15d$
$b=2d$
$R=1.5d$
$k=0.7d$
$e=2d$
$R_1=d$

图 7-16 六角头螺栓的比例画法

（2）螺母　螺母的规格尺寸是螺纹大径（D），标记格式为：

名称　标准代号　螺纹代号

例：螺母　GB/T 6170　M30

常用的螺母为六角螺母，见附录，其比例画法如图7-17所示。

（3）垫圈　垫圈的规格尺寸为螺杆公称直径（d），标记格式为：

名称　标准代号　公称尺寸—性能等级

例：垫圈　GB/T 97.2　10；
　　垫圈　GB/T 97.1　8—140HV

各部分尺寸见附录，比例画法如图7-18所示。

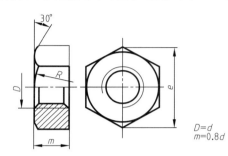

图7-17　六角螺母的比例画法

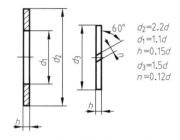

图7-18　垫圈的比例画法

（4）螺栓连接装配图的画法

螺栓连接时，先将螺栓的杆身穿过两个被连接件中间的通孔，再装上垫圈，最后用螺母拧紧。装配图中，常用比例画法近似画出，画图时应遵循以下规定。

1）相邻零件的表面接触时，画一条粗实线作为分界线，不能画成两条线或加粗。凡不接触的表面，不论间隙多小，都必须画两条线，间隙过小时，应夸大画出，如螺杆和零件孔之间就应画两条线。

2）在剖视图中，相邻两零件的剖面线方向应相反，或者方向相同但间距不同或错开。在同一张图纸上，同一零件在各个剖视图中的剖面线方向、间距应一致。

3）当剖切平面通过螺栓、螺母、垫圈等连接件的轴线时，连接件按不剖画出，即只画出其外形。

画图时，首先已知两被连接零件的厚度（t_1、t_2）、各连接件的形式和规格；然后从标准中查出螺母、垫圈的厚度（m、h）；再按下式算出螺栓的参考长度（L'）

$$L'=t_1+t_2+m+h+a$$

式中，a 为螺栓伸出螺母的长度，一般取 $a\approx0.5d$。

最后从标准中选取与 L' 相近的螺栓公称长度 L 的数值。

为作图方便，常用以公称直径 d 的比例值画装配图。如图7-19所示为螺栓连接画图步骤。在装配图中，螺栓连接经常采用图7-20（b）所示的简化画法。

2. 双头螺柱连接

双头螺柱的连接件有双头螺柱、螺母和垫圈。

双头螺柱连接用于被连接件之一较厚或不允许钻成通孔的情况。双头螺柱的两端都有螺纹。用来旋入被连接件螺孔的一端，称为旋入端，其长度用 b_m 表示；另一端称为紧固端。旋入端长度只与螺孔的材料有关，不同材料的螺柱对应不同的标准代号，见附录，标准规定如下。

钢、青铜　　　　　$b_m=d$

铸铁　　　　　　　$b_m=1.25d$

铸铁或铝合金　　　$b_m=1.5d$

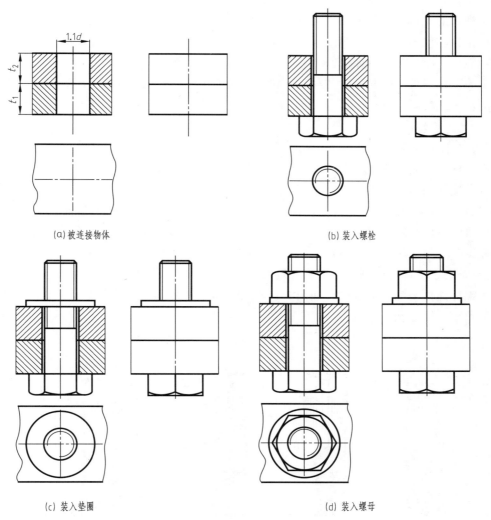

(a) 被连接物体　　　　　　　　　　　　(b) 装入螺栓

(c) 装入垫圈　　　　　　　　　　　　(d) 装入螺母

图 7-19　螺栓连接的画图步骤

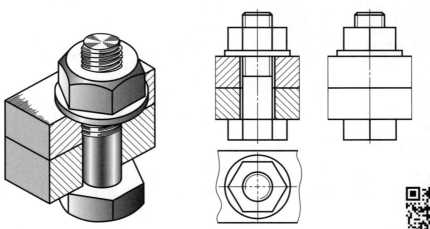

(a)　　　　　　　　　　　　(b)

图 7-20　螺栓连接的简化画法

铝合金　　　　　　　$b_m = 2d$

双头螺柱的规格尺寸是螺纹大径（d）和螺柱长度（L），其标注规定为：

名称　标准代号　类型　螺纹代号×长度

例：螺柱　GB/T 897　M20×50

画图前，根据带有螺孔零件的材料确定旋入端的长度，光孔零件的厚度 t 和螺柱的公称直径 d，查表得到螺母、垫圈的厚度（m、h），计算出双头螺柱的参考长度 L'

$$L' = t + m + h + a$$

式中，a 为螺柱伸出螺母外的长度，一般取 $a \approx 0.5d$。

最后查标准（附录表 4）选定与参考长度相近的公称长度 L。

画螺柱连接图时要特别注意以下几点。

1）螺柱旋入端的螺纹终止线要与两零件的结合面平齐，表示旋入端全部拧入，完全拧紧。

2）螺柱连接时经常会用弹簧垫圈，以防松动。画弹簧垫圈时应画两条与水平线成 60°左上斜的两条平行粗实线（或一条加粗线），如图 7-21（b）所示。

3）结合面以上部位的画法与螺栓连接相同。

双头螺柱连接装配图的画法，如图 7-21 所示。螺柱连接也经常采用简化画法，如图 7-22，螺杆的倒角也可以不画。

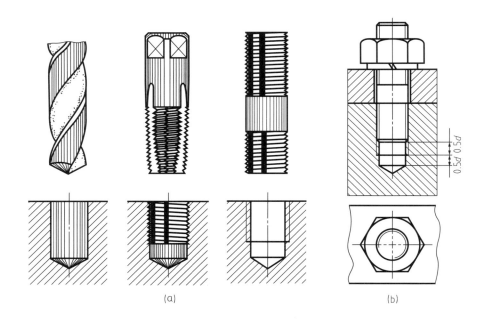

图 7-21　双头螺柱连接装配图的画法

3. 螺钉连接

螺钉连接按其用途可分为连接螺钉连接和紧定螺钉连接。连接螺钉与紧定螺钉的运用场合有些相似，多用于不需经常拆卸且受力不大的地方。紧定螺钉连接主要用于固定两零件的相对位置。

（1）连接螺钉　连接螺钉的被连接件一般是较厚的零件加工出螺孔，较薄的零件加工出通孔（通孔直径稍大于螺钉杆的直径），不用螺母，直接将螺钉穿过通孔旋入螺孔中。绘图中旋入螺孔端与螺柱连接相似,穿过通孔端与螺栓连接相似。

常见的连接螺钉按钉头形状可分为开槽盘头、开槽沉头和内六角圆柱头螺钉,见附录。

画螺钉连接图时要注意以下几点:

1)螺纹终止线应高于两零件的结合面,表示螺钉有拧紧余地,以保证连接紧固。

2)薄零件通孔与螺钉杆部有间隙,分别要画两条轮廓线。

3)螺钉头部的视图中,螺钉头部开槽的投影一般画成与水平线成45°,孔口倒角可以省略不画。

连接螺钉的装配图画法,如图7-23所示。

(2)紧定螺钉 紧定螺钉按其前端的形状可分为锥端、平端和长圆柱端紧定螺钉,见附录。紧定螺钉的画法如图7-24所示。

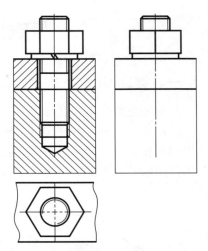

图7-22 双头螺柱连接简化画法

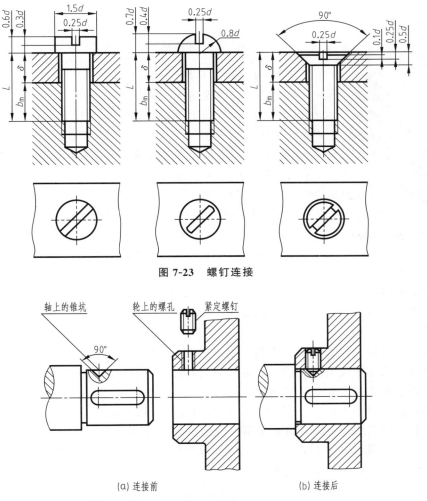

图7-23 螺钉连接

(a) 连接前   (b) 连接后

图7-24 紧定螺钉连接

第二节　键和销连接

一、键连接

1. 常用键的分类及其标记

键连接是一种可拆连接，用于连接轴和轴上的传动件（齿轮、带轮等），使轴和传动件不产生相对转动，保证两者同步旋转，传递扭矩和旋转运动。扫描二维码可观看相关视频。

常用的键有平键、半圆键、钩头楔键、花键等，如图 7-25 所示。

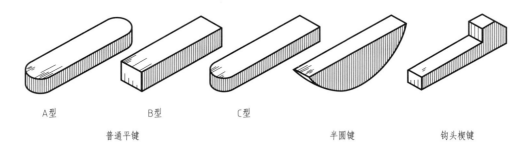

图 7-25　常用键

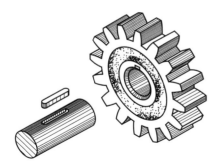

图 7-26　平键连接

键的标记见附录表 8。

2. 键连接的画法及尺寸标注

（1）平键连接　平键的两侧面是工作面，键的侧面、底面与键槽的侧面及轴的键槽底面接触，只画一条粗实线；而键的顶面与轮毂上键槽的底面有间隙，要画两条线；剖切平面通过轴线和键的对称平面作纵向剖切时，键按不剖绘制。如图 7-26 所示为平键连接，图 7-27 为平键连接的画法。

（2）半圆键连接　半圆键连接常用于载荷不大的传动轴上，其工作原理和画法与普通平键相似，其连接图如图 7-28 所示。

（3）钩头楔键连接　钩头楔键是将键嵌入键槽内，靠键的上、下面将轴和轮连接在一起，键的侧面为非工作面，绘图时顶面、侧面均不留间隙，其连接如图 7-29 所示。

3. 花键

当传递的载荷较大时，需采用花键连接，在轴上加工的花键称为外花键，该轴称为花键轴，在孔内加工的花键成为内花键，该孔称为花键孔。花键的齿形有矩形、三角形、渐开线形等，常见的是矩形花键，如图 7-30 所示。

（1）外花键的画法　如图 7-31 所示，在与轴线平行的视图中，大径用粗实线绘制，小径用细实线绘制，细实线通过倒角画到轴端，花键的尾部用细实线画成与轴线成 30°的斜线，花键工作长度的终止端和尾部末端，分别用两条与轴线垂直的细实线绘制，当采用剖视时齿按照不剖画出，此时小径也用粗实线绘制。

在垂直于花键轴线的视图中，大径用粗实线绘制，小径用细实线绘制，倒角圆省略不画，如图 7-31（a）所示。剖视图可以画出部分或全部齿形，如图 7-31（b）所示。

第七章 标准件和常用件

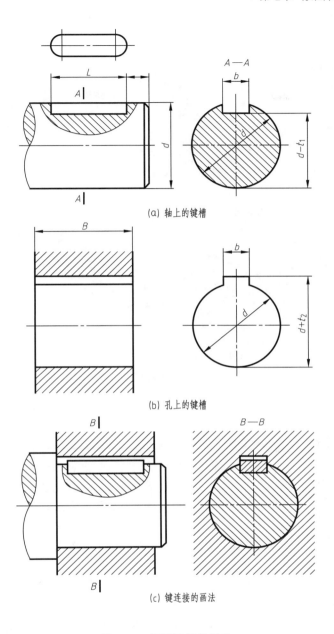

(a) 轴上的键槽

(b) 孔上的键槽

(c) 键连接的画法

图 7-27 平键连接的画法

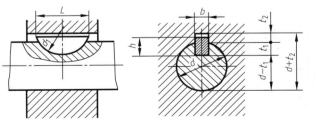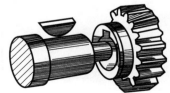

图 7-28 半圆键连接

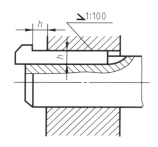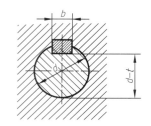

图 7-29 钩头楔键连接

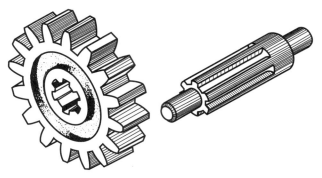

图 7-30 外花键和内花键

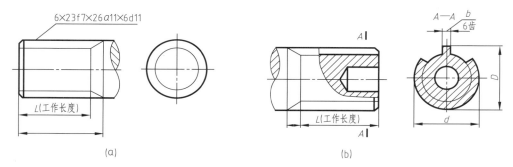

图 7-31 外花键的画法和标注

（2）内花键的画法　如图 7-32 所示，在平行于花键轴线的剖视图中，齿按不剖绘制，且大、小径都用粗实线画出。在端视图中，大径用细实线圆绘制，小径用粗实线圆绘制，通常只画出部分齿形。

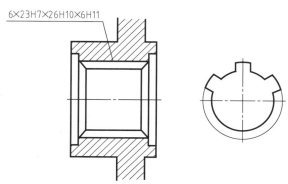

图 7-32 内花键的画法和标注

（3）矩形花键的标注　花键的标注可采用一般尺寸标注法和代号标注法两种：一般尺寸标注法应注出齿数 N、大径 D、小径 d、键宽 B、工作长度 L；用代号标注时，指引线用细实线从大径引出，如图 7-31～图 7-33 所示，标记形式为：

齿数×小径　小径公差带代号×大径　大径公差带代号×键宽　键宽公差带代号

其中内花键公差带代号用大写字母表示、外花键用小写字母表示。

例：花键 $N=6$，$d=23H7/f7$，$D=26H10/a11$，$B=6H11/d10$ 的标记如下。

内花键：$6\times23H7\times26H10\times6H11$

外花键：$6\times23f7\times26a11\times6d10$

花键副：$6\times23H7/f7\times26H10/a11\times6H11/d10$

（4）矩形花键的连接画法　和螺纹连接画法相似，花键连接的画法为：连接部分按外花键画出，其余部分按各自的规定绘制，如图 7-33 所示。

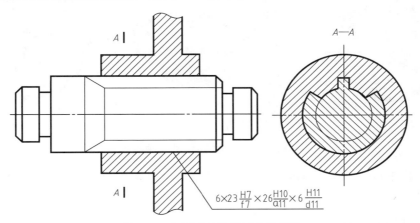

图 7-33　矩形花键连接画法及标注

二、销连接

销在机器中主要起连接和定位作用。常用的有圆柱销、圆锥销和开口销等。销是标准件，可在国家标准中查到它们的形式和尺寸。

1. 销及其规定标记

销的规格、尺寸都可以从标准中查出，圆柱销和圆锥销的规格尺寸均为直径 d 和长度 L，销及其标记见附录表 7。

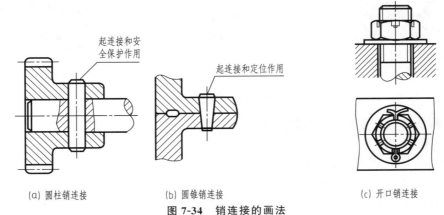

图 7-34　销连接的画法

2. 销连接的画法

圆柱销和圆锥销连接，要求被连接件先装在一起，再加工销孔，并在零件图上加以注明。销连接的画法如图 7-34 所示。

第三节　齿轮

齿轮是广泛用于机器或部件中的传动零件，它不仅可以用来传递动力，还能改变转速和旋转方向。常用的齿轮按两轴的相互位置不同分为如下三种类型，如图 7-35 所示。

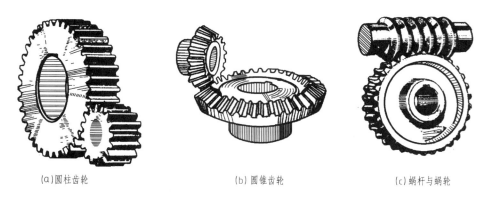

(a)圆柱齿轮　　　　　(b)圆锥齿轮　　　　　(c)蜗杆与蜗轮

图 7-35　常见的齿轮传动种类

圆柱齿轮用于平行两轴间的传动。圆锥齿轮用于相交两轴间的传动。蜗轮与蜗杆用于交叉两轴间的传动。

一、直齿圆柱齿轮

齿轮上每一个用于啮合的凸起部分，称为轮齿。圆柱齿轮的轮齿有直齿、斜齿、人字齿等，如图 7-36 所示。直齿圆柱齿轮是齿轮中常用的一种。

(a)直齿轮　　　　　(b)斜齿轮　　　　　(c)人字齿轮

图 7-36　圆柱齿轮

1. 直齿圆柱齿轮各部分名称及代号（图 7-37）

齿数 z：轮齿的个数。

齿顶圆直径 d_a：齿顶圆柱面的直径。

齿根圆直径 d_f：齿根圆柱面的直径。

分度圆直径 d：齿轮设计和加工时计算尺寸的基准圆称为分度圆，它位于齿顶圆和齿根圆之间，是一个约定的假想圆。

齿距 p：分度圆上相邻两齿廓对应点之间的弧长。

齿厚 s：一个轮齿齿廓间在分度圆上的弧长。

槽宽 e：一个齿槽齿廓间在分度圆上的弧长，标准齿轮中，$s=e=p/2$，$p=s+e$。

齿顶高 h_a：分度圆到齿顶圆之间的径向距离。

齿根高 h_f：分度圆到齿根圆之间的径向距离。

齿高 h：齿顶圆到齿根圆之间的径向距离。

齿宽 b：沿齿轮轴线方向的轮齿宽度。

齿形角（压力角）α：齿轮在分度圆上的啮合点 P 点的齿廓公法线与两节圆的公切线所夹的锐角，标准齿轮的齿形角规定为 $20°$。

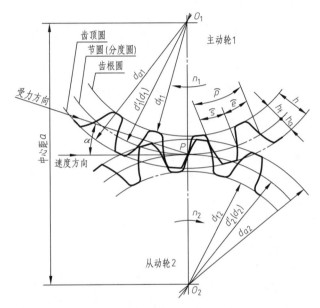

图 7-37　直齿圆柱齿轮各部分名称

2. 直齿圆柱齿轮的基本参数与齿轮各部分的尺寸关系

（1）模数 m　由于分度圆周长 $\pi d = pz$，所以 $d = \dfrac{p}{\pi} z$，令 $m = \dfrac{p}{\pi}$，则

$$d = mz$$

式中 m 为齿轮的模数，单位为 mm。

模数是设计、制造齿轮的重要参数，齿数一定时，模数越大，轮齿的尺寸越大，承载能力越大。为了便于制造，减少加工齿轮刀具的数量，国家标准对齿轮的模数做了统一规定。

（2）直齿圆柱齿轮各部分的尺寸关系　见表 7-2。

表 7-2　标准直齿圆柱齿轮各部分尺寸计算

序号	名称	符号	计算公式	序号	名称	符号	计算公式
1	齿顶高	h_a	$h_a = m$	5	齿顶圆直径	d_a	$d_a = (z+2)m$
2	齿根高	h_f	$h_f = 1.25m$	6	齿根圆直径	d_f	$d_f = (z-2.5)m$
3	齿高	h	$h = h_a + h_f = 2.25m$	7	中心距	a	$a = m(z_1 + z_2)/2$
4	分度圆直径	d	$d = zm$	8	齿距	p	$p = \pi m$

3. 直齿圆柱齿轮的画法

（1）单个直齿圆柱齿轮的画法　在端视图中，齿顶圆用粗实线绘制，齿根圆用细实线或省略不画；分度圆用点画线画出，如图 7-38（a）所示。扫描二维码可观看相关视频。

另一个视图一般画成全剖视图，齿顶线和齿根线规定用粗实线画出，分度线还是点画线，如图 7-38（b）所示。若不剖切，齿根线可以省略不画，轮齿按不剖处理。轮齿为斜齿、人字齿时，如图 7-38（c）、（d）所示。

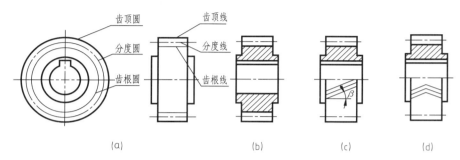

图 7-38　单个直齿圆柱齿轮的规定画法

（2）圆柱齿轮啮合的画法　在端视图中，齿顶圆用粗实线绘制，啮合区内可以不画，相切的两个分度圆必须用点画线画出，齿根圆省略不画。

在另一个视图中，当采用剖视时，在啮合区域，分度线必须画出，两条齿根线必须用粗实线画出，齿顶线有一条为粗实线，另一条被遮挡，应画成虚线（也可省略），齿顶线和齿根线之间的距离为 0.25m。若不剖时，在啮合区，齿顶线不画，只用一条粗实线表示分度线，如图 7-39 所示。

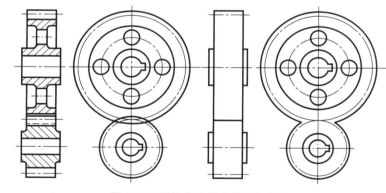

图 7-39　圆柱齿轮啮合的规定画法

（3）直齿圆柱齿轮零件图　在零件图中，只能表示出分度圆、齿顶圆、齿宽等部分尺寸，其他参数如模数、齿数、压力角、精度等在图形上反映不出来，所以一般都在零件图的右上角用表格说明，如图 7-40 所示。

二、斜齿圆柱齿轮

斜齿圆柱齿轮的画法和直齿齿轮相同，不同点是要用三条与轮齿方向相同的细实线表示倾斜角的方向。

1. 单个斜齿轮的画法

在非圆视图中，一般画成半剖或局部剖视图，在未剖的部分用细实线画出倾斜方向，如图

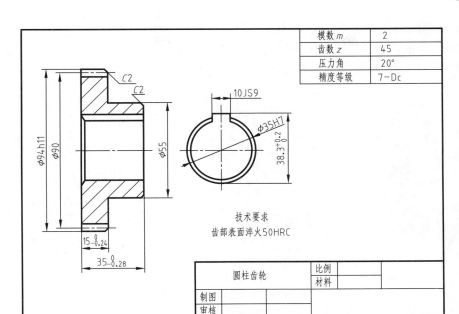

图 7-40　直齿圆柱齿轮零件图

7-38（c）所示。

2. 斜齿轮的啮合画法

啮合区的画法同于直齿轮，对于斜齿的表示，应在非圆视图中，在两个齿轮上画出方向相反的细实线（相互啮合的斜齿轮，其轮齿的旋向应相反），如图 7-41 所示。

三、直齿圆锥齿轮

1. 单个直齿圆锥齿轮的画法

如图 7-42 所示，在投影为非圆的视图中，画法与圆柱齿轮类似，常用剖视，轮齿按不剖处理，用粗实线画出齿顶线和齿根线，用点画线画出分度线。在投影为圆的视图中，轮齿部分用粗实线画出大端和小端的齿顶圆，用点画线画出大端的分度圆，大、小端齿根圆和小端分度圆均不画出。

除了上述规定画法外，齿轮其余部分均按投影原理画出。

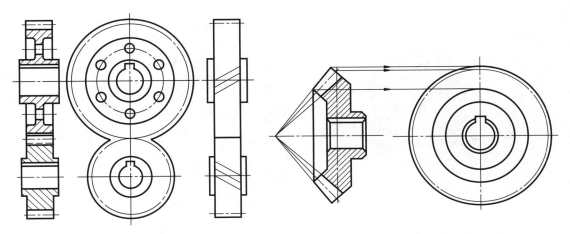

图 7-41　斜齿圆柱齿轮的啮合画法　　　　图 7-42　圆锥齿轮的规定画法

2. 圆锥齿轮的啮合画法

如图 7-43 所示，啮合的锥齿轮主视图一般取全剖视，啮合区的画法与圆柱齿轮相同。应注意在反映大齿轮为圆的视图上，大齿轮大端节圆和小齿轮大端节圆相切。

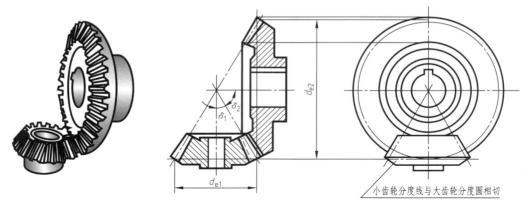

图 7-43　圆锥齿轮的啮合画法

四、蜗轮蜗杆

蜗杆和蜗轮一般用于两轴垂直交错之间的传动。在传动中，蜗杆为主动件，蜗轮为从动

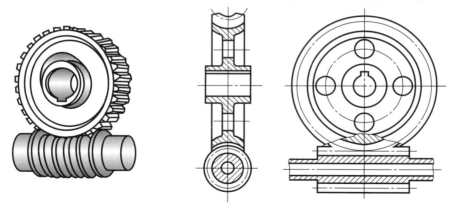

图 7-44　蜗杆蜗轮的啮合画法

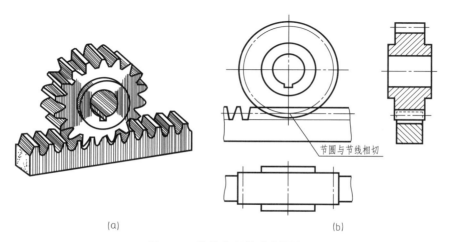

(a)　　　　　　　　　　　　　　(b)

图 7-45　齿轮齿条的啮合画法

件。蜗杆与蜗轮的规定啮合画法如图 7-44 所示。在蜗杆投影为圆的剖视图中，蜗轮被遮挡的部分可省略不画；在蜗轮投影为圆的视图中，蜗轮分度圆与蜗杆节线相切，蜗轮外圆与蜗杆齿顶线相交。

五、齿轮齿条

齿轮齿条的啮合画法，如图 7-45 所示，可以把齿条看成一个直径无穷大的齿轮，因此，齿条的齿顶圆、分度圆、齿根圆的齿廓都是直线。画法与两圆柱齿轮的啮合画法相同。

第四节　滚动轴承

在机器中，滚动轴承是用来支承轴的标准部件。由于它可以大大减小轴与孔相对旋转时的摩擦力，具有机械效率高、结构紧凑等特点，因此广泛运用在各类机器中。

一、滚动轴承的结构和类型

1. 滚动轴承的结构

滚动轴承类型很多，但其结构大体相同，一般由外圈、内圈、滚动体和保持架等零件组成，如图 7-46 所示。

2. 滚动轴承的类型

滚动轴承按承受载荷的方向可分为以下三种。

（1）向心轴承　主要承受径向载荷，如深沟球轴承，如图 7-46（a）所示。

（2）推力轴承　只承受轴向载荷，如推力球轴承，如图 7-46（b）所示。

（3）向心推力轴承　能同时承受径向和轴向载荷，如圆锥滚子轴承，如图 7-46（c）所示。

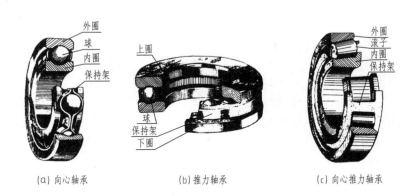

图 7-46　滚动轴承

二、滚动轴承的画法及标注

1. 滚动轴承的画法

滚动轴承是标准部件，所以无需画出其零件图，只要在装配图上根据外径 D、内径 d 和宽度 B 等几个主要尺寸（见附录表 10），按比例采用规定画法和特征画法即可，而同一图样中一般只采用其中的一种画法。

规定画法和特征画法的各部分尺寸比例见表 7-3。

表 7-3 滚动轴承规定画法和特征画法的各部分尺寸比例

名称和标准号	查表主要依据	画法		
		规定画法	特征画法	装配画法
深沟球轴承 GB/T 276	D d B			
圆锥滚子轴承 GB/T 297	D d B T C			
推力球轴承 GB/T 301	D d T			

2. 滚动轴承的标注

滚动轴承的种类很多，又是标准部件，为了便于选择和使用，滚动轴承的结构、尺寸、公差等级等特征，用标准规定的代号来标注。

滚动轴承的代号由前置代号、基本代号和后置代号构成，其排列为

前置代号　基本代号　后置代号

(1) 基本代号　基本代号表示轴承的基本类型、结构和尺寸，是滚动轴承代号的基础，由轴承类型代号、尺寸系列代号、内径代号组成。

1) 轴承类型代号用数字或字母表示，见表 7-4。

2) 尺寸系列代号由轴承的宽（高）度系列代号和直径系列代号组成，用两位阿拉伯数字表示，是指同一内径的轴承具有不同的外径和宽度，因而有不同的承载能力，2、3、4 分别为轻、中、重窄系列，具体代号需查阅相关标准。

3) 内径代号表示轴承的公称内径，一般用两个阿拉伯数字表示：代号数字为 00、01、02、03 时，分别表示轴承内径 d＝10mm、12mm、15mm、17mm；代号数字为 04～96 时，轴承内径 d＝代号数字×5；轴承公称内径为 1～9，大于或等于 500 以及 22、28、32 时，用公称内径毫米数直接表示，但应与尺寸系列代号之间用"/"隔开。

表 7-4　滚动轴承代号类型

代号	轴承类型	代号	轴承类型
0	双列角接触球轴承	7	角接触球轴承
1	调心球轴承	8	推力圆柱滚子轴承
2	调心滚子轴承和推力调心滚子轴承	N	圆柱滚子轴承
3	圆锥滚子轴承		双列或多列用字母 NN 表示
4	双列深沟球轴承	U	外球面球轴承
5	推力球轴承	QJ	四点接触球轴承
6	深沟球轴承		

轴承基本代号举例：

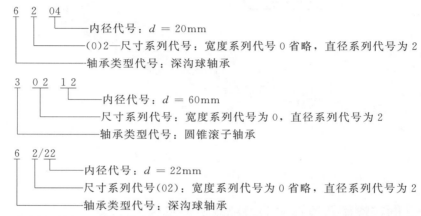

（2）前置、后置代号　前置、后置代号是轴承在结构形状、尺寸、公差技术要求等有改变时，在其基本代号左、右添加的补充代号，前置代号用字母表示，后置代号用字母或字母加数字表示。

例：L　N207

L 是前置代号；N207 是基本代号，其中 N 为类型代号，（0）2 为尺寸系列代号，07 为内径代号。

轴承代号中数字、字母的含义可查阅国家标准 GB/T 272。

第五节　弹簧

弹簧是用途广泛的常用零件。它主要用于减振、夹紧、储存能量和测力等方面。弹簧的特点是在其弹性限度内，去掉外力后，能立即恢复原状。常用的弹簧如图 7-47 所示。本节主要

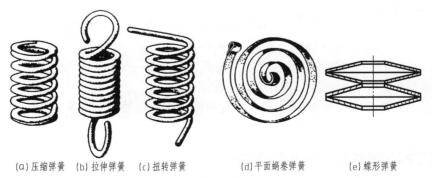

(a) 压缩弹簧　　(b) 拉伸弹簧　　(c) 扭转弹簧　　　(d) 平面蜗卷弹簧　　　(e) 蝶形弹簧

图 7-47　常用弹簧种类

介绍普通圆柱螺旋压缩弹簧的画法和尺寸计算。

汽车机械结构中用到弹簧的地方很多，例如载重汽车前、后悬架上的承重钢板弹簧，如图7-48所示。

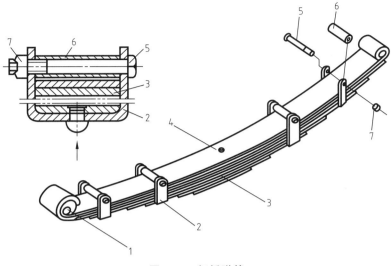

图 7-48 钢板弹簧

1—卷耳；2—弹簧夹；3—钢板弹簧；4—中心螺栓；5—螺栓；6—套管；7—螺母

一、圆柱螺旋压缩弹簧的各部分名称及尺寸计算

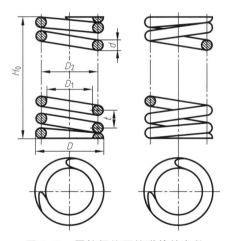

图 7-49 圆柱螺旋压缩弹簧的参数

圆柱螺旋压缩弹簧的参数如图 7-49 所示。

(1) 弹簧丝直径 d

(2) 弹簧直径

弹簧外径 D：弹簧的最大直径。

弹簧内径 D_1：弹簧的最小直径。

弹簧中径 D_2：弹簧的规格直径，$D_2=(D+D_1)/2$。

(3) 节距 t　除支撑圈外，相邻两圈沿轴向的距离。

(4) 有效圈数、支撑圈数和总圈数

有效圈数 n：弹簧受力时实际起作用的圈数。

支撑圈数 n_2：为了使弹簧工作时受力均匀，保证轴线垂直于支撑端面，两端常并紧并磨平，这部分圈数仅起支撑作用，所以叫支撑圈。支撑圈数有 1.5 圈、2 圈和 2.5 圈三种，其中 2.5 圈用得较多。

总圈数 n_1：有效圈数和支撑圈数之和 $n_1=n+n_2$。

(5) 自由高度 H_0　弹簧不受外力时的高度或长度，$H_0=nt+(n_2-0.5)d$。

(6) 弹簧展开长度 L　制造时弹簧簧丝的长度。

(7) 旋向　弹簧的螺旋方向分右旋和左旋两种，大多是右旋，其旋向判别方法与螺纹的相同。

二、圆柱螺旋压缩弹簧的规定画法

圆柱螺旋压缩弹簧可画成视图、剖视图或示意图，如图 7-50 所示。

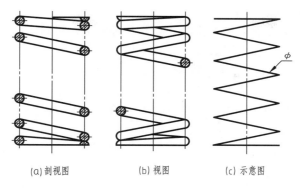

图 7-50　圆柱螺旋压缩弹簧的表达方法

1. 单个弹簧的规定画法

1）圆柱螺旋弹簧在平行于轴线的投影面上的图形，其各圈的外形轮廓应画成直线。

2）有效圈数在四圈以上的螺旋弹簧，可以每端只画两圈（支撑圈除外）中间各圈可以省略不画，只画出通过簧丝剖面中心的两条点画线。且可以适当缩短图形长度。

3）螺旋弹簧均可画成右旋，但左旋弹簧不论画成左旋或右旋，一律要注写旋向"左"字。

4）螺旋压缩弹簧如要求两端并紧且磨平时，不论支撑圈是多少均按 2.5 圈绘制，必要时也可按支撑圈的实际结构绘制。

弹簧的画图步骤如图 7-51 所示。

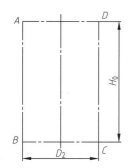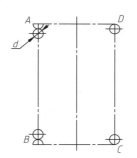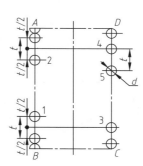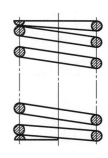

图 7-51　圆柱螺旋压缩弹簧的画图步骤

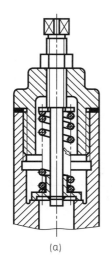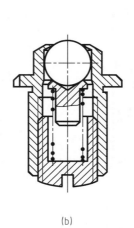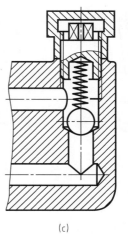

(a)　　　　　　　　　(b)　　　　　　　　　(c)

图 7-52　装配图中弹簧的规定画法

2. 弹簧在装配图中的规定画法

1) 在装配图中，弹簧被看作是实心物体，当中间采用省略画法后，弹簧后面被遮挡的零件轮廓不必画出，如图 7-52（a）所示。

2) 如果是剖面，可以涂黑表示，如图 7-52（b）所示；当簧丝直径在图上小于或等于 2mm 时，可采用示意画法，如图 7-52（c）所示。

图 7-53 和图 7-54 分别为弹簧座的固定方式和气门组结构中弹簧和弹簧座的安装方式。

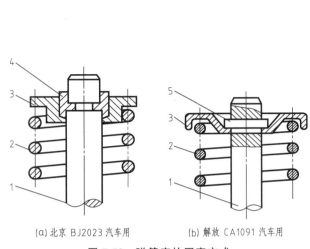

(a) 北京 BJ2023 汽车用   (b) 解放 CA1091 汽车用

图 7-53 弹簧座的固定方式
1—气门杆；2—气门弹簧；3—弹簧座；4—锁片；5—锁销

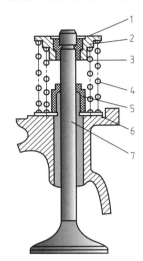

图 7-54 气门组结构示意图
1—卡块；2,6—弹簧座；3,4—内、外弹簧；
5—气门杆与导管密封圈；7—气门

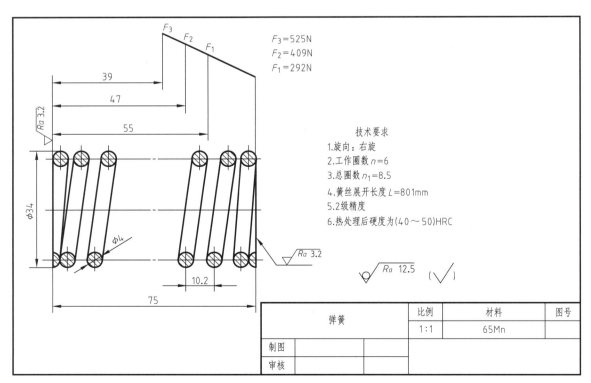

图 7-55 圆柱螺旋压缩弹簧零件图

3. 圆柱螺旋压缩弹簧的零件图

图 7-55 为圆柱螺旋压缩弹簧零件图。弹簧零件图的表达要注意：

1）弹簧的参数直接标注在图形上，若直接标注有困难时，也可在技术要求中进行说明。

2）有时需要用图解表达弹簧的负荷与高度（或长度）之间的弹性比例关系；圆柱螺旋压缩弹簧的机械性能画成直线（粗实线）。其中，F_1 为弹簧的预加负荷，F_2 为弹簧的最大负荷，F_3 为弹簧的允许极限负荷。

三、圆柱螺旋压缩弹簧的标记

弹簧的标记由名称、形式、尺寸、标准编号、材料牌号以及表面处理组成。

例如 YA 型螺旋压缩弹簧，材料直径 1.2mm，弹簧中径 8mm，自由高度 40mm，刚度、外径、自由高度的精度为 2 级，材料为碳素弹簧钢丝 B 级，则表面镀锌处理的左旋弹簧的标记格式为：

YA1.2×8×40—2 左 GB/T 2089—1994B 级-D-Zn

第八章

汽车零件图

第一节 概述

零件图是表示零件结构、大小及技术要求的图样。

一、零件图的作用

汽车零件图在汽车的生产、维修和质检起到的作用如下：
1) 用于指导零件的生产前准备工作（技术、设备、材料、人员等）；
2) 生产制造过程中，用于指导零件的加工；
3) 指导产品质量是否合格的鉴定及其质量级别的评估；
4) 是使用和维修的主要技术文件之一。

二、零件图的内容

从事汽车修理工作的一线人员以及有关管理人员，必须具备熟读零件图的能力。要看懂一张零件图，不仅要看懂零件的视图，想象出零件的形状，还要分析零件的结构、尺寸和技术要求等内容。一张完整的零件图所包括的内容如下。

1. 标题栏

标题栏画在图框的右下角，用于填写零件的名称、材料、数量、比例、制图和审核人员的姓名、日期等内容。

2. 一组图形

选用一组适当的视图、剖视图、断面图等图形，将零件的内、外形状正确、完整、清晰地表达出来。如图8-1所示，采用了旋转剖的主视图、左视图、局部的斜剖视图和移出断面图表达了零件的外部和内部结构形状。

3. 完整的尺寸

正确、完整、清晰、合理地标注零件在制造和检验时所需的全部尺寸，如图 8-1 所示。

4. 技术要求

用国家标准规定的符号、代号、标记和文字说明零件制造和检验过程中所应达到的各项技术指标和质量要求。如表面粗糙度、尺寸公差、形位公差、热处理、表面处理等要求。如图 8-1 中 $Ra3.2$、$\phi 20H9$、⊥ 0.2 C、45～50HRC 淬火等。

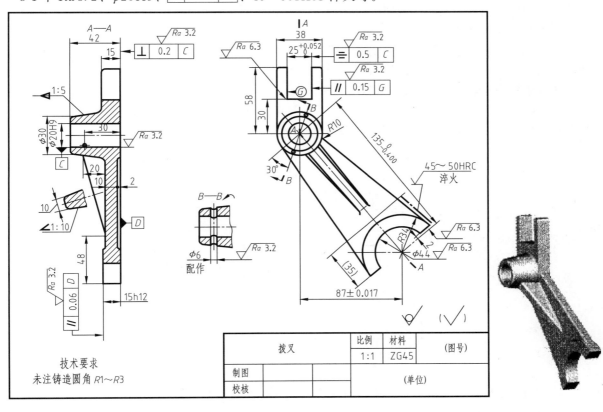

图 8-1 零件图

三、零件的分类

零件是构成机器的基本单元，根据零件在机器或部件中的作用，可以分为连接件、传动件和一般零件。

连接件是指螺纹连接件（螺栓、螺柱、螺钉、螺母、垫圈等）、键、销等，在机器中主要起连接作用。连接件一般由专业厂家按国家标准制造，称为标准件。此类零件不必用零件图来表达。

传动件是指齿轮、蜗轮、蜗杆、带轮等零件，在机器中起着传动或传递转矩的作用，虽然零件上部分结构已经标准化，如轮齿、齿槽、键槽等，仍需按国家标准规定画出零件图，其零件图上常配置与结构相应的参数表。

一般零件是指为满足机器某些专用功能而设计的零件，必须用零件图来表达。常见的一般零件按功能和结构等特点可分为轴套类零件、轮盘类零件、叉架类零件和箱体类零件四种。

第二节　零件图的视图选择原则

零件图应把零件的结构形状表达清楚，为了满足这些要求，首先要对零件的结构、形状、特点进行分析，了解零件在机器或部件中的位置、作用及加工方法，综合分析后选择合适的表达方法，并在零件表达清楚的前提下，考虑尽量减少视图数量。

选择视图的内容包括：主视图的选择、视图数量和表达方法的选择。

1. 主视图的选择原则

主视图是一组图形的核心，主视图选择的恰当与否将直接影响到其他视图位置和数量的选择，关系到画图、看图是否方便等问题，所以，主视图的选择一定要慎重。

选择主视图时，应考虑下列原则。

（1）形状特征原则　主视图的投影方向应能反映零件较突出的形状特征。如图 8-2 所示轴承盖，A 向作为主视图更能反映零件的结构形状特征。

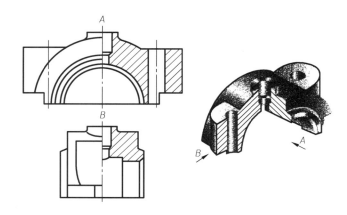

图 8-2　轴承盖的主视图选择

（2）加工位置（装夹位置）原则　对于以同轴回转体为主要结构的零件（如轴、套、轮和盘类零件），其大部分工序是在车床、磨床上进行加工，为了在加工时便于看图，这类零件的主视图应将其轴线水平放置。如图 8-3 所示。

（3）工作位置原则　有些零件加工面多，加工时要频繁地更换装夹位置。所以，该类零件的主视图应尽量符合零件在机器或部件中的工作位置，即按零件的工作位置放置。这样便于想

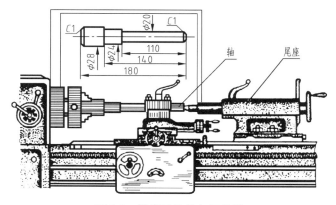

图 8-3　轴类零件的加工位置

象出零件的工作情况，也便于根据图纸进行装配图的绘制。钩、支座、箱体类零件多按工作位置放置。如图 8-4 所示汽车前拖钩、图 8-5 所示的吊钩，其主视图就是根据它们的工作位置，并考虑尽量多地反映其形状特征选定的。

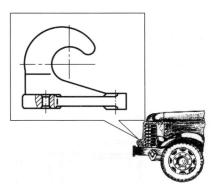
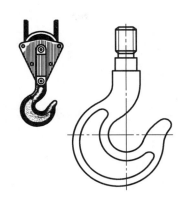

图 8-4　汽车前拖钩的工作位置　　　　图 8-5　吊钩的工作位置

因此，主视图选择的原则是首先考虑能反映零件的形状特征，其次在满足形状特征的前提下，考虑零件的安放位置，即零件的工作位置和加工位置，零件的工作位置和加工位置能够统一更好，若不能将二者统一，则应根据零件的具体情况，按工作位置或加工位置来画主视图。

2. 其他视图选择

主视图确定后，应视零件的复杂程度，分析还有哪些结构未表达完整，将主视图未表达清楚的部位用其他视图进行表达，并使每个视图都有表达的重点。在能够完整、清晰、正确地表达零件形状和结构的前提下采用尽量少的视图，力求制图简便。

3. 表达方法的选择

零件的表达方法包括视图、剖视图、断面图、局部放大图、简化画法和其他规定画法等。为了完整、清晰地表达一个具体零件，需要进行认真的选择（具体表达方法见第六章）。

第三节　零件图的尺寸标注

零件图是制造、检验零件的重要技术文件，图形只表达零件的形状，而零件的大小则完全由图上标注的尺寸来确定。零件图中的尺寸，不但要按前面的要求标注正确、完整、清晰，而且必须符合生产实际即标注合理。所谓合理，是指所标注的尺寸既符合设计要求，又满足工艺要求，便于零件的加工、测量和检验。本节将重点介绍标注尺寸的合理性问题。扫描二维码可观看相关视频。

一、尺寸基准的选择

标注尺寸的起点，称为尺寸基准。通常选择零件上的一些几何元素——面（如底面、对称面、端面等）和线（如回转体的轴线）作为尺寸基准。

选择尺寸基准的目的，一是为了确定零件在机器中的位置或零件上几何元素的位置，以符合设计要求；二是为了在制作零件时，确定测量尺寸的起点位置，便于加工和测量，以符合工艺要求。因此，根据基准作用的不同，可把基准分为两类：设计基准和工艺基准。

1. 设计基准（主要基准）

根据零件在机器中的位置和作用所选定的基准为设计基准。如图 8-6 所示，轴承座的底面为安装面，轴承孔的中心高应根据这一平面来确定，因此底面是高度方向的设计基准。

设计基准通常是主要基准，轴承座的左右和前后对称面是长度和宽度方向的主要基准。

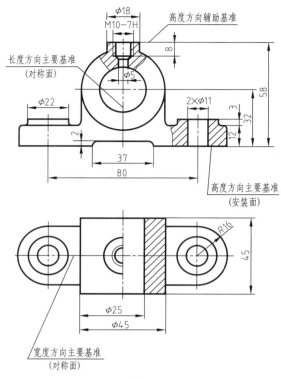

图 8-6 基准的选择

2. 工艺基准（辅助基准）

工艺基准为零件加工和测量而选定的基准。零件上有些结构若以设计基准为起点标注尺寸，不便于加工和测量，必须增加一些辅助基准作为标注这些尺寸的起点，如图 8-6 中螺纹孔 M10-7H 的深度，若以底面为基准标注尺寸十分不便，而以轴承的顶面为基准标注其深度尺寸 8，则便于控制加工和测量，这时，顶面就是螺孔深度工艺基准，也是高度方向的辅助基准。

提示：选择基准时，应尽可能使工艺基准与设计基准重合，当不能重合时，所注尺寸应在保证设计要求的前提下满足工艺要求。

二、标注尺寸的一般原则

1. 标注尺寸要符合设计要求和工艺要求

如图 8-6 中的轴承孔中心高的标注 32 和轴承油杯螺纹孔的尺寸标注 8。

2. 重要尺寸直接标注

零件之间的配合尺寸、确定零件在机器部件的位置、反映零件在机器性能规格的尺寸等均属重要尺寸，如图 8-7（a）所示支座的轴孔直径 ϕ 与中心高 a、两安装孔的中心距离 d 的尺寸标注。如按照图 8-7（b）所示进行尺寸标注，容易造成累积误差。

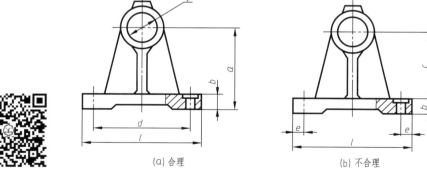

图 8-7 重要尺寸直接标注

3. 避免标注成封闭尺寸链

封闭尺寸链是指尺寸线首尾相接，串联成一个封闭环形的一组尺寸。避免形成封闭尺寸链，可选择一个不重要的尺寸不予标注，使尺寸链留有开环，如图 8-8（a）所示。L 是总长，是 A、B、C 三个尺寸之和，且有一定精度要求，若是封闭的尺寸链，那么，A、B、C 三个尺寸的加工误差积累到 L 上，难以保证 L 的尺寸精度要求，如图 8-8（b）所示。只有将不重要的尺寸不注,留有开环,把所有尺寸误差累积到这一段,这样就保证了重要尺寸的精度要求。

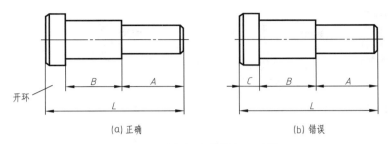

图 8-8　避免标注成封闭尺寸链

4. 按加工要求标注尺寸

为使不同工种的工人看图方便,应将零件上的加工面与非加工面尺寸,尽量分别注在图形的两边(图 8-9)。对同一工种的加工尺寸,要适当集中标注(如图 8-10 中的铣削尺寸注在上面,车削尺寸注下面),以便于加工时查找。

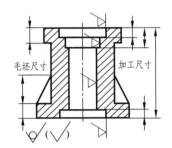　　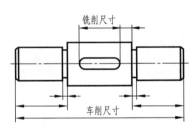

图 8-9　加工面与非加工面的尺寸注法　　　　图 8-10　同工种加工的尺寸注法

5. 按测量要求标注尺寸

对所注尺寸,要考虑零件在加工过程中测量的方便。如图 8-11 所示。

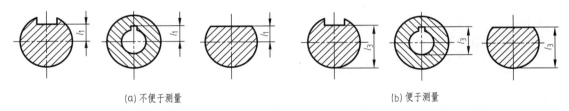

图 8-11　按测量要求标注尺寸

6. 零件上常见孔的尺寸注法

光孔、锪孔、沉孔和螺孔是零件上常见的结构,它们的尺寸标注分为普通注法和旁注法,见表 8-1。

表 8-1　零件上常见孔的尺寸注法

类型	普通注法	旁注法		说明
光孔	4×φ4 C1 10	4×φ4▼10 C1	4×φ4▼10 C1	"▼"为孔深符号 "C"为 45°倒角符号

续表

类型	普通注法	旁注法		说明
光孔	4×φ4H7，深度10，12	4×φ4H7▼10 孔▼12	4×φ4H7▼10 孔▼12	钻孔深度为12，精加工（铰孔）深度为10，H7表示孔的配合要求
	该孔无普通注法。注意：φ4是指与其相配的圆锥销的公称直径（小端直径）	锥销孔φ4 配作	锥销孔φ4 配作	"配作"指该孔与相邻零件的同位锥销孔一起加工
锪孔	φ13，4×φ6.6	4×φ6.6 ⌴φ13	4×φ6.6 ⌴φ13	"⌴"为锪平、沉孔符号。锪孔通常只需锪出圆平面即可，深度一般不注
柱形沉孔	φ11，6.8，4×φ6.6	4×φ6.6 ⌴φ11▼6.8	4×φ6.6 ⌴φ11▼6.8	该孔为安装内六角圆柱头螺钉所用，承装头部的孔深应注出
锥形沉孔	90°，φ13，6×φ6.6	6×φ6.6 ⌵φ13×90°	6×φ6.6 ⌵φ13×90°	"⌵"为埋头孔符号，该孔为安装开槽沉头螺钉所用
螺孔	3×M6-7H，2×C1	3×M6-7H 2×C1	3×M6-7H 2×C1	"2×C1"表示两端倒角均为C1
	3×M6 EQS，10，12	3×M6▼10 孔▼12EQS	3×M6▼10 孔▼12EQS	"EQS"为均布孔的缩写词

第四节　零件上常见的工艺结构

　　汽车零件在生产制造的过程中必须要满足生产工艺的要求，才能确保零件的制造质量达到零件所需要的技术要求，若不能满足，则该零件难以保证质量要求。所以，零件的结构形状，除了应满足使用要求外，还应满足生产制造工艺的要求，具有合理的工艺结构。下面对零件上常见的工艺结构做简单的介绍。

一、铸造工艺结构

1. 起模斜度

在铸造零件毛坯时,为了能将木模顺利地从砂型中提取出来,一般常在铸件的内外壁上沿着起模方向设计出斜度,这个斜度称为起模斜度,如图 8-12(a)所示。起模斜度一般为 1∶10～1∶20,也可以角度表示(木模造型取 1°～3°)。起模斜度在制作木模时应予考虑,在视图上可不注出。如有特殊要求,可在技术要求中说明。

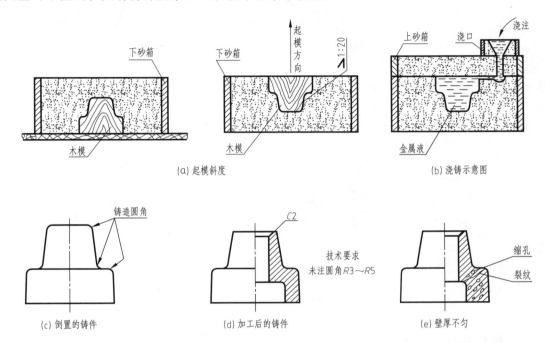

图 8-12 起模斜度、铸造圆角和铸件壁厚

2. 铸造圆角

为了便于脱模和避免砂型尖角在浇注时(如图 8-12a、b)发生落砂,以及防止铸件两表面的尖角处出现裂纹、缩孔,往往将铸件各表面相交处做成圆角,如图 8-12(c)所示。在零件图上,该圆角一般应画出并标注圆角半径。当圆角半径相同(或多数相同)时,也可将其半径尺寸在技术要求中统一注写,如图 8-12(d)所示。

3. 铸件壁厚

铸件壁厚应尽量均匀或采用逐渐过渡的结构(图 8-12d)。否则,在壁厚处极易形成缩孔或在壁厚突变处产生裂纹,如图 8-12(e)所示。

4. 过渡线

由于有铸造圆角,使得铸件表面的交线变得不够明显,若不画出这些线,零件的结构则显得含糊不清,为了便于看图及区分不同表面,图样中仍需在按没有圆角时交线的位置,画出这些不太明显的线,此线称过渡线,其投影用细实线表示,只是在其端点处不宜与轮廓线相连,如图 8-13 所示。

在生产实际中,对于一般铸、锻件表面的过渡线画法要求并不高,只要求在图样上将组成机件的各个几何体的形状、大小和相对位置清楚地表示出来即可,因为过渡线会在生产过程中自然形成。

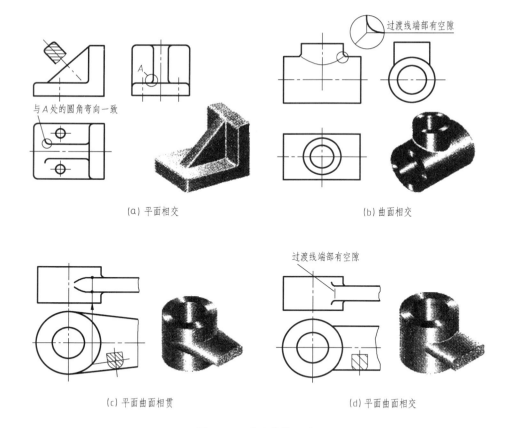

图 8-13 过渡线的画法

二、机械加工工艺结构

1. 倒角和倒圆

为了去除毛刺、锐边和便于装配，在轴和孔的端部（或零件的面与面的相交处），一般都加工出倒角；为了避免应力集中产生裂纹，将轴肩处往往加工成圆角的过渡形式，此圆角称为倒圆。倒角和倒圆的尺寸可在相应标准中查出，其尺寸注法如图 8-14 所示。

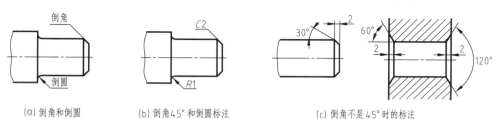

图 8-14 倒角与倒圆的画法及其标注

2. 退刀槽和砂轮越程槽

切削时（主要是车制螺纹或磨削），为了便于退出刀具或使磨轮可稍微越过加工面，常在被加工面的轴肩处预先车出退刀槽或砂轮越程槽，如图 8-15 所示。其具体结构和尺寸需根据轴径（或孔径）查阅标准得到。其尺寸可按"槽宽×槽深"或"槽宽×直径"的形式注出。当槽的结构比较复杂时，可画出局部放大图标注尺寸。

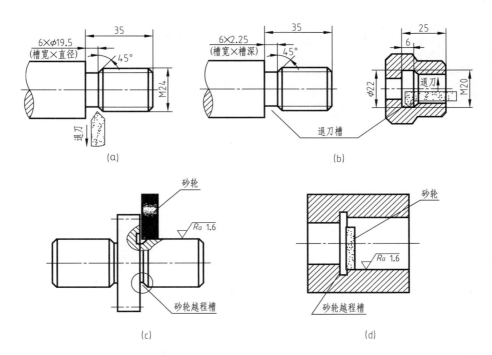

图 8-15 退刀槽和砂轮越程槽

3. 凸台和凹坑

为了使零件表面接触良好和减少加工面积，常在铸件的接触部位铸出凸台或凹坑、凹腔等结构，其常见形式如图 8-16、图 8-17 所示。

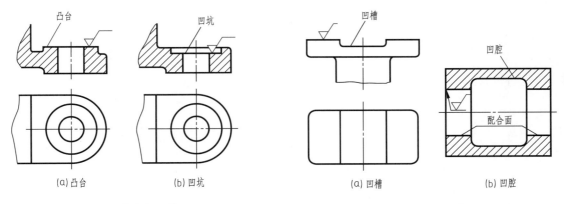

图 8-16 凸台与凹坑　　　　　　图 8-17 凹槽和凹腔

4. 钻孔结构

钻孔时，钻头的轴线应与被加工表面垂直，否则会使钻头弯曲，甚至折断，如图 8-18（a）所示。因此，当零件表面倾斜时，可设置凸台或凹坑，如图 8-18（b）、（c）所示。钻头单边受力也容易折断，因此，对于钻头钻透处的结构，也要设置凸台使孔完整，如图 8-18（d）所示。

5. 中心孔

（1）中心孔及其标注　加工轴类零件时，往往在轴的两端或者一端加工中心孔作为工艺定位基准。中心孔的形式有 R 型、A 型、B 型、C 型四种，其结构与标记见表 8-2 和表 8-3。

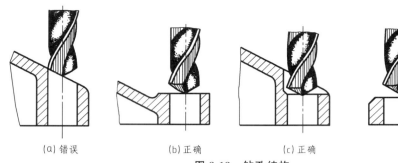

图 8-18 钻孔结构

表 8-2 中心孔的形式与标记（一）

中心孔的形式	标记示例	标注说明
R （弧形） 根据 GB/T 145 选择中心钻	GB/T 4459.5—R3.15/6.7	$D=3.15\text{mm}$　$D_1=6.7\text{mm}$
A （不带护锥） 根据 GB/T 145 选择中心钻	GB/T 4459.5—A4/8.5	$D=4\text{mm}$　$D_1=8.5\text{mm}$　$t=3.5\text{mm}$
B （带护锥） 根据 GB/T 145 选择中心钻	GB/T 4459.5—B2.5/8	$D=2.5\text{mm}$　$D_1=8\text{mm}$　$t=2.2\text{mm}$
C （带螺纹） 根据 GB/T 145 选择中心钻	GB/T 4459.5—CM10L30/16.3	$D=\text{M}10$　$L=30\text{mm}$　$D_2=16.3\text{mm}$

① 尺寸 L 取决于中心钻的长度，不能小于 t。
② 尺寸 L 取决于零件的功能要求。

（2）中心孔的表达　机械图样上，完工零件上是否保留中心孔的要求通常有三种情况，见表 8-3。

表 8-3　中心孔的形式与标记（二）

要求	符号	表示法示例	说　明
在完工的零件上要求保留中心孔		GB/T 4459.5—B2.5/8	采用 B 型中心孔 $D=2.5mm$，$D_1=8mm$ 在完工的零件上要求保留
在完工的零件上可以保留中心孔		GB/T 4459.5—A4/8.5	采用 A 型中心孔 $D=4mm$，$D_1=8.5mm$ 在完工的零件上是否保留都可以
在完工的零件上不允许保留中心孔		GB/T 4459.5—A1.6/3.35	采用 A 型中心孔 $D=1.6mm$，$D_1=3.35mm$ 在完工的零件上不允许保留

中心孔是轴加工过程中保证定心、定位精度的基准，同时，为后续加工也提供了可靠的定位基准。已标准化了的中心孔，只需在零件轴端用其符号表达，随后注写相应的标记、表面粗糙度和基准。同轴两端中心孔相同，可标出一端，但要注明数量。

6. 锥轴、锥孔结构及其标注

锥轴、锥孔的结构及标注如图 8-19、图 8-20 所示。

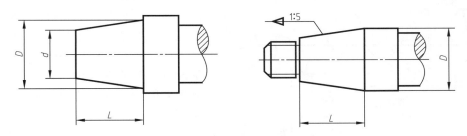

图 8-19　锥轴结构与尺寸标注

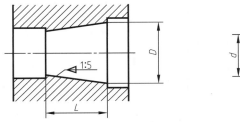
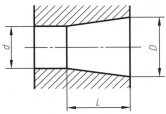

图 8-20　锥孔结构与尺寸标注

第五节　零件图的技术要求（一）——表面结构的表示

所谓表面结构是指零件表面的几何形貌。它是表面粗糙度、表面波纹度、表面纹理、表面缺陷和表面几何形状的总称。本节只介绍我国目前应用最广的表面粗糙度在图样上的表示法及其符号、代号的标注与识读方法。

一、表面粗糙度的评定参数及数值

表面粗糙度参数是评定表面结构要求时普遍采用的主要参数。此参数既能满足常用表面的功能要求，也为检测提供了方便。

1. 轮廓算术平均偏差 Ra

在一个取样长度 L 内，轮廓偏距绝对值的算术平均值（如图 8-21 所示），其值为

$$Ra = \frac{|Y_1| + |Y_2| + |Y_3| + \cdots + |Y_n|}{n}$$

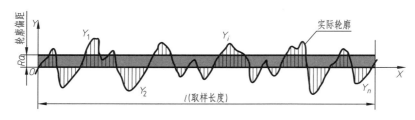

图 8-21　轮廓算术平均偏差（Ra）

Ra 的单位是 μm，数值越大，零件表面越粗糙；Ra 的数值越小，零件表面越光滑，但加工成本也越高。因此，在满足使用要求的前提下，应尽量选用较大的 Ra 值，以降低成本。

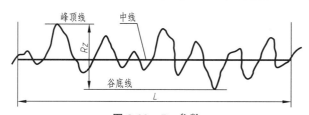

图 8-22　Rz 参数

2. 轮廓最大高度 Rz

在一个取样长度 L 内，轮廓峰顶线与轮廓谷底线之间的距离（如图 8-22 示）。

Rz 的测量由于只取两个点测量，不能充分反映轮廓高度特性，故较少采用。评定参数 Ra、Rz 的数值见表 8-4。此表为第一系列值。

表 8-4　Ra、Rz 数值　　　　　　　　　　　　　单位：μm

Ra	Rz	Ra	Rz
0.012	—	6.3	6.3
0.025	0.025	12.5	12.5
0.05	0.05	25	25
0.1	0.1	50	50
0.2	0.2	100	100
0.4	0.4	—	200
0.8	0.8	—	400
1.6	1.6	—	800
3.2	3.2	—	1600

二、表面粗糙度符号和代号

1. 表面结构的图形符号

在图样中，对表面结构的要求可用几种不同的图形符号表示。标注时，图形符号应附加对表面结构的补充要求。在特殊情况下，图形符号也可以在图样中单独使用，以表达特殊意义。各种图形符号及其含义见表 8-5。

表 8-5　表面结构的图形符号及其含义（GB/T 131）

符号名称	符　　号	含义及说明
基本图形符号	∨	基本图形符号，简称基本符号。 表示对表面结构有要求的符号，以及未指定工艺方法的表面。基本符号仅用于简化代号的标注，当通过一个注释解释时可单独使用，没有补充说明时不能单独使用
扩展图形符号	∀	要求去除材料的图形符号，简称扩展符号。 在基本符号上加一短横，表示指定表面是用去除材料的方法获得，如通过机械加工（车、铣、钻、磨、剪切、抛光、腐蚀、电火花加工、气割等）的表面
	∨○	不允许去除材料的图形符号，简称扩展符号。 在基本符号上加一个圆圈，表示指定表面是用不去除材料的方法获得，如铸、锻等；也可用于表示保持上道工序形成的表面，不管这种状况是通过去除材料或不去除材料形成的
完整图形符号	∨—　∀—　∨○—	完整图形符号，简称完整符号。 在上述所示的图形符号的长边上加一横线，用于对表面结构有补充要求的标注。左、中、右符号分别用于"允许任何工艺""去除材料""不去除材料"方法获得的表面的标注
工件轮廓表面图形符号	∨○　∀○　∨○○	当在图样某个视图上构成封闭轮廓的各表面有相同的表面结构要求时，应在完整符号上加一圆圈

2. 表面结构的图形代号

在表面结构的图形符号上，注有表面粗糙度的参数和数值及有关规定，则称为表面粗糙度代号。各种图形符号的画法（含代号的注写）见图 8-23。图形符号和附加标注的尺寸见表 8-6。

图 8-23　图形符号的画法及代号的注写方法

表 8-6　图形符号和附加标注的尺寸（GB/T 131）　　　　单位：mm

数字和字母高度 h（见 GB/T 14690）	2.5	3.5	5	7	10	14	20
符号线宽	0.25	0.35	0.5	0.7	1	1.4	2
字母线宽							
高度 H_1	3.5	5	7	10	14	20	28
高度 H_2（最小值）①	7.5	10.5	15	21	30	42	60

① H_2 取决于标注内容。

在完整符号中，除了标注表面粗糙度参数和数值外，必要时还应标注补充要求，补充要求的内容及其指定标注位置，如图 8-24 所示。

3. 表面粗糙度代号的含义

表面粗糙度代号的含义及其解释见表 8-7、表 8-8。

表 8-7　表面粗糙度代号的含义

序号	符　　号	含义/解释
1	∀ $Rz\ 0.4$	表示不允许去除材料，R 轮廓最大高度 $0.4\mu m$

续表

序号	符号	含义/解释
2	∇ Rzmax0.2	表示去除材料，R 轮廓最大高度值 0.2μm
3	∇ Ra 0.8（不去除）	表示不去除材料，R 轮廓算术平均偏差 0.8μm
4	∇ Ra 0.8	表示去除材料，R 轮廓算术平均偏差 3.2μm
5	∇ URa 3.2 / LRa 0.8	表示去除材料，R 轮廓，上限值算术平均偏差 3.2μm，下限值算术平均偏差 0.8μm

表 8-8　带有补充注释的符号

符号	含义	符号	含义
∇ 铣	加工方法：铣削	∇（封闭轮廓）	对投影视图上封闭的轮廓线所表示的各表面有相同的表面结构要求
∇ M	表面纹理：纹理呈多方向	∇ 3	加工余量 3mm

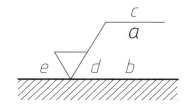

图 8-24　表面结构的注写位置

位置 a ——注写结构参数代号、极限值、取样长度（或传输带）等，在参数代号和极限值间应插入空格

位置 a 和 b ——注写两个或多个表面结构要求，如位置不够时，图形符号应在垂直方向扩大，以空出足够的空间

位置 c ——注写加工方法、表面处理、涂层或其他加工工艺要求等

位置 d ——注写所要求的表面纹理和纹理方向，如"="" ⊥"等

位置 e ——注写所要求的加工余量

三、表面结构要求的标注

1. 表面结构符号、代号的标注方法

1）同一图样中，零件的每一表面一般只标注一次，并尽可能注在相应的尺寸及其公差的同一视图上。除非另有说明，所标注的表面结构要求是对完工零件的要求。

2）标注在轮廓线或指引线上。表面结构要求可标注在轮廓线上，其符号应从材料外指向并接触表面，如图 8-25。必要时，表面结构符号也可以用带箭头或黑点的指引线引出标注（见图 8-26、图 8-27）。

3）标注在特征尺寸的尺寸线上。在不致引起误解时，表面结构要求可以标注在给出的尺寸线上（见图 8-28）。

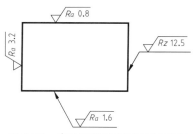

图 8-25　表面结构要求的注写方向

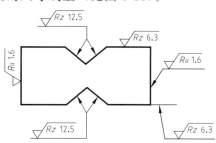

图 8-26　表面结构要求在轮廓线上的标注

4）标注在形位公差的框格上。表面结构要求可标注在形位公差框格的上方（见图8-29）。

5）标注在圆柱和棱柱表面上。圆柱和棱柱表面的表面结构要求只标注一次（见图8-30）。如果每个圆柱和棱柱表面有不同的表面结构要求，则应分别单独标注（见图8-31）。

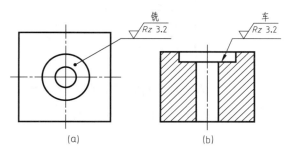

图 8-27　用指引线引出标注表面结构要求

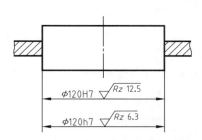

图 8-28　表面结构要求标注在尺寸线上

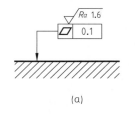

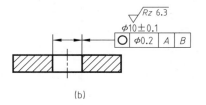

图 8-29　表面结构要求标注在形位公差框格的上方

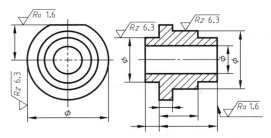

图 8-30　表面结构要求标注在圆柱特征的延长线上

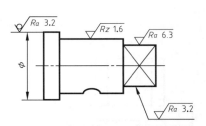

图 8-31　圆柱和棱柱表面结构要求的注法

2. 表面结构要求的简化注法

（1）有相同表面结构要求的简化注法

1）如果工件的全部表面的结构要求都相同，可将其结构要求统一标注在图样的标题栏附近。

2）如果在工件的多数表面有相同的表面结构要求时，可将其统一标注在图样的标题栏附近，而表面结构要求的符号后面应在圆括号内给出无任何其他标注的基本符号；不同的表面结构要求应直接标注在图形中（见图8-32）。

（2）多个表面有共同要求的注法　当多个表面具有相同的表面结构要求或空间有限时可以采用简化注法（见图8-33）。

3. 常用零件表面结构要求的注法

1）零件上连续表面及重复要素（孔、槽、齿等）的表面（图8-34）和用细实线连接不连续的同一表面（图8-35），其表面粗糙度符号、代号只标注一次。

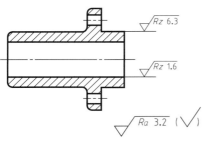

图 8-32 大多数表面有相同表面结构

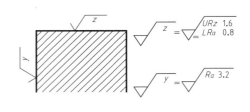

图 8-33 在图纸空间有限时的简化注法

2）螺纹的工作表面没有画出牙形时，其表面粗糙度代号，可按图 8-36 所示的形式标注。

3）键槽和倒角的粗糙度标注如图 8-37 所示。

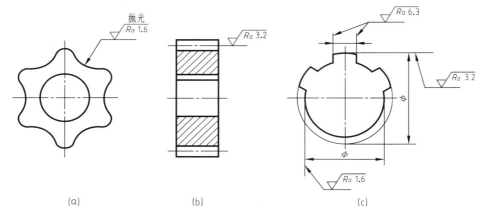

图 8-34 连续表面及重复要素的表面粗糙度的注法

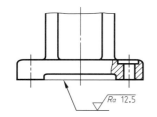

图 8-35 不连续同一表面的注法

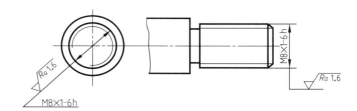

图 8-36 螺纹工作表面粗糙度的注法

4. 有镀（涂）覆、热处理和其他表面处理要求的表面粗糙度的标注与识读

表面处理是泛指镀覆和化学处理。镀覆是使零件表面增加一镀层；化学处理是指用化学或者电化学方法处理零件，使其表面发生化学反应。通过表面处理，可提高零件的抗蚀性、耐磨性、导电性、美观零件表面等。

热处理是将零件毛坯或半成品加热到一定温度后保温一段时间，再以不同形式冷却，以改变金属材料内部组织结构，从而改善材料力学性能（强度、硬度、韧性或切削性能等）的方法。

GB/T 131—2006 规定了热处理和其他表面处理的标注方法。

1）多种工艺获得的同一表面，当需要明确每一种工艺方法的表面结构要求时，可以同时标注，如图 8-38 所示。

2）需要零件局部热处理或者镀覆时，应用粗点画线画出其范围，并标注相应的尺寸，也可以将其要求注写在表面结构符号内，如图 8-39 所示。

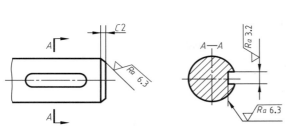

图 8-37 键槽和倒角的粗糙度标注

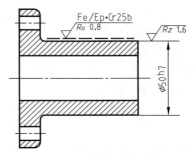

图 8-38 同时给出镀覆前后要求的注法

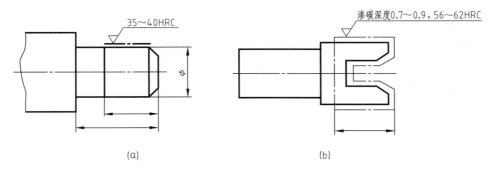

(a)　　　　　　　　　(b)

图 8-39 热处理要求的表面粗糙度标注

零件常用材料与热处理参阅附录。

第六节　零件图的技术要求（二）——极限与配合

在大批量的生产中，为了提高效率，相同的零件必须具有互换性。零件具有互换性，必然要求零件尺寸的精确度，但并不是要求将零件的尺寸都准确地制成一个指定的尺寸，而只是将其限定在一个合理的范围内，以满足不同的使用要求，由此就形成了"极限与配合"。

一、基本概念

尺寸及公差如图 8-40 所示。

（1）基本尺寸　设计时确定的尺寸，如图 8-40（a）中的 $\phi 80$。

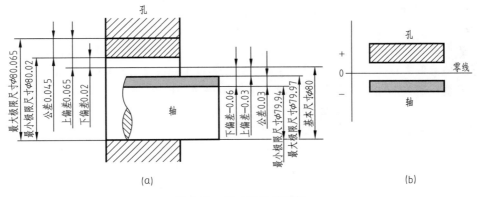

(a)　　　　　　　　　(b)

图 8-40 尺寸及公差图解

(2) 极限尺寸 允许尺寸变化的两个界限值。

1) 最大极限尺寸 零件实际尺寸所允许的最大值。

2) 最小极限尺寸 零件实际尺寸所允许的最小值。

图 8-40 中，孔、轴的极限尺寸分别为：孔的最大极限尺寸为 80.065，孔的最小极限尺寸为 80.02，轴的最大极限尺寸为 79.97，轴的最小极限尺寸为 79.94。

(3) 极限偏差 极限尺寸减其基本尺寸所得的代数差。

1) 上偏差：最大极限尺寸减其基本尺寸所得的代数差。

2) 下偏差：最小极限尺寸减其基本尺寸所得的代数差。

图 8-40 (a) 中孔、轴的极限偏差可分别计算如下：

孔的上偏差（ES）= 80.065 − 80 = +0.065　　轴的上偏差（es）= 79.97 − 80 = −0.03

孔的下偏差（EI）= 80.02 − 80 = +0.02　　轴的下偏差（ei）= 79.94 − 80 = −0.06

(4) 尺寸公差（简称公差） 最大极限尺寸减最小极限尺寸之差，或上偏差减下偏差之差，称为公差。它是尺寸允许的变动量，是没有符号的绝对值。

图 8-40 中孔、轴的公差可分别计算如下：

孔的公差 = 最大极限尺寸 − 最小极限尺寸 = 80.065 − 80.02 = 0.045

孔的公差 = 上偏差 − 下偏差 = 0.065 − 0.02 = 0.045

轴的公差 = 最大极限尺寸 − 最小极限尺寸 = 79.97 − 79.94 = 0.03

轴的公差 = 上偏差 − 下偏差 = −0.03 − (−0.06) = 0.03

由此可知，公差用于限制尺寸误差，是尺寸精度的一种度量。公差越小，尺寸的精度越高，实际尺寸的允许变动量就越小；反之，公差越大，尺寸的精度越低。

(5) 公差带 由代表上偏差和下偏差、或最大极限尺寸和最小极限尺寸的两条直线所限定的一个区域，称为公差带。在分析公差时，为了形象地表示基本尺寸、偏差和公差的关系，常画出公差带图。为了简便，不画出孔和轴，而是只画出放大的孔和轴的公差带来分析问题，图 8-40 (b) 就是图 8-40 (a) 的公差带图。其中，表示基本尺寸的一条直线称为零线。零线上方的偏差为正，零线下方的偏差为负。

二、标准公差与基本偏差

公差带由"公差带大小"和"公差带位置"这两个要素组成。公差带大小由标准公差确定，公差带位置由基本偏差确定。

(1) 标准公差 在极限与配合制中，标准公差是国家标准规定的确定公差带大小的任一公差。用符号"IT"表示，阿拉伯数字表示其公差等级。

标准公差等级分 IT01、IT0、IT1 至 IT18 共 20 级。从 IT01 至 IT18 等级依次降低，而相应的标准公差数值依次增大。各级标准公差的数值，可查阅附录。

(2) 基本偏差 在极限与配合制中，确定公差带相对零线位置的那个极限偏差称为基本偏差。它可以是上偏差或下偏差，一般为靠近零线的那个偏差。当公差带位于零线上方时，基本偏差为下偏差；当公差带位于零线下方时，基本偏差为上偏差。

国家标准对孔和轴各规定了 28 个基本偏差。基本偏差代号用拉丁字母表示，大写字母表示孔，小写字母表示轴。基本偏差系列见图 8-41。

(3) 公差带代号 孔、轴公差带代号由基本偏差代号和公差等级代号组成。

例如 ϕ80H8，表示基本尺寸为 ϕ80，H8 为孔公差带代号，H 为孔基本偏差代号，8 为公差等级代号。

又如 ϕ80g7，表示基本尺寸为 ϕ80，g7 为轴公差带代号，g 为轴基本偏差代号，7 为公差等级代号。

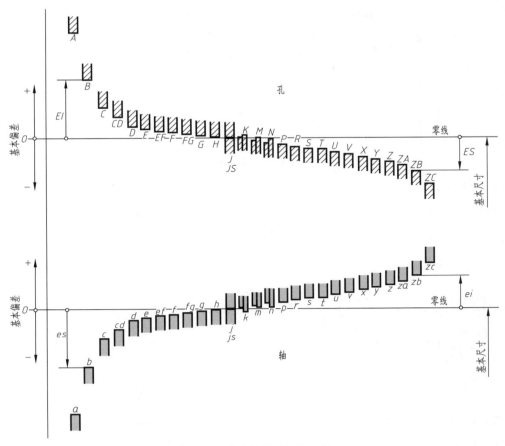

图 8-41 基本偏差系列示意图

三、配合

基本尺寸相同的、相互结合的孔和轴公差带之间的关系，称为配合。扫描二维码可观看相关视频。

1. 配合的类型

根据使用要求不同，配合的松紧程度也不同。配合的类型共有三种。

(1) 间隙配合　具有间隙（包括最小间隙等于零）的配合称为间隙配合，如图 8-42 所示。此时，孔的公差带在轴的公差带之上。间隙配合主要用于孔、轴间需要产生相对运动或者经常拆卸的连接。

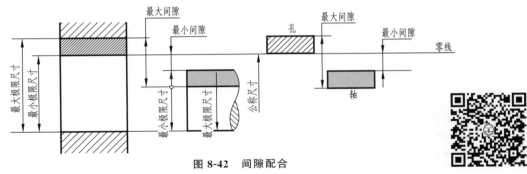

图 8-42 间隙配合

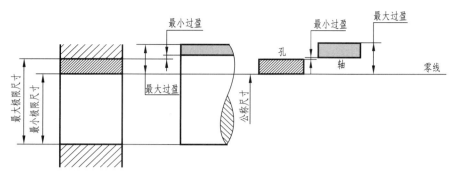

图 8-43　过盈配合

（2）过盈配合　具有过盈（包括最小过盈等于零）的配合称为过盈配合，如图 8-43 所示。此时，孔的公差带在轴的公差带之下。过盈配合主要用于孔、轴间不允许产生相对运动的紧固连接。

（3）过渡配合　可能具有间隙或过盈的配合称为过渡配合。此时，孔的公差带与轴的公差带相互交叠。如图 8-44、图 8-45 所示。过渡配合主要用于孔、轴间的定位连接。

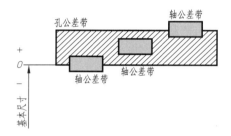

图 8-44　过渡配合公差带图解

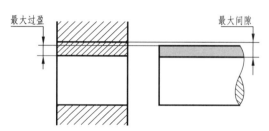

图 8-45　过渡配合的最大间隙和最大过盈

2. 配合制

国家标准中规定，配合制度分为两种，即基孔制和基轴制。

（1）基孔制配合　基本偏差为一定的孔的公差带，与不同基本偏差的轴的公差带形成各种配合的一种制度。基孔制的孔称为基准孔，代号为"H"，其上偏差为正值，下偏差为零，最小极限尺寸等于基本尺寸。如图 8-46 所示。

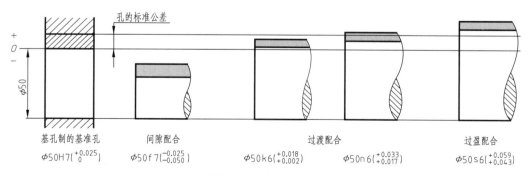

图 8-46　基孔制配合

（2）基轴制配合　基本偏差为一定的轴的公差带，与不同基本偏差的孔的公差带形成各种配合的一种制度。基轴制的轴称为基准轴，代号为"h"，其上偏差为零，下偏差为负值，最大极限尺寸等于基本尺寸（图 8-47）。

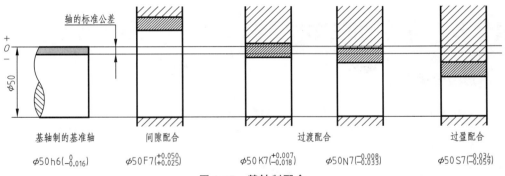

图 8-47 基轴制配合

关于基准制的选择，国家标准明确规定，在一般情况下，应优先采用基孔制配合。

四、极限与配合的标注（GB/T 4458.5—2003）

1. 在零件图上的标注

1) 用于大批量生产的零件图，可只注公差带代号，如图 8-48（a）所示。

2) 用于中小批量生产的零件图，一般可只注出极限偏差，如图 8-48（b）所示。

3) 如需要同时注出公差带代号和对应的极限偏差值时，则其极限偏差值应加上圆括号，如图 8-48（c）所示。

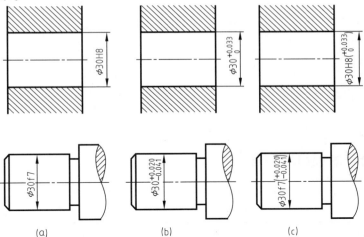

图 8-48 公差带代号、极限偏差在零件图上标注的三种形式

2. 在装配图上的标注

在装配图上标注极限与配合时，其代号必须在基本尺寸的右边，用分数形式注出，分子为孔的公差带代号，分母为轴的公差带代号。其注写形式有两种，如图 8-49 所示。

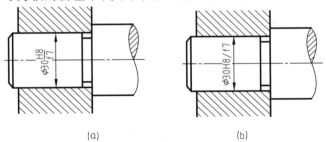

图 8-49 配合代号在装配图上的标注

第七节 零件图的技术要求(三)——形状与位置公差

一、形位公差概述

在生产实际中，经过加工的零件，不但会产生尺寸误差，而且会产生形状和位置误差。例如，图8-50（a）所示为一理想形状的销轴，而加工后的实际形状则是轴线变弯了（见图8-50b），因而产生了直线度误差。又如，图8-51（a）所示的为一要求严格的四棱柱，加工后的实际位置却是上表面倾斜了（见图8-51b），因而产生了平行度误差。

图 8-50 形状误差　　　　　　　　图 8-51 位置误差

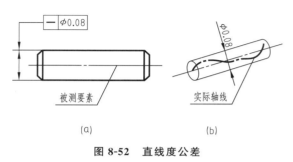

图 8-52 直线度公差

如果零件存在严重的形状和位置误差，将使其装配造成困难，影响机器的质量，因此，对于精度要求较高的零件，除给出尺寸公差外，还应根据设计要求，合理地确定出形状和位置误差的最大允许值，如图8-52（a）中的φ0.08（即销轴轴线必须位于直径为公差值φ0.08的圆柱面内，如图8-52b所示）。

国家标准规定了一项保证零件加工质量的技术指标——形状公差和位置公差（简称形位公差）。

二、形位公差的项目及符号

国家标准中规定了14项形位公差，其项目名称与符号见表8-9。

表 8-9 形位公差项目、符号

公差类型	几何特征	符号	有或无基准要求	公差类型	几何特征	符号	有或无基准要求
形状公差	直线度	—	无	方向公差	平行度	∥	有
	平面度	▱	无		垂直度	⊥	有
	圆度	○	无		倾斜度	∠	有
	圆柱度	⌭	无	位置公差	位置度	⊕	有或无
形状或方向或位置公差	线轮廓度	⌒	有或无		同轴度	◎	有
	面轮廓度	⌓	有或无		对称度	═	有
				跳动公差	圆跳动	↗	有
					全跳动	⌰	有

三、形位公差的标注

1. 公差框格

在图样中,形位公差应以框格的形式进行标注,其标注内容及框格的绘制规定如图 8-53 所示。

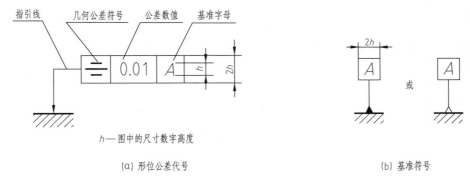

(a) 形位公差代号   (b) 基准符号

图 8-53　形位公差代号与基准符号

2. 被测要素

用带箭头的指引线将框格与被测要素相连,按以下几种方式标注。

1) 当公差涉及轮廓线或表面时(见图 8-54),将箭头置于被测要素的轮廓线或轮廓线的延长线上(但必须与尺寸线明显地分开)。

2) 当指向实际表面时(见图 8-55),箭头可置于带点的参考线上,该点指向实际表面上。

3) 当公差涉及轴线、中心平面或由带尺寸要素确定的点时,则带箭头的指引线应与尺寸线的延长线重合(见图 8-56)。

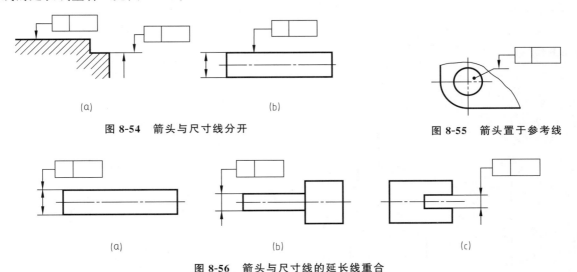

图 8-54　箭头与尺寸线分开　　**图 8-55　箭头置于参考线**

图 8-56　箭头与尺寸线的延长线重合

3. 基准

1) 当基准要素是轮廓线或表面时(见图 8-57),基准字母的短横线应置放在要素的外轮廓线上或它的延长线上(但应与尺寸线明显地错开),基准符号还可置于用圆点指向实际表面的参考线上(见图 8-58)。

2) 当基准要素是轴线或中心平面或由带尺寸的要素确定的点时,则基准符号中的线与尺寸线对齐（见图 8-59a）。如尺寸线处安排不下两个箭头，则另一箭头可用短横线代替（见图 8-59b、c）。

图 8-57　基准符号与尺寸线错开

图 8-58　基准符号置于参考线上

(a)　　　　　　　　　(b)　　　　　　　　　(c)

图 8-59　基准符号与尺寸线一致

表 8-10 为常见形位公差标注及公差带定义。

表 8-10　常见形位公差标注及公差带定义

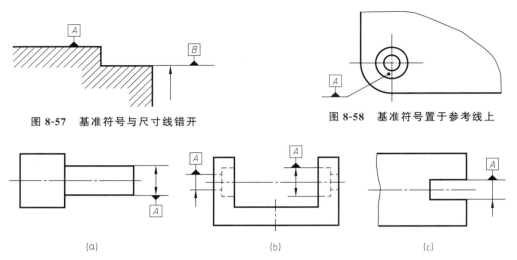

名称	标注示例	公差带定义
直线度	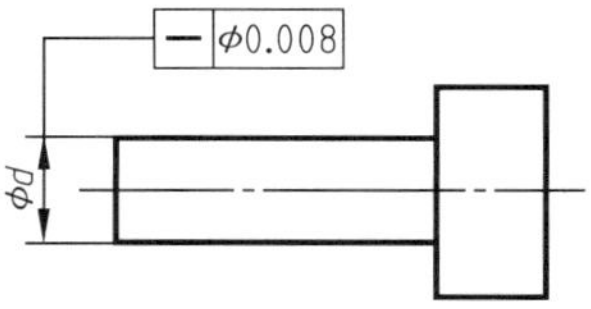 —│φ0.008	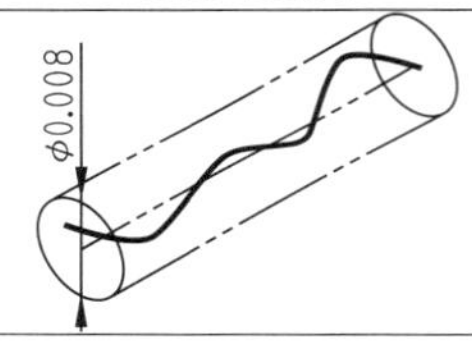 φ0.008
平面度	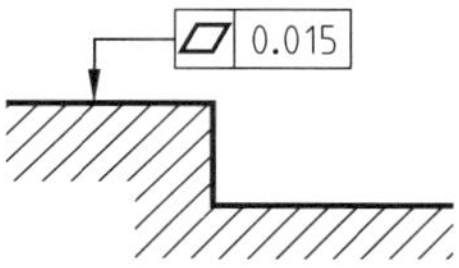 ▱│0.015	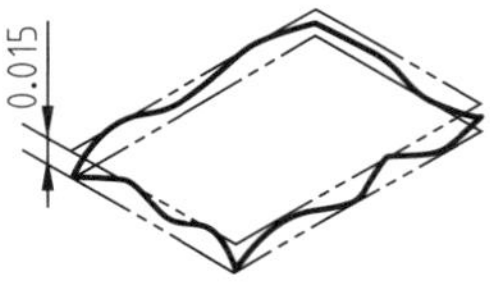 0.015
圆度	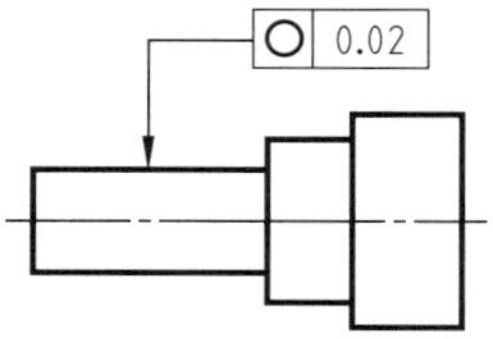 ○│0.02	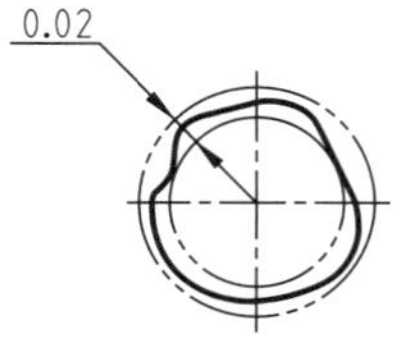 0.02
圆柱度	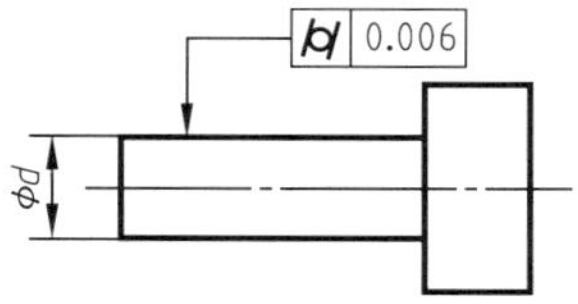 ⌭│0.006	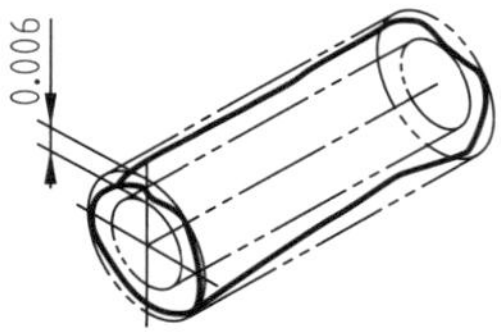 0.006
平行度	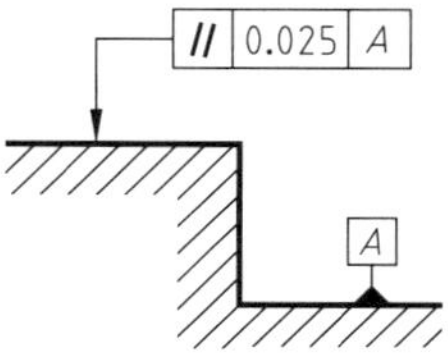 ∥│0.025│A	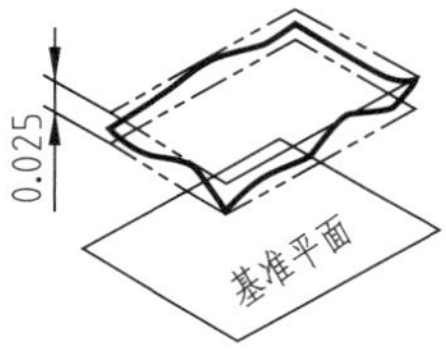 0.025 基准平面

续表

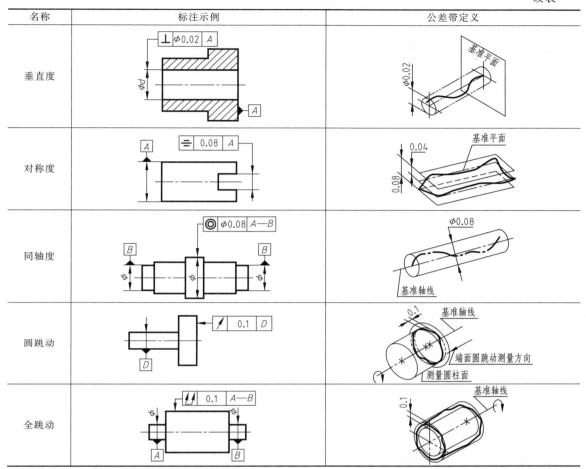

四、形位公差的识读

【例 8-1】 识读图 8-60 所注的各项形位公差,并解释其含义。

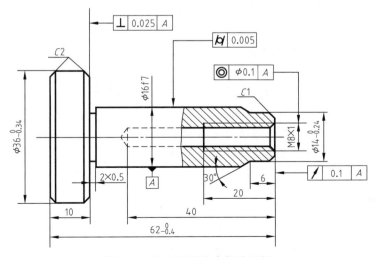

图 8-60 形位公差综合标注示例

| ⌭ | 0.005 | | 表示 ϕ16f7 圆柱面的圆柱度公差为 0.005mm。

| ◎ | ϕ0.1 | A | 表示 M8×1 的孔轴线对 ϕ16f7 圆柱轴线的同轴度公差为 0.1mm。

| ↗ | 0.1 | A | 表示 $\phi14_{-0.24}^{0}$ 的右端面对 ϕ16f7 圆柱轴线的端面圆跳动公差为 0.1mm。

| ⊥ | 0.025 | A | 表示 $\phi36_{-0.34}^{0}$ 的右端面对 ϕ16f7 圆柱轴线的垂直度公差为 0.025mm。

【例 8-2】 如图 8-61 所示为单缸内燃机曲轴，其形位公差标注含义如下。

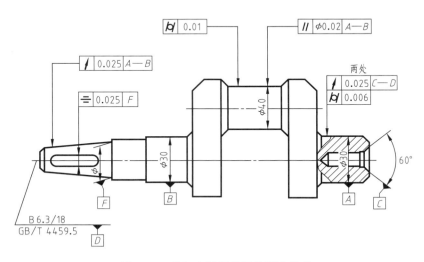

图 8-61 单缸内燃机曲轴的形位公差

| ↗ | 0.025 | A—B | 表示左端锥轴对公共基准线 A—B 的圆跳动公差为 0.025mm。

| ≡ | 0.025 | F | 表示键槽中心平面对锥轴对称平面的对称度公差 0.025mm。

| ⌭ | 0.01 | | 表示 ϕ40 圆柱面的圆柱度公差为 0.01mm。

| ∥ | ϕ0.02 | A—B | 表示 ϕ40 的轴线对公共基准线 A—B 的平行度公差为 0.02mm。

| ↗ | 0.025 | C—D | 表示 ϕ30 的圆柱面对公共基准线 C—D 的径向圆跳动公差为 0.025mm。

| ⌭ | 0.006 | | 表示 ϕ30 的圆柱面的圆柱度公差为 0.006mm。

第八节　看零件图

从事汽车修理工作的一线人员以及有关管理人员，必须具备熟读零件图的能力。要看懂一张零件图，不仅要看懂零件的视图，想象出零件的形状，还要分析零件的结构、尺寸和技术要求的内容。

一、看图的方法

看零件图的基本方法仍然是形体分析法和线面分析法。

较复杂的零件图，由于其视图、尺寸数量及各种代号都较多，初学者看图时往往不知从哪看起，甚至会产生畏惧心理。其实，就图形而言，看多个视图与看三视图的道理一样。视图数量多,主要是因为组成零件的形体较多,所以将表示每个形体的三视图组合起来,加之它们之间有些重叠的部位,图形就显得繁杂了。实际上,对每一个基本形体来说,仍然是只用 2~3 个视图就可以确定它的形状。所以看图时,只要善于运用形体分析法,按组成部分"分块"看,就可将复杂的问题分解成几个简单的问题处理了。

二、看图的步骤

(1) 看标题栏　了解零件的名称、材料、绘图比例等,为联想零件在机器中的作用、制造要求以及有关结构形状等提供线索。

(2) 视图分析　先根据视图的配置和有关标注,判断出视图的名称和剖切位置,明确它们之间的投影关系,进而抓住图形特征,分部分想形状,综合起来想整体。

(3) 尺寸分析　先分析长、宽、高三方向的尺寸基准,再找出各部分的定位尺寸和定形尺寸,搞清楚哪些是主要尺寸。

(4) 分析技术要求　根据表面粗糙度、尺寸公差、形位公差以及其他技术要求,弄清楚哪些是要求加工的表面以及精度的高低等。

(5) 综合归纳　将识读零件图所得到的全部信息加以综合归纳,对所示零件的结构、尺寸及技术要求都有一个完整的认识,这样才算真正将图看懂。

看图时,上述的每一步骤都不要孤立地进行,应视具体情况灵活运用。此外,看图时还应参考有关的技术资料和相关的装配图或同类产品的零件图,这对看图是很有好处的。

三、举例说明看图方法

1. 轴套类零件

【例 8-3】　读曲轴零件图,如图 8-62 所示。

(1) 看标题栏　通过看标题栏可知,零件名称为曲轴,材料为球墨铸铁,数量为 1 件。曲轴是发动机上的一个重要机件,整个机械系统的动力均来自旋转的曲轴传递的发动机的动力。

(2) 视图分析　曲轴零件图选用了两个基本视图和一个断面图。主视图与曲轴加工位置一致,突出显示了曲轴的结构特点和大部分尺寸,左视图反映曲轴扇形板的结构形状及相互位置。断面图表示右端圆锥体上键槽的宽度和深度。左视图上的局部剖视是为了表示主轴颈与曲柄颈间有一个 $\phi 5$ 斜孔供通润滑油用。另在曲柄颈中加工一个 $\phi 28$ 的孔,目的是为了平衡,保证曲轴的平稳运转,此孔的轴线与曲柄颈轴线平行,两者相距 5。

(3) 尺寸分析　主轴颈轴线为零件径向主要尺寸基准,曲柄颈轴线为辅助基准,两基准的联系尺寸为 $57.5^{+0.12}_{\ \ 0}$。曲柄颈 $\phi 65^{\ \ 0}_{-0.019}$、主轴颈 $\phi 70^{\ \ 0}_{-0.019}$ 均以各自轴线为径向基准。长度方向以曲轴左主轴颈的轴承定位端面为主要基准。右主轴颈的轴承定位端面与主要基准之间的距离为 100 ± 0.075,并以它为辅助基准。曲轴上还有两处键槽,两端有 B 型中心孔,右端有外螺纹。

(4) 技术要求　主轴颈、曲柄颈和锥度处尺寸精度和表面结构要求较高;主轴颈有圆柱度要求,曲柄颈有圆柱度和平行度要求,以及左端 $\phi 30\mathrm{mm}$ 圆柱面、右端 $\phi 50\mathrm{mm}$ 圆柱面和圆锥面均有圆跳动要求等。

(5) 综合分析来看懂零件图　在看懂零件形状、结构、尺寸、加工要求等项内容的基础上,结合有关的技术资料,了解它的用途,考虑它的加工,全面读懂零件图。

【例 8-4】　图 8-63 所示为汽车曲轴零件图,为六拐曲轴。

(1) 看标题栏　该零件的名称为曲轴,材料为 QT600-3,为球墨铸铁,比例为 1:3。

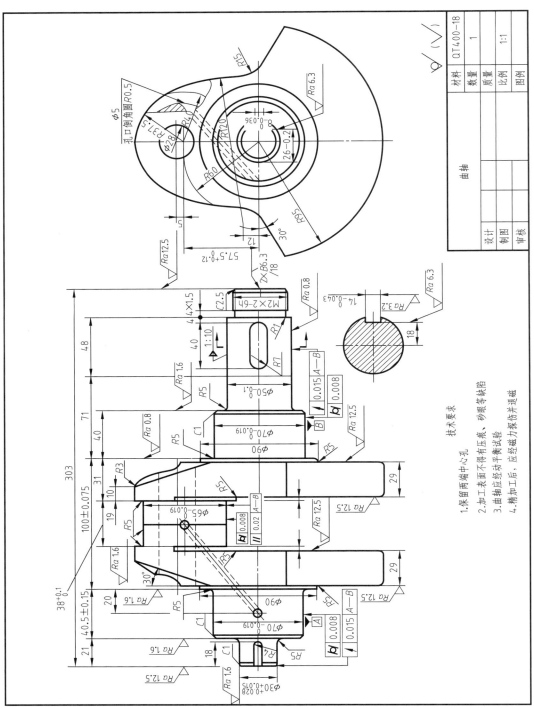

图 8-62 曲轴零件图（一）

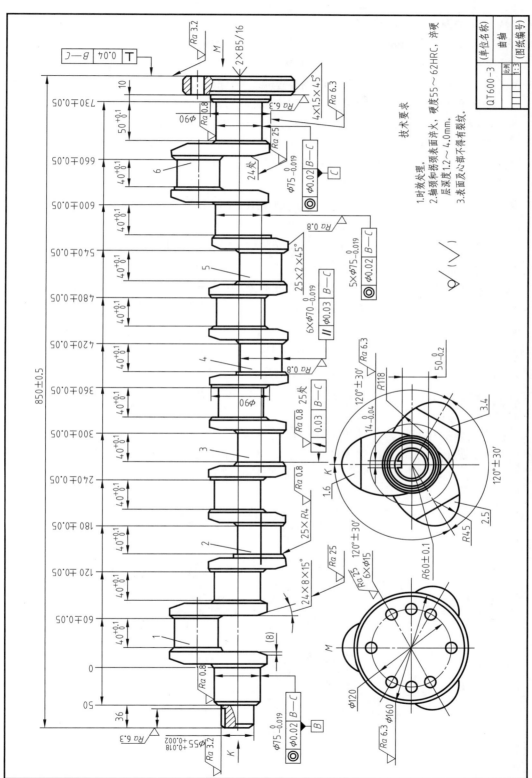

图 8-63 曲轴零件图（二）

(2) 视图分析　零件采用一个主视图、两个向视图进行零件外形的表达。主视图按加工和装配时的位置水平放置，表达该轴由 6 段直径相同并在同一轴线的回转体和 6 个由呈 120°偏置的曲拐组成。其轴向尺寸远大于径向尺寸。采用 K 向左视图表达六曲拐在径向的位置分布，M 向右视图表达 $\phi 160$ 轴端面上 $6 \times \phi 15$ 螺钉孔在 $\phi 120$ 圆周上的分布情况。

(3) 尺寸分析　根据设计要求，左右两端的轴颈 $2 \times \phi 75_{-0.019}^{0}$ 的共同轴线 $B—C$ 为该曲轴的径向尺寸主要基准，用于机械加工时的测量基准。该曲轴总长度为 (850 ± 0.5) mm，在长度方向有 6 个曲轴颈和 6 个曲拐。为保证加工时有效控制每一轴颈和每一曲拐的长度，避免累积误差的影响，以左端第一轴颈 $\phi 75_{-0.019}^{0}$ 的右台阶面为曲轴长度方向的主要基准，为设计加工的 0 点，以同一基准的标注方法标注每个轴颈和曲拐的右台阶面对该台阶面的长度，从左往右数，一直到第 6 个曲拐颈的右端面，第一级的长度为 60mm，公差为 ±0.05mm，以后每增加一个曲轴颈/曲拐颈，长度增加 60mm，公差不变，每一级曲轴颈和曲拐的长度均为 $40_{0}^{+0.1}$，第 6 个曲轴颈的长度由 $40_{0}^{+0.1}$ 变为 $50_{0}^{+0.1}$ 长度增加 10mm，这样第 6 个曲轴颈的右端面至第 1 个曲轴颈右端面的长度为 60mm×11+70mm=730mm，公差仍为 ±0.05mm，如图 8-63 所示。

(4) 技术要求　从图 8-63 中可知，六轴颈 $\phi 75_{-0.019}^{0}$ 对该基准有 $\phi 0.02$ mm 的同轴度要求，六曲拐 $\phi 70_{-0.019}^{0}$ 的轴线对该基准分别有 $\phi 0.03$ mm 的平行度要求，曲轴右端面对该基准有 $\phi 0.04$ mm 的垂直度要求，25 个台阶面对该基准有 $\phi 0.03$ mm 跳动公差要求。标注有极限偏差数值的外圆尺寸，从左至右的 $\phi 55_{+0.002}^{+0.018}$、$\phi 75_{-0.019}^{0}$、$6 \times \phi 70_{-0.019}^{0}$、$5 \times \phi 75_{-0.019}^{0}$、$\phi 75_{-0.019}^{0}$ 都是保证装配质量的尺寸，均有一定的公差要求。标注有极限偏差数值的轴向尺寸 $40_{0}^{+0.1}$、$50_{0}^{+0.1}$ 也都是保证装配质量的尺寸，也均有一定的公差要求。六曲拐关于回转中心均布，分布角度为 120°±30′，曲拐轴线对曲轴中心线的回转半径为 $(R60 \pm 0.1)$ mm。$6 \times \phi 70_{-0.019}^{0}$、$5 \times \phi 75_{-0.019}^{0}$ 轴颈的表面粗糙度值均为 $Ra0.8$，$\phi 55_{+0.002}^{+0.018}$ 轴颈的表面及曲轴右端面的粗糙度值均为 $Ra3.2$。

从"技术要求"中可以看出曲轴毛坯为球墨铸铁件，毛坯要进行外观检查和探伤检验；轴颈和拐颈要进行表面淬火，硬度要求为 55～62HRC，淬硬层深度为 1.2～4mm。

图 8-64～图 8-66 为曲轴飞轮组、曲轴外形及曲轴基本组成。

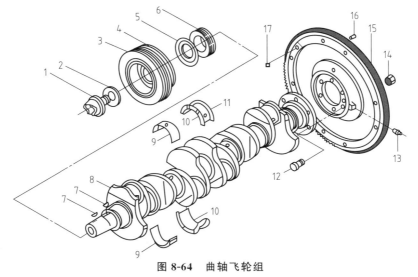

图 8-64　曲轴飞轮组

1—启动爪；2—带盘；3—扭转减振器轴承；4—带轮；5—挡油片；6—正时齿轮；7—半圆键；8—曲轴；9,10—主轴承；11—推力片；12—飞轮螺栓；13—滑脂嘴；14—螺母；15—飞轮；16—离合器盖定位销；17—六缸上止点记号用钢球

图 8-65 曲轴外形

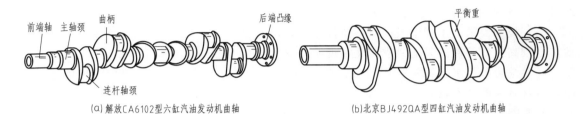

(a) 解放CA6102型六缸汽油发动机曲轴　　(b) 北京BJ492QA型四缸汽油发动机曲轴

图 8-66 曲轴基本结构组成

2. 轮盘类零件

【例 8-5】 读手轮零件图，如图 8-67 所示。

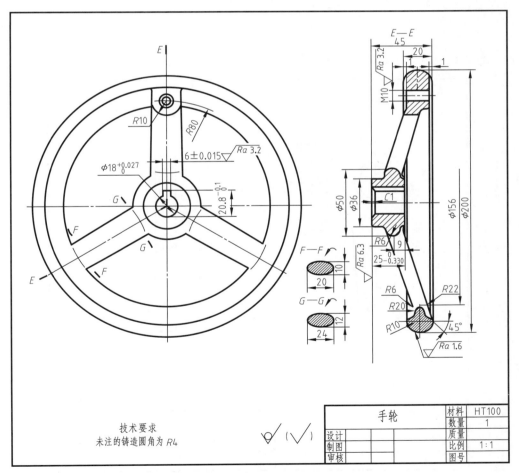

图 8-67 手轮零件图

（1）看标题栏　零件的名称为手轮，材料为 HT100，比例为 1∶1，数量为 1 件。

（2）视图分析　因手轮的加工方向为多方向，因此使主视图与工作位置一致，反映手轮的外形，着重表达轮辐、孔的分布情况。另一图为侧面剖视图，表达螺孔、轮缘、键槽、孔的结构形状。轮辐按规定画成对称形式并不画剖面符号。还有两个断面图反映轮辐断面的变化规律。

（3）尺寸分析　$\phi 18$ 孔轴线为径向（长和高度方向）主要尺寸基准，轴向（宽度方向）主要尺寸基准为轮毂的后端面（$\phi 36$ 圆平面），并以其前端面为轴向辅助基准，联系尺寸为 $25_{-0.330}^{0}$。螺孔的定位尺寸为 $R80$。

（4）技术要求　不切削表面保持铸件原形，切削加工部分才出现尺寸公差要求，表面结构要求也较高。对铸件的其他要求用文字说明。

（5）综合分析来看懂零件图　在看懂零件形状、结构、尺寸、加工要求等项内容的基础上，结合有关的技术资料，了解它的用途，考虑它的加工，全面读懂零件图。

3. 叉架类零件

【例 8-6】　图 8-68 所示为制动杠杆零件图。

（1）读标题栏　该零件的名称是制动杠杆，材料为 ZG270，比例为 1∶1，数量 1 件。

（2）视图分析　该零件选用了主视图和剖视图 2 个图形。主视图表达了制动杠杆的外形结构，剖视图表达了制动杠杆的厚度、销轴孔的大小及相对位置。

（3）尺寸分析　该零件以圆孔 $\phi 10$ 轴线为长度和高度方向基准，尺寸 24、35 均从轴线基准注出。

（4）技术要求　零件结构尺寸不大，但尺寸精度、表面结构要求很高，材料性能要求也较

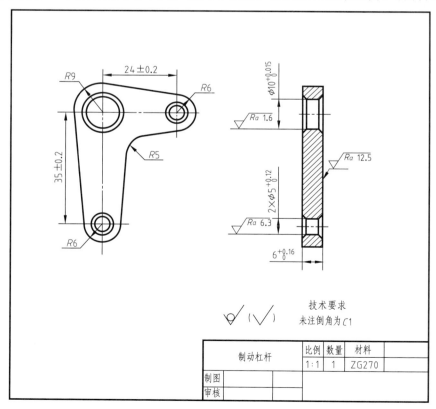

图 8-68　制动杠杆零件图

高，是制动系统中较重要的零件。

【例 8-7】 识读连杆体的零件图（图 8-69）。

(1) 读标题栏　该零件的名称是连杆体，是连接支承轴的，材料为 40Cr，比例为 1∶2，数量 1 件。

(2) 视图分析　该零件选用了 4 个图形。主视图表达了连杆外形结构，其中局部剖视图表达了螺栓孔内部结构；俯视图表达了杆身的结构和小头的内部结构；左视图表达了连杆大头端部结构；断面图表达了连杆杆身的断面形状。

连杆由连杆小头、工字型断面的杆身和连杆大头组成。连杆小头孔径为 $\phi 29.49^{+0.033}_{0}$。连杆大头为半圆，孔直径为 $\phi 65.5H6$。其中，两小孔 $2\times\phi 10$ 为杆大头与连杆盖连接的螺栓孔。

(3) 尺寸分析　该零件的长度基准为连杆小头内径的轴线；宽度和高度基准为连杆对称中心线。

(4) 技术要求　技术要求中有表面结构、形位公差、未注铸造圆角 $R3 \sim R5$、未注倒角 C1、未注尺寸公差按 IT11 和 $\phi 65.5H6$ 与连杆盖配作等要求。

通过以上分析可以看出，该零件尺寸不大，但结构复杂（形位精度及表面精度要求较高，材料性能要求也较高），是汽车发动机中的重要零件。

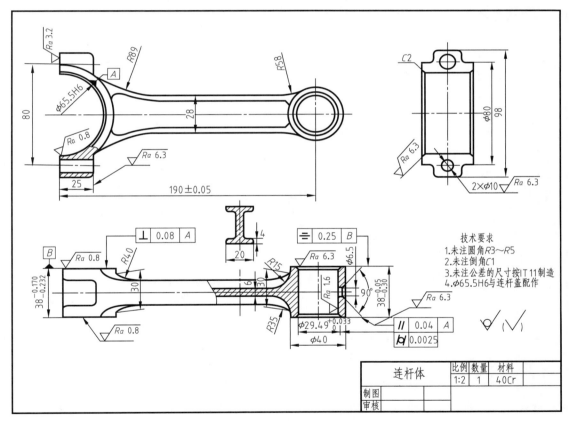

图 8-69　连杆体零件图

4. 箱体类零件

【例 8-8】　读转向器壳体零件图，如图 8-70 所示。

(1) 看标题栏　通过标题栏可知零件名称为转向器壳体，材料为 KTH350-10，比例为 1∶3，数量为 1 件。

(2) 视图分析　壳体类零件的主视图，一般都按工作位置安放，而其投射方向充分显示出零件的形状特征。由此可知零件图上部中间的视图为主视图，表达了壳体上半部的端面形状和下半部的圆柱筒。左视图 $A—A$ 为半剖视图，表示了面板的形状、箱体左边的外形、斜凸台的位置和倾斜角度、安装螺母和扇形齿轮等零件的空腔形状等。俯视图 $B—B$ 为半剖视图，表达了面板、球头圆柱体突起、斜凸台等部分的相互关系和圆柱体突起在内部的位置。右视图 $C—C$ 为半剖视图，表达了壳体右面的外形和面板里面的形状。D 向视图表示了主视图剖去的外部方板形状。E 向斜视图表示凸台端面形状。

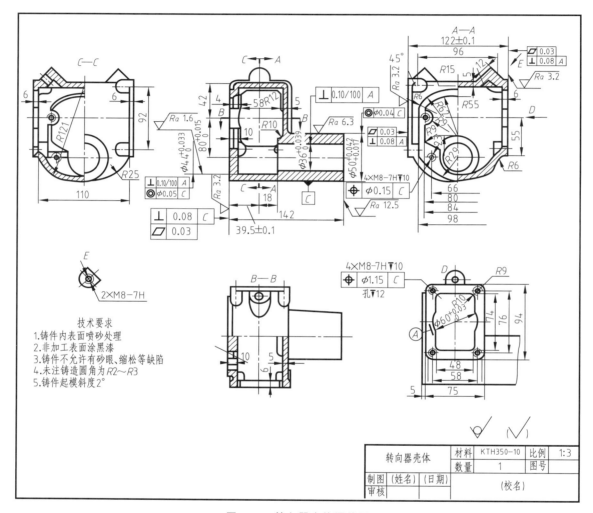

图 8-70 转向器壳体零件图

(3) 尺寸分析　该壳体长度方向基准是面板左端面，宽度方向基准为对称中心面，高度方向基准是圆柱筒轴线，高度方向的辅助基准是带孔方板上 $\phi 60_0^{+0.03}$ 孔的轴线，两者联系尺寸是 $80_0^{+0.015}$，定形、定位尺寸由读者自行分析。

(4) 技术要求　该零件需要加工的表面较多，对各方面精度要求也较高。加工表面的 Ra 值最小的是 1.6。其他技术要求读者自行分析。

【例 8-9】　图 8-71 和图 8-72 分别为汽车用前右支架零件图和立体图，前右支架和前左支架是对称安装在汽车上的零件，一般只画一张零件图，是用来支撑发动机的，安装时一端连接发动机另一端连接减震元件。一般使用在吨位 18～32t 之间的重型卡车（比如斯太尔汽车）上，图形分析方法同上，读者自行分析，这里不再赘述。

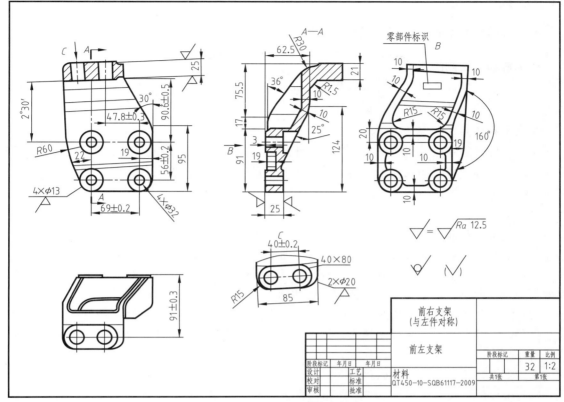

图 8-71 汽车前右支架零件图

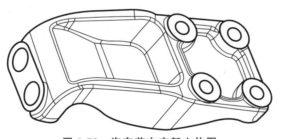

图 8-72 汽车前右支架立体图

第九节 零件测绘

对实际零件凭目测徒手画出图形，测量并记录尺寸，提出技术要求以完成草图，再根据草图画出零件图的过程，称为零件测绘。在仿造机器和修配损坏零件时，一般都要进行零件测绘。

由于零件草图是绘制零件图的依据，必要时还要直接根据它制造零件，因此，一张完整的零件草图必须具备零件图应有的全部内容。要求做到：图形正确，尺寸完整，线型分明，字体工整，并注写出技术要求和标题栏的相关内容。以图 8-73 所示轴为例，说明零件测绘的

图 8-73 轴的轴测图

步骤。

一、零件测绘的方法和步骤

1. 了解和分析测绘对象

首先应了解零件的名称、材料以及它在机器或部件中的位置、作用及与相邻零件的关系，然后再对零件的内外结构形状进行仔细分析。

2. 确定表达方案

在对零件进行观察、分析的基础上，按零件的工作位置、加工位置以及尽量多地反映形状特征的原则，确定主视图的投射方向，再根据零件的复杂程度选择其他视图。

3. 绘制零件草图

（1）绘制图形　根据确定的表达方案，徒手画出图形（一般用方格纸绘制）。绘制图形的步骤，如选取（目测）比例、布图、起底稿、描深图线等，与前面介绍的画图步骤相同，不再多述。但需注意两点：①零件上的制造缺陷（如砂眼、气孔等），以及由于长期使用造成的磨损、碰伤等，均不应画出。②零件上的细小结构（如铸造圆角、倒角、倒圆、退刀槽、砂轮越程槽、凸台和凹坑等）必须画出（或按规定注明）。

（2）标注尺寸　先选定基准，再标注尺寸。具体应注意三点：①先集中画出所有的尺寸界线、尺寸线和箭头，然后再依次测量、逐个记入尺寸数字。②零件上标准结构（如键槽、退刀槽、销孔、中心孔、螺纹等）的尺寸，必须查阅国家标准，并予以标准化。③与相邻零件相关的尺寸（如孔的定位尺寸和配合尺寸等）必须一致。

（3）注写技术要求　零件上的表面粗糙度、尺寸公差和形位公差等技术要求，通常可采用类比法给出。具体应注意三点：①主要尺寸要保证其精度，并给出公差。②有相对运动的表面及对形状、位置要求较严格的线、面等要素，要给出既合理又经济的粗糙度和形位公差要求。③有配合关系的孔与轴，必要时应查阅与其相结合的轴与孔的相应资料（装配图或零件图），核准配合制度和配合性质。

只有这样，经测绘而制造出的零件，才能顺利地装配到机器上去并达到其功能要求。作图步骤如图 8-74 所示。

（4）填写标题栏　一般可填写零件的名称、材料及绘图者的姓名和完成时间等。

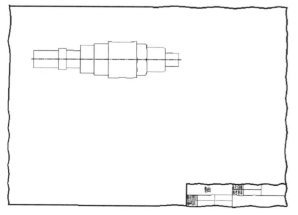
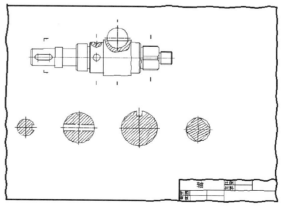

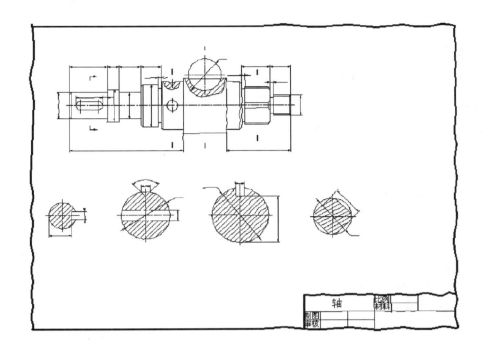

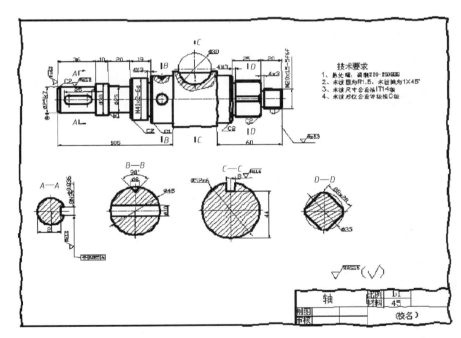

图 8-74 轴的测绘步骤

4. 根据零件草图画零件图

草图完成后，便要根据它绘制零件图。

二、零件尺寸的测量方法

测量尺寸是零件测绘过程中一个很重要的环节，尺寸测量得准确与否，将直接影响机器的装配和工作性能，因此，测量尺寸要谨慎。

测量时，应根据对尺寸精度要求的不同选用不同的测量工具。常用的量具有钢直尺，内、外卡钳等；精密的量具有游标卡尺、千分尺等；此外，还有专用量具，如螺纹样板、圆角规等。

零件上常见几何尺寸的测量方法，见表 8-11。

表 8-11 零件尺寸的测量方法

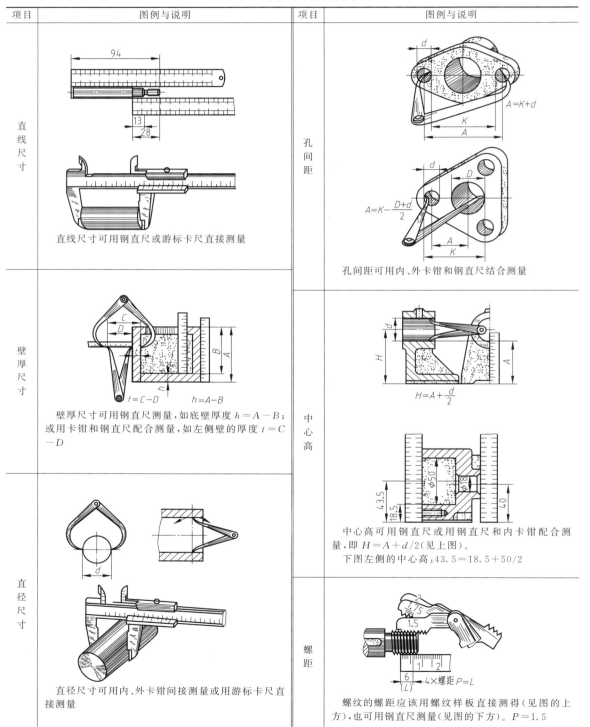

续表

项目	图例与说明	项目	图例与说明
齿顶圆直径	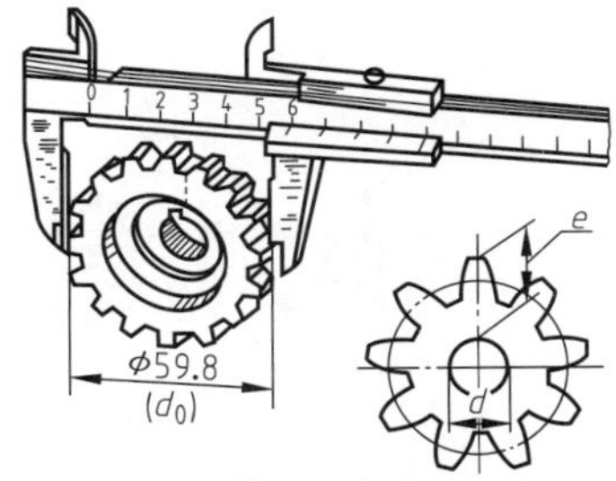 偶数齿,齿轮的齿顶圆直径可用游标卡尺直接测得（见上图）；奇数齿可间接测量（见下图）	曲面曲线的轮廓	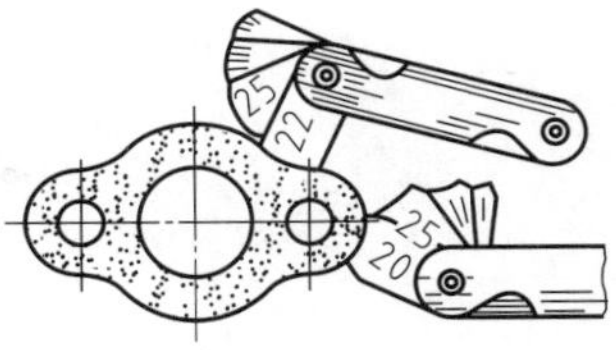 用半径样板测量圆弧半径
曲面曲线的轮廓	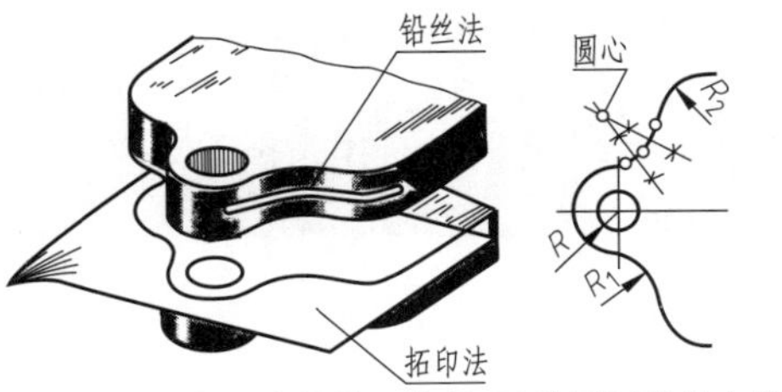 对精确度要求不高的曲面轮廓,可以用拓印法在纸上拓印出它的轮廓形状,然后用几何作图的方法求出各连接圆弧的尺寸和圆心位置		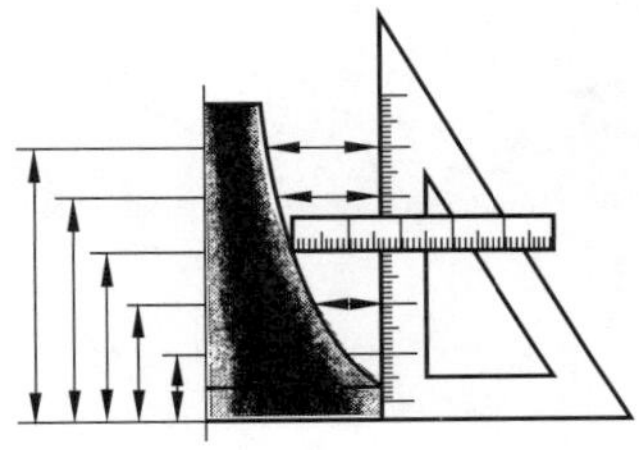 用坐标法测量非圆曲线

第九章

汽车装配图

第一节　装配图的作用和内容

任何一辆汽车都是由若干部件和零件构成的，而部件也是由若干零件按一定的装配关系和技术要求装配而成的。现代汽车结构复杂、零件种类繁多，在汽车设计、检验、安装、使用、维修以及改进、仿制时都要用到装配图。

一、装配图的作用

装配图主要表达车辆或部件的工作原理、性能要求、各零件间的连接及装配关系和主要零件的结构形状，以及在装配、检验、安装时所需的尺寸数据和技术要求。

在设计机器或部件过程中，一般先根据设计思想画出装配示意图，再根据装配示意图画出装配图，然后根据装配图进行零件设计并画出零件图。

在生产过程中，根据零件图进行加工、检验，再依据装配图将零件装配成部件或整车，装

(a) 活塞连杆组

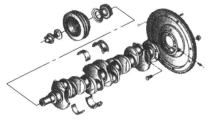

(b) 曲轴飞轮组

图 9-1　曲轴连杆机构轴测图

图 9-2　滑动轴承的轴测图

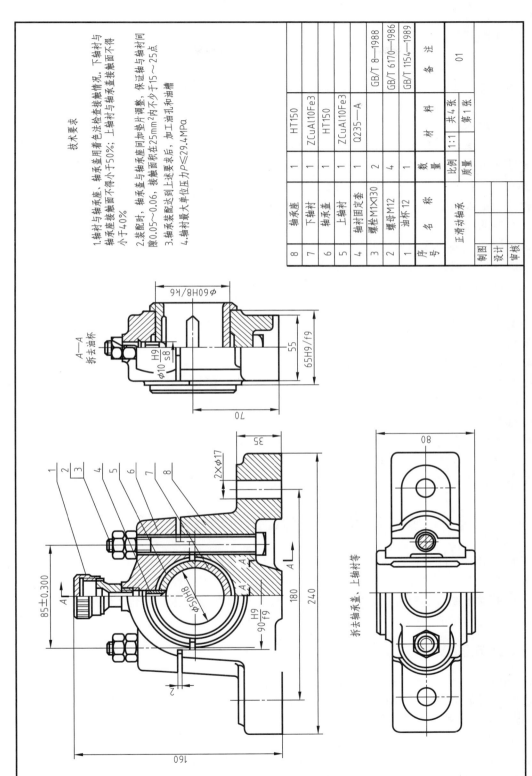

图 9-3 正滑动轴承装配图

配图是制定装配工艺规程，进行装配、检验的主要技术文件。

在机器使用及维修时，装配图是安装、调试、操作、检修机器和部件的重要依据。

二、装配图的内容

汽车上曲轴的支撑、曲轴与连杆的连接，都要用到滑动轴承，如图 9-1 所示。图 9-2 为滑动轴承轴测图；图 9-3 为正滑动轴承装配图，由图中可以看出一张完整的装配图应具有以下内容。

1. 一组视图

用一组视图（一般或特殊表达法）完整、清晰、准确地表达装配体（机器或部件）的工作原理和结构特点、各零件的相互位置及装配关系、重要零件的主要结构形状。

图 9-3 中采用了三个基本视图，由于结构基本对称，所以三个视图均采用了半剖视图，这就比较清楚地表达了轴承盖、轴承座和上下轴衬的装配关系。

2. 必要的尺寸

在装配图上必须标出表示装配体的性能、规格以及在装配、检验、安装、运输时所需的尺寸。如图 9-3 中轴孔直径 $\phi 50H8$ 为规格尺寸，180、$2\times\phi 17$ 等为安装尺寸，$\phi 60H8/k6$、$90H9/f9$ 等为装配尺寸，240、160、80 为总体尺寸。

3. 技术要求

用文字或代号说明车辆或部件的性能以及在装配、检验、安装、调试时所需达到的技术条件和要求。

4. 零件（或部件）序号和明细栏

在装配图上，应对每个不同的零件（或组件）编写序号，在明细表中依次填写对应零件（或组件）的序号、名称、数量、材料、图号及标准件的规格、标准代号等内容。

5. 标题栏

标题栏的内容有：机器或部件的名称、绘图比例、重量、图号及设计、制图、校核、审核人员的签名和设计单位等。绘图及审核人员签名后就要对图纸的技术质量负责，因此我们画图时必须细致、认真。

第二节　装配图的表达方法

前面介绍的零件的各种表达方法，如视图、剖视图、断面图、局部放大图等，同样适用于装配图。但由于装配图的重点是表达机器或部件的工作原理、性能要求、各零件间的连接及装配关系和主要零件的结构形状，并不要求把零件的形状完全表达，因此，国家标准对装配图的画法做了专门的规定。

一、规定画法

1）相邻两零件的接触表面和配合表面只画一条公用的轮廓线；两零件的不接触表面和非配合表面画两条轮廓线（画出两表面各自的轮廓线）。若间隙过小时，可采用夸大画法。如图 9-4 中键的两侧与轴的键槽两侧面为配合面，所以只画一条线，键上面与孔键槽的底面为不接触面，所以应画两条线；图 9-5 中零件光孔和螺杆不接触，应画两条线。

2）两个以上的金属零件相互邻接时，剖面线的倾斜方向应相反，或方向相同但间隔不同；同一零件在各视图上的剖面线方向和间隔必须一致，如图 9-4、图 9-5 所示。当零件厚度在 2mm 以下时，允许以涂黑代替剖面线，如图 9-7 中的垫片。

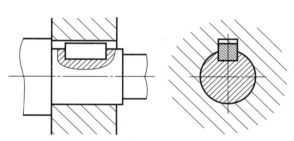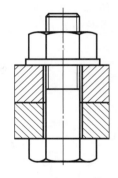

图 9-4　接触面与非接触面图　　　　图 9-5　几个相邻零件剖面线的画法

3) 对于螺钉、螺母、垫圈等紧固件以及轴、手柄、球和杆等实心零件,若按纵向剖切,且剖切平面通过其对称平面或轴线时,这些零件均按不剖绘制,如图 9-4 中主视图中的键,图 9-5 中的螺栓、螺母、垫圈。如需要特别表明零件的凹槽、键槽、销孔等结构时,可采用局部剖视表示,如图 9-4 主视图中轴的局部剖。

扫描二维码可观看相关视频。

二、特殊表达方法

1. 拆卸画法

当某些零件遮住了其后面需要表达的零件时,或在某一视图上不需要画出某些零件时可假想将这些零件拆去,只画出所需表达部分的视图,用拆卸画法画图时,应在视图上方标注"拆去件××"等字样,如图 9-3 中俯视图和左视图。

2. 假想画法

1) 在机器(或部件)中,有些零件作往复运动、转动或摆动。为了表示运动零件的极限位置或中间位置,常把它画在一个极限位置上,再用细双点画线画出其余位置的假想投影,以表示零件的另一极限位置,并注上尺寸,如图 9-6 主视图所示。

2) 为了表示装配体与其他零(部)件的安装或装配关系,常把与该装配体相邻而又不属于该装配体的有关零(部)件的轮廓线用细双点画线画出,如图 9-6 中的主轴箱。

3. 展开画法

为了表达传动系统的传动关系及各轴的装配关系,假想将各轴按传动顺序,沿它们的轴线剖开,并展开在同一平面上。这种展开画法在表达机床的主轴箱、进给箱、汽车的变速箱等装置时经常运用,展开图必须进行标注,如图 9-6 左视图所示。

4. 夸大画法

在装配图中,非配合面的微小间隙、薄片零件、细丝弹簧等,若按其实际尺寸很难画出或难以明显表示时,均可不按比例而采用夸大画法画出。如图 9-4 中键与键槽孔之间的间隙、图 9-5 中螺杆和光孔之间的间隙都采用了夸大画法。

5. 沿结合面剖切的画法

在装配图中,当需要表达某内部结构时,可假想在某两个零件结合面处剖切后画出投影。此时,零件的结合面不画剖面线,被横向剖切的轴、螺杆、销等实心杆件要画出剖面线,如图 9-3 俯视图、图 9-7 中 A—A 视图。

6. 单独表示某个零件的画法

在装配图上,如需要表达某个零件的结构形状时,可单独画出该零件的某一视图,但必须在该视图上方注出零件的名称,在相应视图的附近用箭头指明投影方向,并注上相同的字母,如图 9-7 所示,B 向为转子油泵中泵盖的零件图。

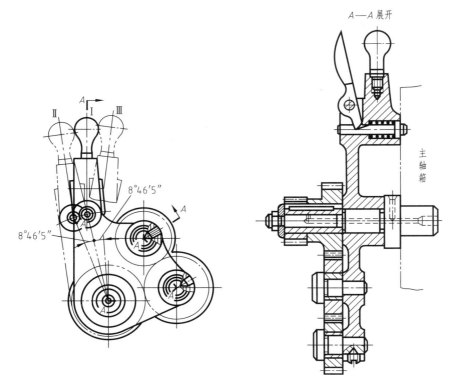

图 9-6 三星轮系展开画法

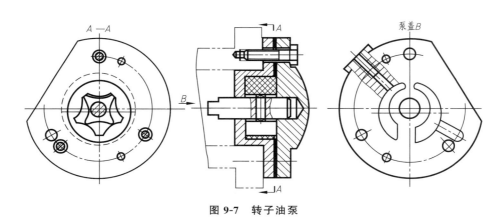

图 9-7 转子油泵

三、简化画法

1)对于装配图中若干相同的零件组(如螺栓连接),可仅详细地画出一组或几组,其余只需用细点画线表示装配位置,如图 9-8(a)所示。

2)在装配图中,零件的某些工艺结构,如倒角、圆角、退刀槽等允许不画。螺栓头部和螺母也允许按简化画法画出,如图 9-8(b)所示。

3)在装配图中,可用粗实线表示带传动中的带,如图 9-8(c)所示;用细点画线表示链传动中的链,如图 9-8(d)所示。

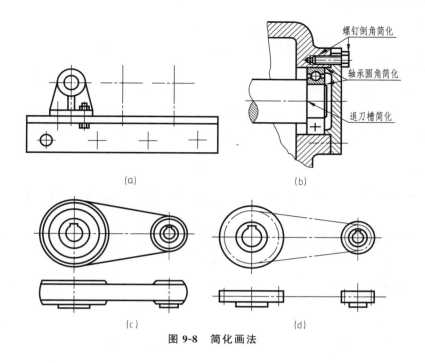

图 9-8 简化画法

第三节　装配图的尺寸标注和技术要求

一、尺寸标注

装配图的作用与零件图不同，所以在装配图中不必把制造零件所需的尺寸都标出来，只要求标注出与装配体（机器或部件）性能、装配、安装、检验、运输等有关的尺寸。装配图中的尺寸可分为以下几类。

（1）性能（或规格）尺寸　性能（或规格）尺寸是表示装配体的性能或规格的尺寸。这类尺寸是该装配体设计画图前就已确定，是设计或使用机器的依据。例如图 9-3 滑动轴承的孔径 $\phi50H8$。

（2）装配尺寸　表示装配体各零件之间装配关系的尺寸，一般用配合代号注出。例如图 9-3 中 90H9/f9、65H9/f9 等。

（3）安装尺寸　将装配体安装到地基或其他设备上所需要的尺寸。例如图 9-3 中的 180、$2\times\phi17$ 等。

（4）外形尺寸　装配体在长、宽、高三个方向上的最大尺寸，它们提供了装配体在包装、运输和安装过程中所占的空间大小。例如图 9-3 中的 240、80、160 等。

（5）其他重要尺寸　在设计中经过计算或根据某种需要而确定的，但又不属于上述几类尺寸的一些重要尺寸。例如图 9-3 中的尺寸 2。

上述五类尺寸，彼此间往往有某种关联，即有的尺寸往往同时具有几种不同的含义，如图 9-3 所示主视图上的 240，它既是总体尺寸，又是零件的主要尺寸。此外，在一张装配图中也不一定都要标全这五类尺寸，在标注时应根据装配体的构造情况，具体分析而定。

二、技术要求

不同性能的装配体，其技术要求各不相同。拟定技术要求时，一般可以从以下几个方面考虑：

（1）装配要求　指装配体在装配过程中需注意的事项及装配后应达到的要求，如准确度、装配间隙、润滑要求等。

（2）检验要求　指对装配体基本性能的检验、试验及操作时的要求。

（3）使用要求　指对装配体的规格、参数及维护、保养、使用时的注意事项及要求。

装配图中的技术要求，通常用文字书写在明细栏的上方或图纸下方的空白处，如图9-3所示。

第四节　装配图上的零部件序号和明细栏

为了便于读图和图样管理，装配图上所有的零、部件必须编写序号，并在标题栏上方编制相应的明细栏。

一、编写序号的方法

1. 一般规定

1）装配图中所有的零、部件都必须编写序号，并与明细栏中的序号一致。

2）装配图中相同的零件、部件用一个序号，一般只标注一次，其数量填在明细栏内。

3）装配图上的标准化部件（如油杯、滚动轴承、电动机等），在图中可看作一个整体被当做一个件，只编写一个序号。

2. 序号的注写形式

1）在所指零、部件的可见轮廓内画一圆点，然后从圆点开始画指引线（细实线），在指引线的另一端附近直接注写序号，序号的字高比该装配图中所注写尺寸数字高度大一号或两号，如图9-9（a）所示。

2）在指引线的另一端画一水平线或圆（细实线），在水平线上或圆内注写序号，序号的字高比该装配图中所注写尺寸数字高度大一号或两号，如图9-9（b）所示。

3）若所指部分（很薄的零件或涂黑的剖面）可见轮廓内不便画圆点时，可在指引线的末端画出箭头，并指向该部分的轮廓，如图9-9（c）所示。

在同一张装配图中，编写序号的形式应一致。

3. 指引线的画法

指引线相互不能相交，当通过剖面线的区域时不能与剖面线平行。必要时，指引线可以画成折线，但只可曲折一次。

一组紧固件以及装配关系清楚的零件组，可采用公共指引线编号，如图9-10所示。

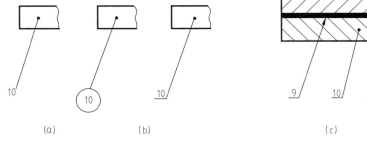

图9-9　序号的注写形式

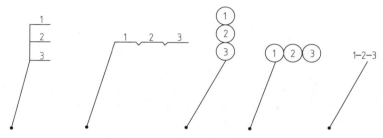

图 9-10 紧固件的编号形式

4. 序号的排列

按水平或垂直方向排列整齐,并按顺时针或逆时针的顺序排列,如图 9-3 所示。

具体编写序号时可采用这样的顺序:在需要编号的零、部件的可见轮廓内画一圆点,然后画出指引线和横线(或圆),检查无重复、无遗漏时,再统一填写序号(数字),这样可避免出错。

二、明细栏

明细栏是装配体全部零件的详细目录,表中填有零件的序号、代号、名称、数量、材料、重量、备注等,可按实际需要增加或减少,格式如图 9-11 所示。

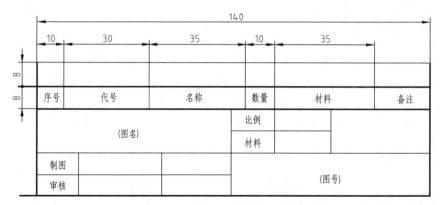

图 9-11 明细栏格式

明细栏一般配置在装配图中标题栏的上方,明细栏内零件序号自下而上按顺序填写,如图 9-3 所示。当位置不够时明细栏的一部分可以移放在标题栏的左边继续填写,如图 9-3 所示。需要注意的是,明细栏和标题栏的分界线是粗实线,明细栏的外框是粗实线,明细栏的横线和内部竖线均为细实线,最上面一条横线也为细实线,便于补画遗漏的零件。

明细栏中所填零件序号应和装配图中所编零件的序号一致。因此,应先编零、部件序号再填明细栏。

第五节 常见的装配工艺结构

了解装配体上一些有关装配的工艺结构和常见装置,可使图样画得更合理,以满足装配要求。并且在读装配图时,也有助于理解零件间的装配关系和零件的结构特征。

一、装配工艺结构

保证接触面与配合面结构合理性的措施如下。

1) 两个零件在同一个方向上,只能有一个接触面或配合面。这样,既可保证接触面达到良好的接触,又便于零件的加工制造,如图9-12所示。

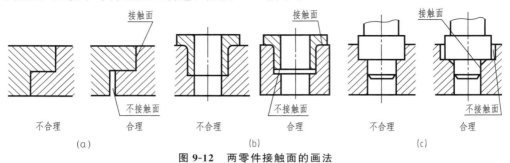

图 9-12　两零件接触面的画法

2) 轴肩面和孔端面相接触时,应在孔的接触端面加工成倒角,或在轴肩处制成倒圆或加工出退刀槽,以保证孔的端面与轴肩面的接触良好,如图9-13所示。

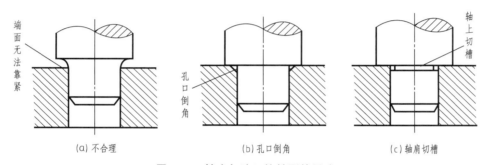

图 9-13　轴肩与孔口接触面的画法

3) 为使螺栓、螺钉、垫圈等紧固件与被连接件接触良好,减少加工面积,应把被连接件表面加工成凸台或凹坑,如图9-14所示。

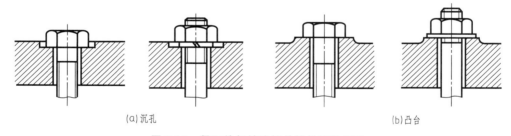

图 9-14　紧固件与被连接件接触面的画法

4) 为了保证两零件在装拆前后不致降低装配精度,通常用圆柱销或圆锥销将两零件定位。为了加工和拆装的方便,在可能的条件下,最好将销孔制成通孔,如图9-15、图9-16(a)、图9-16(b)所示为紧定螺钉连接。

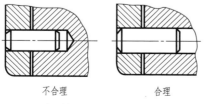

图 9-15　销连接拆卸结构的合理性

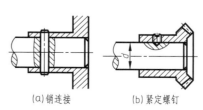

图 9-16　销连接和紧定螺钉连接

5）考虑维修、安装、拆卸的方便，应注意以下问题。

当零件用螺纹紧固件连接时，应考虑到拆装的方便与可能，要留足拆装的活动空间，如图9-17所示。

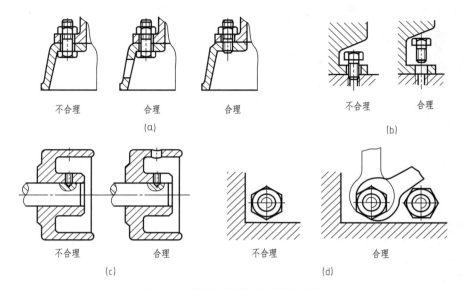

图 9-17　螺纹紧固件的装配合理性

零件在用轴肩或孔肩定位时，应注意维修时拆装的方便与可能，如图9-18所示。

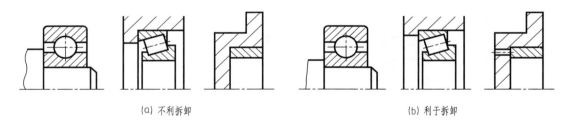

图 9-18　装配结构要便于拆卸

二、机器上的常见装置

（1）螺纹防松装置　为了防止机器在工作中由于振动而使螺纹紧固件松开，常采用双螺母、弹簧垫圈、止动垫圈、开口销等防松装置，如图9-19所示，其中（a）、（b）为摩擦防松结构，（c）～（f）为机械防松结构，（g）、（h）为永久防松结构。

（2）滚动轴承的固定装置　为了防止滚动轴承产生轴向窜动，必须采用一定的结构来固定其内、外圈。常用的轴向定位结构形式有：轴肩、台肩、弹性挡圈、端盖凸缘、圆螺母和止动垫圈、轴端挡圈、轴套固定等，如图9-20～图9-23所示。

滚动轴承间隙的结构调整非常重要，滚动轴承与轴在高速旋转时会引起发热和鼓胀，为防止发热、鼓胀使轴承转动不灵活或卡住，常常在轴承和轴承端盖之间留有适量的间隙（一般为0.2～0.3mm），常用的方法有更换厚度不同的调整垫片（如图9-24a所示）或采用螺钉调整止推盘（如图9-24 b所示）。

（3）密封装置

① 垫片密封结构　密封垫片的两端应分别与被密封件端面接触，结构表达如图9-25所示。

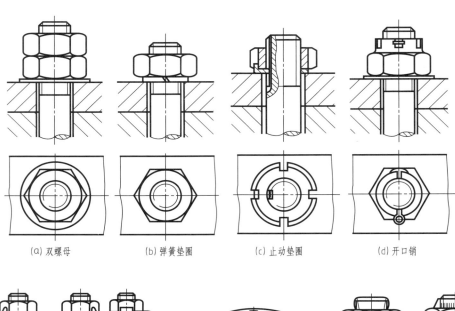

(a) 双螺母　　(b) 弹簧垫圈　　(c) 止动垫圈　　(d) 开口销

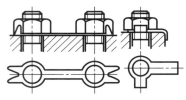
(e) 止动垫圈

(f) 串联钢丝

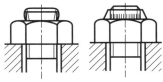
(g) 铆冲防松　　(h) 焊接防松

图 9-19　螺纹防松装置

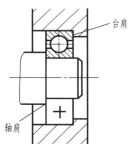
(a) 用轴肩固定轴承内、外圈

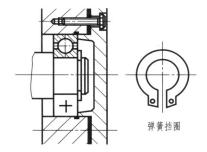
(b) 用弹簧挡圈固定轴承内圈、端盖凸缘固定轴承的外圈

图 9-20　滚动轴承内、外圈的轴向定位

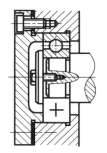

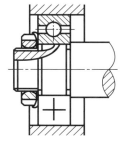

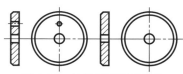

图 9-21　轴端挡圈固定结构

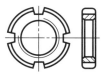

图 9-22　圆螺母及止动垫圈的固定结构

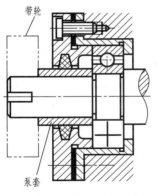

图 9-23 用轴套固定结构

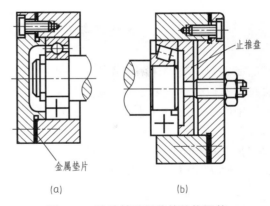

图 9-24 滚动轴承间隙的结构调整

② 填料密封结构 填料密封结构的主要作用,是通过对填料的预紧或挤压,封住孔与轴之间的间隙来达到密封效果的,其结构形式较多,如图 9-26 所示。

③ 滚动轴承的密封 为了防止外部的杂质和水分进入轴承以及轴承润滑剂渗漏,滚动轴承应进行密封。常用的密封件已经标准化了,如皮碗、毡圈、圈槽、油沟等,如图 9-27 所示。

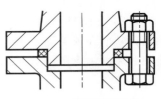

图 9-25 垫片密封结构

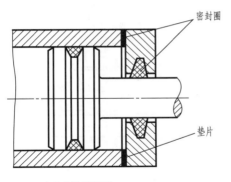
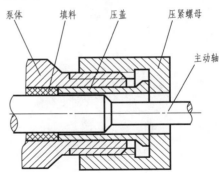

图 9-26 填料密封结构

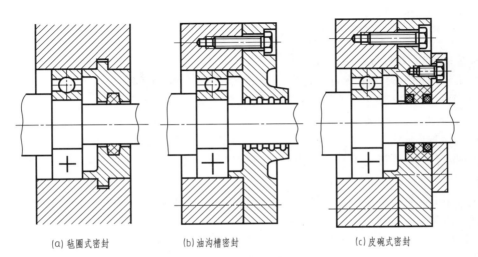

图 9-27 密封装置

第六节 装配图的画法

装配图要表达出装配体的工作原理、装配关系和主要零件的结构形状。画装配图与画零件图的方法步骤类似,首先要了解装配体的工作原理和装配关系,其次要了解每种零件的数量及其在装配图中的功用及与其他零件之间的装配关系等,并且要熟悉每个零件的结构,想象出零件的投影视图。

【例 9-1】 以安全阀为例讲解装配图的画法。

1. 安全阀的工作原理和结构分析

安全阀是介质(油或其他液体)管路中的一个部件,用以使过量的油(或液体)流回到油箱中,以确保管路安全。工作时,阀门 12 在弹簧 11 的压力下关闭,油从阀体 13 右端孔流入、从下部孔流出至工作部件。当管路由于某种原因获得过量油而致使压力增大,并且超出弹簧压力时,阀门 12 即被打开,过量的油从阀体 13 和阀门 12 之间的间隙中流出,从左端管道流入油箱,从而保证管路安全。当压力下降后,弹簧 11 又将阀门 12 压下,使之关闭。安全阀的轴测图和装配示意图如图 9-28 所示。图 9-29、图 9-30 为安全阀零件图。

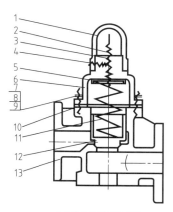

(a) 安全阀的轴测图　　　　　　　　(b) 安全阀装配示意图

图 9-28　安全阀

1—阀帽;2,8—螺母;3—螺杆;4—紧定螺钉;5—弹簧托盘;6—阀盖;
7—双头螺柱;9—垫圈;10—垫片;11—弹簧;12—阀门;13—阀体

2. 安全阀装配结构的表达方案

(1) 主视图的选择　要选好装配图的主视图,应注意以下问题。

1) 一般将机器或部件按工作位置或习惯位置放置。

2) 应选择最能反映装配体的主要装配关系、传动路线和外形特征的那个视图作为主视图。

(2) 其他视图的选择　主视图选定以后,对其他视图的选择考虑以下几点。

1) 分析还有哪些装配关系、工作原理及零件的主要结构形状还没有表达清楚,从而选择适当的视图以及相应的表达方法。

2) 尽量用基本视图和在基本视图上作剖视(包括拆卸画法、沿零件结合面剖切的画法等)来表达有关内容。

3) 要注意合理地布置视图位置,使图形清晰、布局匀称,以方便看图。

确定装配体的表达方案时,可以多设计几套方案,通过分析再选择比较理想的表达方案。

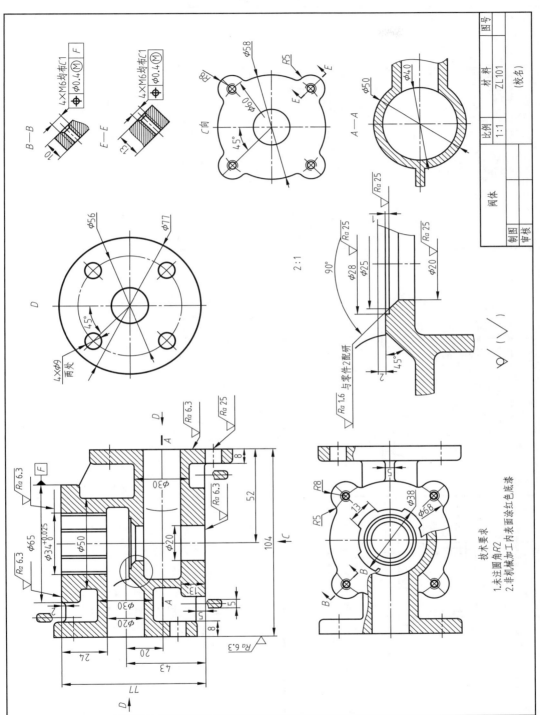

图 9-29 阀体零件图

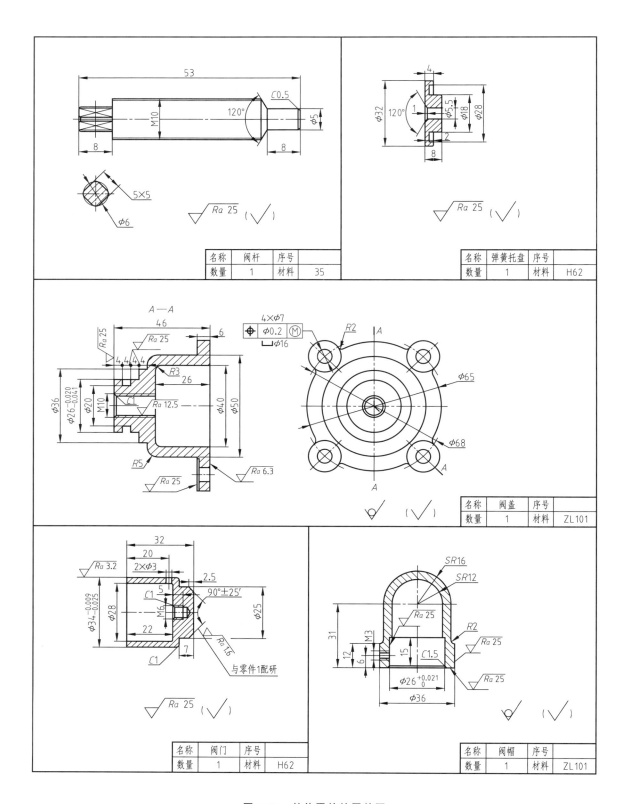

图 9-30 其他零件的零件图

根据图 9-28 安全阀的装配示意图，确定其表达方案为：以能表达安全阀的形状结构和工作位置的一面作为主视图，并采用全剖视，把安全阀的主要零件之间的相对位置、装配关系及连接方式等表达出来。由于结构对称，所以俯视图采用了沿结合面剖切的半剖视图（其中视图部分有两个局部剖视的表达），左视图采用了半剖加局部剖的表达方法，表达了凸台等其他外形结构，最终方案如图 9-31 所示。

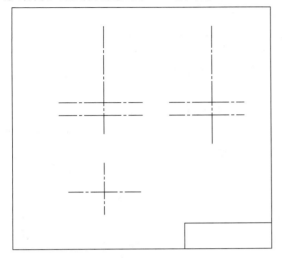

(a) 画基准线

(b) 画阀体和阀盖

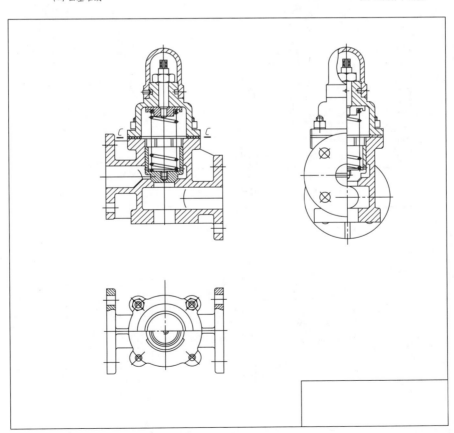

(c) 画其他细小结构

图 9-31　安全阀的画图步骤

3. 安全阀的画图步骤

1) 首先要定好比例，选定图幅。
2) 画出图框、标题栏和明细栏外框。
3) 依据确定的表达方案，布置视图。
4) 绘制各视图的主要基准线。主要基准线一般是指主要的轴线（装配干线）、对称中心线、主要零件的基面或端面等，如图 9-31（a）所示。
5) 绘制主体结构和与之相关的重要零件。不同的装配体，其主体结构不尽相同，但在绘图时都应首先绘制出主体结构的轮廓。与主体结构相连接的重要零件要相继画出。

安全阀的主要零件是阀体，画出阀体的主要轮廓线后，接着按照安装顺序依次画出阀门、阀盖、阀帽等的轮廓线，见图 9-31（b）。

6) 依次画出其他次要零件和细部结构，要保证各零件之间的正确装配关系、连接关系，如图 9-31（c）所示。对于机械上的连接方式，用螺纹连接是很普遍的，每种螺纹连接及其所在的装配体中的部位一定要表达清楚。对不同种类的螺纹连接以及键连接、销连接、齿轮啮合

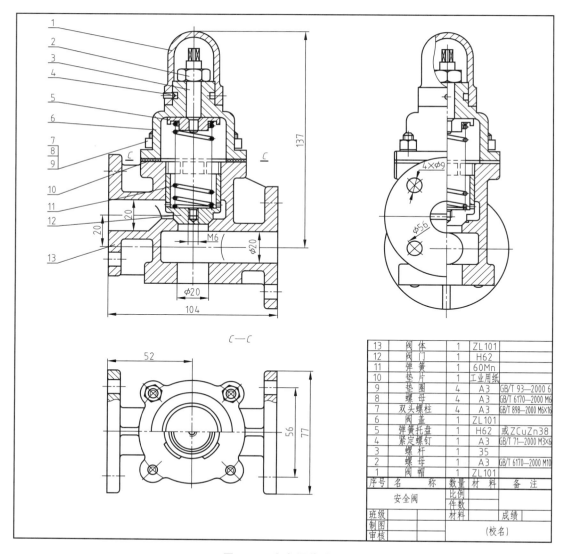

图 9-32 安全阀装配图

等都应作局部剖视,以便清楚表达装配体上各种连接形式。这些表达将有助于看装配图和拆卸维修。

画剖视图时,要尽量从主要轴线围绕装配干线逐个零件按由里向外或者由下向上画种避免将遮住的不可见零件的轮廓线画上去。

7) 检查核对底稿,无误后画剖面线,标注尺寸,对零件进行编号、填写明细栏。

8) 最后加深图线,注写技术要求,填写标题栏,完成全图,如图 9-32 所示。

第七节　读装配图

在生产中,经常要看装配图。例如在设计过程中,要按照装配图来设计零件;在装配机器时,要按照装配图来安装零件或部件;在使用和维修机器时,需参阅装配图来了解具体结构等。因此,读装配图是工程技术人员必备的一种能力。

读装配图应特别注意从装配体中分离出每一个零件,并分析其主要结构形状和作用,以及和其他零件的关系(各零件之间的相对位置、装配关系和连接固定方式)。然后再将各个零件合在一起,分析装配体的性能、工作原理及防松、润滑、密封等系统的原理和机构。必要时还需查阅有关的专业资料。

一、读装配图的方法和步骤

1. 概括了解

1) 看标题栏并参阅有关资料(例如说明书),了解装配体的名称、用途和使用性能。

2) 看零件编号和明细栏,了解零件的名称、数量和它在图中的位置。

如图 9-33 所示,由装配图的标题栏可知,该装配体名称为阀,是安装在液体管路中,用以控制管路的"通"与"不通"。由明细栏和外形尺寸可知它由 7 个零件组成,结构不太复杂。

2. 视图分析

弄清各个视图的名称、所采用的表达方法和所表达的主要内容及视图间的投影关系、剖切位置,并结合标注的尺寸,想象出主要零件的主要结构形状。

如图 9-33 所示,阀装配图采用了全剖的主视图、全剖的俯视图、左视图三个基本视图和一个 B 向局部视图的表达方法。有一条装配轴线,通过阀体上的 $Rp1/2$ 螺纹孔、$\phi 12$ 的螺栓孔和管接头上的 $G3/4$ 螺孔装入液体管路中。

3. 分析工作原理和装配关系

在概括了解的基础上,应对照各视图进一步研究机器或部件的工作原理、装配关系,这是看懂装配图的一个重要环节。看图时应先从反映工作原理的视图入手,分析机器或部件中零件的运动情况,从而了解工作原理。然后再根据投影规律,从反映装配关系的视图入手,分析各条装配轴线,弄清零件间的配合要求、定位和连接方式等。

图 9-33 所示阀的工作原理从主视图看最清楚。当杆 1 受外力作用向左移动时,钢球 4 压缩弹簧 5,阀门被打开;当去掉外力时钢球在弹簧作用下将阀门关闭。旋塞 7 可以调整弹簧作用力的大小。

阀的装配关系也从主视图看最清楚。左侧将钢球 4、弹簧 5 依次装入管接头 6 中,然后将旋塞 7 拧入管接头,调整好弹簧压力,再将管接头拧入阀体左侧的 M30×1.5 螺孔中。右侧将杆 1 装入塞子 2 的孔中,再将塞子 2 拧入阀体右侧的 M30×1.5 螺孔中。杆 1 和管接头 6 径向有 1mm 的间隙,管路接通时,液体由此间隙流过。

4. 分析结构形状

分析时，以主视图为中心，先看简单件，后看复杂件。即将标准件、常用件及简单零件看明白后，再将其从图中"剥离"出去，然后集中精力分析剩下的复杂零件。

应先在各视图中分离出该零件的范围和对应关系，利用剖面线的倾斜方向和间距、零件的编号、装配图的规定画法和特殊表达方法（如实心轴不剖的规定等），并借助三角板、分规等仪器帮助查找投影关系，想象出其形状及结构。

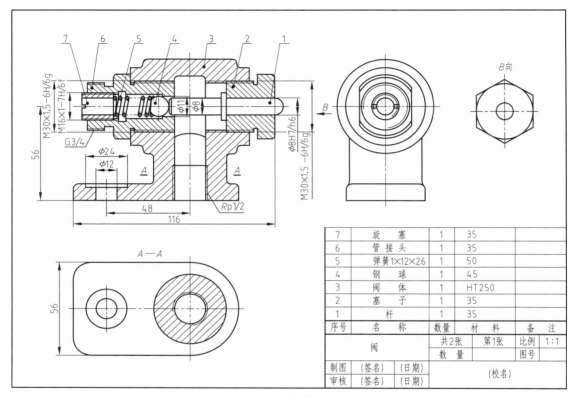

图 9-33　阀装配图

二、识读装配图示例

【例 9-2】 识读停车阀装配图，如图 9-34 所示。

（1）概括了解　由标题栏可知该部件的名称为停车阀，是汽车上所用的部件。其作用是使汽车能安全停靠。由明细栏了解组成装配体各种零件的名称、数量、材料及标准件的规格。

（2）视图分析　停车阀采用了两个基本视图。主视图采用全剖视，表达停车阀内部的结构形状，同时也表达了顶杆 2 与左壳体 3 的装配关系、电磁铁 6 与右壳体 10 的相对装配位置。俯视图表达了停车阀的外形。

（3）工作原理和装配关系　停车阀的工作原理：通电时，阀片 4 被电磁铁 6 吸引，使进油通道（φ8 孔）与通往喷油器的油道（M10 螺纹孔）连通；断电时，阀片 4 在回位弹簧 5 的作用下处于关闭位置，停止供油。因此，在发动机启动时，应先合上启动开关，使之通电将阀片 4 吸开；停车时应断电，停止供油。

由图 9-34 所示尺寸 $\phi 7 \dfrac{H9}{f9}$ 可知，顶杆与左壳体为基孔制间隙配合，其配合要求不高。技术要求提出"阀片开关要符合要求、移动灵活"等，因此，装配前必须查阅说明书，并按说明书的技术要求进行装配。

(4) 结构形状 经过上述分析、综合归纳，可以想象出停车阀为体积小、重量轻、结构简单的装配体。

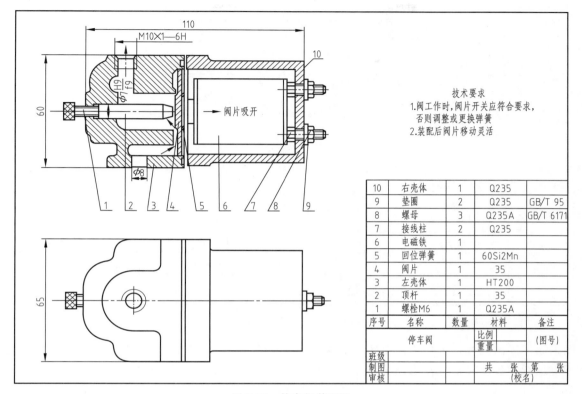

图 9-34 停车阀装配图

【例 9-3】 识读气门研磨器装配图（图 9-35）。

(1) 概括了解 由标题栏可知该部件的名称为气门研磨器，是气门维修工具。由明细栏了解到组成装配体各种零件的名称、数量、材料及标准件的规格。

(2) 视图分析 气门研磨器结构较简单，因此采用一个全剖视图即可清楚、明确地表达研磨器内、外部的结构形状。

(3) 工作原理和装配关系 接通气源后，打开节气阀 10，气体由本体管道经定位接管 4 进入气缸 2，推动柱塞 1 运动。柱塞 $\phi 23$ 直径左端面积与其右端面积不同，从而形成气体压力差，使柱塞向右运动，如图 9-35 所示位置。当柱塞向右运动时，气缸壁遮挡柱塞气孔（十字小孔）时，气体作用在柱塞 $\phi 23$ 直径右端面，使柱塞向左运动，且柱塞斜槽在导向销的作用下，使柱塞同时产生旋转运动。

如图 9-35 所示，$\phi 23 \dfrac{H6}{h5}$、$\phi 18 \dfrac{H6}{h5}$ 为柱塞与气缸的基孔制间隙配合，其配合要求较高。

(4) 结构形状 经过上述分析，研磨器装配图中的各零件大多为轴套类零件，装配体的整体形状为长圆柱形，体积不大，重量较轻，携带方便。

【例 9-4】 识读 EQ6100 汽油发动机活塞连杆总成装配图（图 9-36）。

(1) 概括了解 该部件为活塞连杆总成，其作用是维持曲轴旋转。由明细栏了解到组成装配体各种零件的名称、数量、材料及标准件的规格。

(2) 视图分析 活塞连杆总成采用了两个基本视图，此外还采用了 A—A 断面图。主视

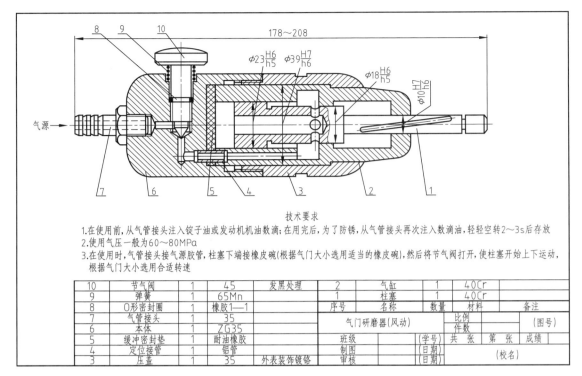

图 9-35 气门研磨器装配图

图采用了局部剖视，表达活塞内部的结构形状以及活塞 1、活塞销 6、连杆衬套 7 和连杆 8 的相对位置和装配关系；左视图表达了活塞连杆总成的外形；$A—A$ 断面图表达了连杆杆身为"工"字形断面。

（3）工作原理和装配关系　活塞连杆装入气缸内，连杆大头与曲轴的轴颈相连接，活塞销在连杆小头衬套孔和活塞销座孔内自由转动。当活塞在气缸内作往复运动时，通过连杆的平面运动带动曲轴做旋转运动。

由图 9-36 中尺寸 $\phi 28 \frac{N6}{h5}$ 可知，活塞销与座孔的配合为基轴制过盈配合。$\phi 28 \frac{H6}{h5}$ 为活塞销与连杆小头衬套孔的配合，为基孔制间隙配合，其配合要求较高。技术要求提出"按说明书 No. 120-3902122 进行装配"，因此，装配前必须查阅说明书，并按说明书的技术要求进行装配。

（4）结构形状　经过上述分析、综合归纳，想象出装配体的整体形状。如图 9-37 所示为活塞连杆总成实物图和总成分解轴测图。活塞连杆总成各零件结构形状如下。

① 活塞　活塞上顶为杯形，活塞顶至最下面一道活塞环槽之间的部分为活塞头，活塞头切有若干环槽，用来安装活塞环，上面的 2~3 道槽用来安装气环，下面的一道环用来安装油环。

② 活塞环　活塞环为圆形环状。

③ 活塞销　活塞销为空心阶梯状。

④ 连杆　连杆分为连杆小头、杆身和连杆大头三部分。连杆小头用来安装活塞销以连接活塞，连杆小头内装有青铜衬套（见图 9-36 明细栏）；连杆杆身采用了"工"字形断面，其抗弯强度较高，如图 9-36 中 $A—A$ 断面图所示。连杆大头部与曲轴轴径相配合，为了配合要求，在连杆大头和连杆盖部分装有调整垫片 10。

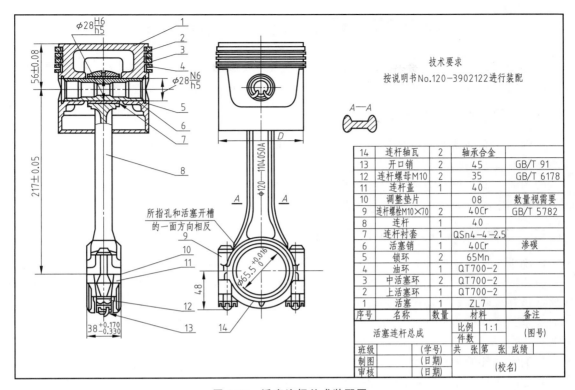

图 9-36 活塞连杆总成装配图

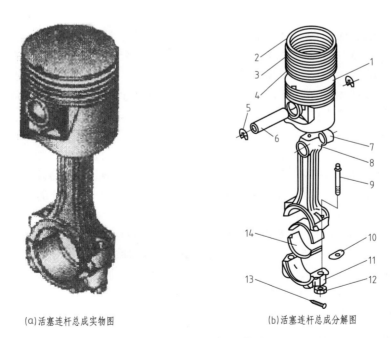

(a)活塞连杆总成实物图　　(b)活塞连杆总成分解图

图 9-37 活塞连杆总成图

1—活塞；2—上活塞环；3—中活塞环片；4—油环；5—锁环；6—活塞销；7—连杆衬套；8—连杆；
9—连杆螺栓；10—调整垫片；11—连杆盖；12—连杆螺母；13—开口销；14—连杆轴瓦

【例 9-5】 认识解放 CA1091 型汽车变速器装配图（书后插页）。

第八节　由装配图拆画零件图

车辆的设计、制造、使用和维修过程中,经常需要阅读装配图,有时还需要由装配图拆画零件图。这一过程称为拆图。拆图的过程也是继续设计的过程。

一、拆画零件图的要求

拆图前,必须认真阅读装配图,全面深入理解设计意图,分析清楚装配关系、技术要求和各个零件的基本结构形状、作用。

画图时,要从设计方面考虑零件的作用和要求,从工艺方面考虑零件的制造和装配,使所画的零件图既符合设计要求又满足工艺要求。

二、拆画零件图的步骤及注意事项

1. 确定零件的结构形状

由装配图拆画零件图时,必须认真、细致地阅读装配图。在读懂装配图的基础上,确定零件的结构和形状。对在装配图中未能确切表达出来的形状,应根据零件结构设计和工艺知识合理地确定。某些标准和工艺结构(如倒角、圆角、退刀槽等)必须采用正确的表达方法确定下来。

2. 确定零件的表达方案

装配图表达的是零件间的装配关系、工作原理,而装配图的视图表达不一定适合每一个零件。因此,零件的表达方案应根据零件的结构特点来考虑,而不应简单地照搬装配图。

3. 确定零件的尺寸

1)在装配图中已注明的尺寸,必须如实地标注在零件图上。对于配合尺寸、相关尺寸,要注出偏差数值。两相邻连接零件的相关尺寸及配合面的配合尺寸要注意协调一致。

2)零件上与标准件连接或配合的相关尺寸,要从相应标准中查取,如螺纹、销孔、键槽等尺寸。对于标准结构或工艺结构尺寸如倒角、沉孔等尺寸,均应从有关标准中查出。

3)对于装配图中未标注的尺寸,可以从装配图上量取,并圆整后确定。

4. 确定零件的技术要求

零件图中应注写表面结构(粗糙度)的代号和技术要求。配合表面要注写尺寸偏差或公差带代号。对有些零件还要注写形位公差、试验、热处理和表面处理等要求。

标注零件各表面粗糙度、形位公差等技术要求时应根据零件各部分的功能、作用和工作要求,合理选择精度要求,同时还应使标注数据符合有关标准。

零件图上技术要求的确定涉及许多专业知识,可以参照有关资料和同类产品零件用类比法确定。对于表面粗糙度初学者可依照以下三条初步确定标注范围:

1)配合表面:Ra 值取 3.2~0.8,尺寸公差等级高的表面 Ra 取较小值。

2)接触面:Ra 值取 6.3~3.2,如零件的定位底面 Ra 可取 3.2,一般端面可取 6.3 等。

3)需加工的自由表面(不与其他零件接触的表面):Ra 值可取 25~12.5,如螺栓孔等。

三、拆画零件图举例

【例 9-6】 由图 9-33 阀装配图拆画阀体零件图。其步骤如下。

(1)看懂装配图　首先将阀体 3 从主、俯、左三个视图中分离出来,然后想象其形状。阀体内形腔的形状,因左、俯视图没有表达,不易想象。但通过主视图中 Rp1/2 螺孔上方相贯线形状得知，阀体形腔为圆柱形，轴线水平放置，且圆柱孔的长度等于 Rp1/2 螺孔的直径，如图 9-38 所示。

（2）确定视图表达方案　看懂零件的形状后，要根据零件的结构形状及在装配图中的工作位置或零件的加工位置，重新选择视图，确定表达方案。此时可以参考装配图的表达方案，但要注意不受原装配图的限制。如图 9-39 所示阀体的表达方法，主、俯视图和装配图相同，左视图采用了半剖视图。

（3）标注尺寸　由于装配图给出的尺寸较少，而在零件图上应标注出加工零件所需要的全部尺寸，所以很多尺寸必须在拆画零件图时确定下来。在图 9-39 阀体零件图中，M30×1.5-6H、Rp1/2、48、56、ϕ12、ϕ24 这些尺寸是从装配图上抄注的，它们有的是配合尺寸，有的是定位尺寸、连接尺寸。ϕ36 是通过查阅标准（内螺纹退刀槽）而定的，其余尺寸是装配图上未注出的，通过测量后圆整确定的。

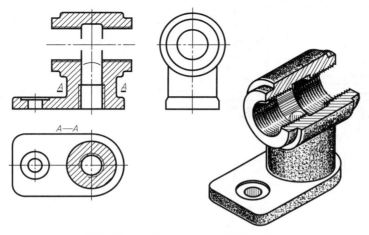

图 9-38　拆画装配图过程（分离阀体）

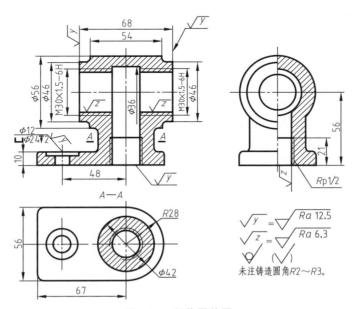

图 9-39　阀体零件图

（4）确定技术要求　根据阀装配图上的要求确定。阀体表面粗糙度值是这样考虑而定的：

有配合的表面其表面粗糙度的参数值要小,故给出的 Ra 为 6.3;其他表面的表面粗糙度值是按常规给出的。

【例 9-7】 由图 9-35 所示的气门研磨器装配图拆画气缸零件图。步骤同例 9-6 中阀体零件图的拆画方法,拆画的气缸零件图见图 9-40。

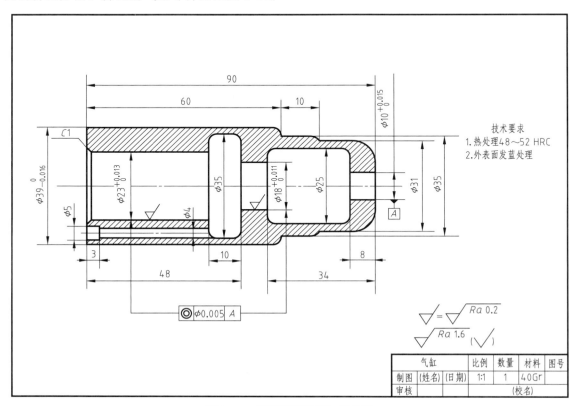

图 9-40 气门研磨器气缸零件图

第十章

汽车机械部件识图

第一节 汽车的类型和结构

汽车问世百年来，汽车工业有了较大发展。汽车产品不仅大批生产，而且品种繁多，特别是新能源汽车的出现，给汽车工业的发展带来了更加灿烂美好的前景。汽车工业是一个资金密集、技术密集、人才密集，而且效益高的产业，同时也是衡量一个国家经济、科学技术发展和工业化程度的标准。汽车工业的发展带动了机械制造、电子技术、橡胶工业和城乡道路交通等相关行业的发展。改革开放以来，我国的汽车工业有了飞速发展，不仅是数量，而且品种和性能都已达到了世界先进水平，特别是新能源汽车的研究和生产，为这个行业注入了新的活力，打开了更加广阔的市场。

一、汽车类型

1. 按用途分类

汽车种类繁多，一般可按其用途、动力装置、行驶道路条件和行驶机构特征进行分类。

（1）运输汽车

1）轿车：乘坐2～9人的载客汽车，按其发动机工作容量（排量）分级，见表10-1。

表10-1 轿车分类表（按发动机排量，GB/T 3730.1—2001）

轿车类型	微型	普通级	中级	中高级	高级
发动机排量/L	≤1.0	>1.0～1.6	>1.6～2.5	>2.5～4.0	>4.0

2）客车：乘坐9人以上的载客汽车。客车可分为城市公共汽车、长途汽车、团体客车、游览客车等，其分类见表10-2。

表 10-2　客车分类表（按总长，GB/T 3730.1—2001）

客车类型	微型	轻型	中型	大型
总长/m	≤3.5	>3.5～7	>7～10	>10

3) 载货汽车：简称货车，用于运载各种货物，其驾驶室可容纳 2～6 人。主要分普通货车和专用货车两大类。专用货车是专门为运输某种类型货物而专门设计的，如自卸式货车、厢式货车、罐式货车、平板货车等，其分类见表 10-3。

表 10-3　货车分类表（按厂定最大总质量，GB/T 3730.1—2001）

货车类型	微型	轻型	中型	重型
厂定最大总质量/t	≤1.8	>1.8～6	>6～14	>14

4) 越野汽车：越野汽车可以是轿车、客车、载货汽车或其他用途的汽车。越野汽车的结构特点是全轮驱动，传动系带分动器，具有高摩擦差速器或差速锁。

5) 牵引汽车：专门或主要用来牵引挂车的汽车。通常可分半挂和全挂汽车等类型。

6) 农用汽车：主要是农村地区从事农业运输和作业的汽车。

（2）专用（特种）汽车　主要用于承担专门运输或专项作业的汽车，如银行运钞车、竞赛汽车、消防车、各类工程车等。

2. 按动力装置形式分类

（1）内燃机汽车　现代的大部分汽车都采用往复活塞式内燃机作为动力装置。按使用的燃料可分为汽油车、柴油车和代用燃料车。

（2）电动汽车　其动力装置是直流电动机。电动机的动力装置通常是化学蓄电池，而太阳能电池的研发成功，使得电动汽车有了更为广泛的应用前景。

3. 按行驶的道路条件分类

汽车按行驶的道路条件分公路用车（行驶于城市道路、高速公路和 1 级、2 级公路）和非公路用车。后者是汽车总质量、单轴载荷量或外轮廓尺寸超出公路、桥梁和交通法规的限制而只能在矿山、工地、机场、工厂内或各种专用道路上行驶的汽车。

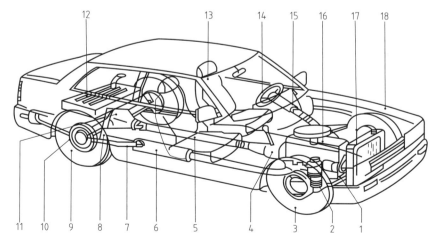

图 10-1　汽车的总体构造（一）

1—前桥；2—前悬架；3—前车轮；4—变速器；5—传动轴；6—消声器；7—后悬架钢板弹簧；8—减震器；9—后轮；10—制动器；11—后桥；12—油箱；13—座椅；14—方向盘；15—转向器；16—发动机；17—散热器；18—车身

4. 按行驶机构的特征分类

（1）轮式汽车　可分为非全轮驱动和全轮驱动两种形式。

（2）其他形式的车辆　如履带式、雪橇式、步行机构式等车辆。

二、汽车的总体结构

1. 汽车的组成和各部分作用

汽车通常由发动机、底盘、车身、电气设备四个部分组成，如图10-1、图10-2所示。扫描二维码可观看相关视频。

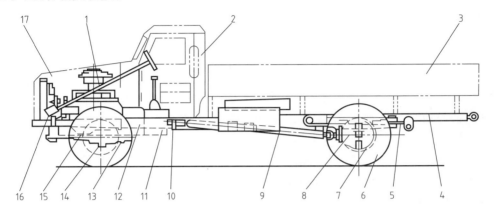

图10-2　汽车的总体构造（二）

1—发动机；2—驾驶室；3—车厢；4—车架；5—后悬架；6—车轮；7—车轮制动器；8—驱动桥；9—传动轴；10—手制动器；11—变速器；12—离合器；13—车轮制动器；14—从动桥；15—前悬架；16—转向器；17—车头

（1）发动机　发动机是将燃料在汽缸内燃烧的热能转化为机械能的动力装置，是汽车的动力源。它由2个机构和4～5个系统组成，即曲柄连杆机构、配气机构、燃料供给系、润滑系、冷却系、点火系（汽油机）和启动系。

（2）底盘　底盘是汽车的基础，是各总成的安装基体。它将整车连成一个整体，并接受发动机动力，使汽车产生运动，保证汽车正常行驶。它由传动系、行驶系、转向系和制动系组成。

1）传动系　将发动机产生的动力传给驱动车轮。它由离合器、变速器、万向传动装置和驱动桥等组成。

2）行驶系　把汽车各总成、部件连接成一整体，支撑全车载荷，保证汽车行驶。它由车架、车桥（从动桥、驱动桥）、车轮（转向轮、驱动轮）、悬架等组成。

3）转向系　可保证汽车能够按照驾驶员的意图和方向行驶。它由带方向盘的转向器和转向传动机构等组成。

4）制动系　可保证汽车能够迅速地降低行驶速度以致停车。它由制动器和制动传动装置等组成。

（3）车身　车身安装在车架上，用以安装全部控制系统和驾驶员座椅、乘客或货物。载重汽车车身包括车头、驾驶室和货箱。客车和轿车车身是一个整体封闭车厢。

（4）电气设备　电气设备由电源和用电设备两大部分组成。电源设备包括发电机、蓄电池和调解器。用电设备包括启动器、点火系（汽油机）、汽车照明、信号、仪表等装置。

2. 汽车的行驶原理和主要性能指标

（1）汽车的行驶原理　汽车发动机所产生的动力（转矩）经传动系传给驱

动车轮，在驱动车轮上产生驱动转矩 M_k，使车轮转动。驱动车轮通过轮胎表面给地面向后的切向力 P_o，同时地面给驱动车轮一个大小相等、方向相反的反作用力 P_k。这个反作用力就是推动汽车行驶的驱动力，即牵引力，如图10-3所示。当牵引力足以克服汽车的行驶阻力，且地面有足够的附着力时，汽车便能行驶。这时，牵引由驱动车轮传给驱动桥、钢板弹簧和车架，推动汽车行驶。

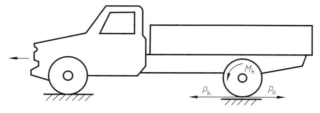

图 10-3　牵引力的产生

（2）汽车的主要性能指标　人们对汽车提出的使用性能的要求是多方面的，就其基本性能来说主要包括：动力性、燃料经济性、制动性、操作稳定性、平稳性、通过性和环境安全性。

1）汽车的动力性　动力性是汽车各种性能中最基本的、最重要的性能。动力性能通常用汽车的最高车速、加速时间和最大爬坡度三个参数来评价，称为动力性指标。

最高车速指车在良好的混凝土或沥青路面上行驶所能达到的最高行驶速度。一般轿车最高车速为130～200km/h；客车最高车速为90～130km/h；货车最高车速为80～110km/h。

汽车的加速时间指汽车在水平良好路面上由原地起步的加速时间和超车的加速时间，它表示汽车的加速能力。

汽车的最大爬坡度指汽车满载时在良好路面上以1挡行驶时可爬越的最大坡度，它对于越野车和货车来说是一个重要的指标。越野车的最大爬坡度要求达到30°；货车的最大爬坡度要求达到16.5°。

2）汽车燃料经济性　汽车燃料经济性指汽车以最少的燃料消耗量完成运输的能力，是汽车主要使用性能之一。汽车的燃料经济性常用一定运行工况下汽车行驶百公里（100km）所消耗燃料量或一定燃料量能使汽车行驶的里程来衡量。我国的燃料经济性指标为百公里燃料消耗量，即行驶100公里所消耗的燃油数，单位为L/100km。

3）汽车制动性　汽车制动性指汽车在行驶时能在短距离内停车并且维持行驶方向的稳定性和在下坡时连续制动能维持一定车速的能力。它包括制动效能、制动效能的恒定性、制动时方向的稳定性。

4）汽车操作稳定性　汽车操作稳定性指汽车操纵性和稳定性。操纵性是指准确响应驾驶员的操作，稳定性是指受外界干扰时保持稳定行驶的能力。

5）汽车平稳性　汽车平稳性指汽车在以正常速度行驶过程中，要保证乘员在汽车振动时不至于引起不舒适和疲劳感觉，所运货物保持完好的性能。它反映了汽车对路面不平度的隔振特性。

6）汽车通过性　汽车通过性指汽车在一定装载质量下能以足够高的平均车速通过松软地面、坎坷不平地段等坏路或无路地带和陡坡、侧坡、壕沟、台阶等障碍的能力。表征汽车通过性的主要参数是最小离地间隙或第一档时最大动力因数。

7）汽车环境安全性　汽车环境安全性指汽车控制有害物排放和噪声，保证人类和环境安全的能力。

第二节　汽车发动机的组成

一、识读汽车发动机的总体构造图

汽车中广泛应用的是汽油机和柴油机。汽油机和柴油机都属于往复活塞式内燃机。汽车发动机是将某一种形式的能量转化为机械能并输出动力的部件。它主要由机体组、曲轴连杆机构组、配气机构组、供给系、冷却系、润滑系、启动系、点火系组成,如图10-4所示。

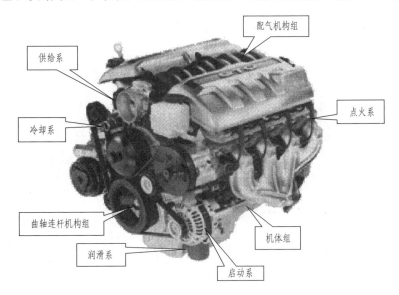

图 10-4　汽车发动机实物图

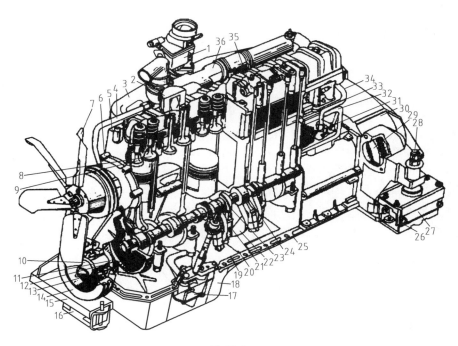

图 10-5

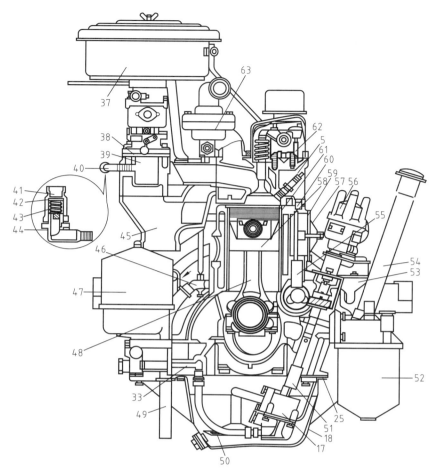

图 10-5　东风 EQ6100-1 汽油发动机总体构造图

1—化油器；2—曲轴箱通风装置；3—进排气歧管总成；4—小循环水管；5—气缸盖；6—水泵；7—风扇；8—进气门；9—排气门；10—启动爪；11—曲轴正时齿轮；12—凸轮轴正时齿轮；13—正时齿轮室盖与曲轴前油封；14—曲轴输出带轮；15—发动机前悬置支架总成；16—发动机前悬置软垫总成；17—机油泵；18—油底壳；19—活塞连杆总成；20—机油泵、分电器驱动轴总成；21—主轴承盖；22—曲轴；23—曲轴止推垫；24—凸轮轴；25—油底壳衬垫；26—发动机后悬置软垫；27—限位板；28—发动机后悬置螺栓、螺母；29—飞轮；30—飞轮壳；31—曲轴箱通风挡油板；32—后挺杆室盖；33—气缸体；34—曲轴箱通风管；35—摇臂；36—气缸盖出水管；37—空气过滤器；38—绝热垫及衬垫；39—进气管；40—曲轴箱通风止回阀；41—阀体；42—止回阀；43—弹簧；44—弯管接头；45—排气管；46—放水阀；47—机油细过滤器；48—连杆；49—出水软管；50—集滤器；51—联轴套；52—机油粗过滤器；53—汽油泵；54—加机油管和盖；55—挺杆；56—分电器；57—挺杆室盖；58—活塞；59—挺杆室衬垫；60—定位销；61—气缸套；62—推杆；63—出水管、节温器

识读汽车发动机的总体装配图主要是要搞清楚发动机的几大系统，按系统的组成进行识读，从而搞清各系统的功能以及它们之间的运动配合过程，掌握汽车发动机的工作原理和结构特征，达到识读的目的。下面以东风 EQ6100-1 汽油发动机（图 10-5）为例讲解发动机总体构造图的识读。

识读东风 EQ6100-1 汽油机总体构造图的方法是：按其组成的部件，即机体、曲柄连杆机构、配气机构、供给系、润滑系、冷却系、点火系、启动系及各部的组成和功能逐一进行分析来识读。

（1）机体　东风 EQ6100-1 汽油机的机体组主要包括气缸盖 5、气缸体 33 和油底壳 18。机体的作用是作为发动机各机构、各系统的装配基体或组成部分。气缸盖和气缸体的圆筒内壁

（即气缸）共同组成燃烧室的一部分，是承受高温、高压的机件。

（2）曲轴连杆机构　曲轴连杆机构包括活塞58、连杆48、飞轮29与曲轴22等主要零件，是发动机实现工作循环、完成能量转换的主要运动件。在做功行程中，活塞承受燃气压力，在气缸内作直线运动，通过连杆转换成曲轴的旋转运动，向外输出动力。而在进气、压缩和排气行程中，又把曲轴的旋转运动转换成活塞的往复直线运动。

（3）配气机构　配气机构一般由气门组、气门传动组和气门驱动组组成，主要零件有进气门8、排气门9、挺杆55、推杆62、摇臂35、凸轮轴24、凸轮轴正时齿轮12等。其功用是依据发动机的工作顺序和工作过程，定时开启和关闭进气门和排气门，使可燃混合气体进入气缸，并将废气排出气缸，实现换气过程。

（4）供给系　汽油机供给系包括汽油箱、汽油泵53、汽油过滤器、化油器1、空气过滤器37、进气管39、排气管45、消声器等。其功用是依据发动机的需求，配制出总量和浓度合适的可燃混合气，送入气缸；柴油机供给系的功用是把柴油和空气分别供入气缸，在燃烧室内形成可燃混合气进行燃烧，其组成与汽油机的供给系有所不同。

（5）润滑系　润滑系主要由机油泵17、集滤器50、限压阀、润滑油道、机油粗过滤器52、机油细过滤器47和机油冷却器等组成。其功能是向作相对动动的零件表面输送定量的清洁润滑油，实现液体摩擦，减少摩擦阻力，减轻机件的磨损，并对零件表面起到清洗和冷却的作用。

（6）冷却系　冷却系通常由水套、水泵6、风扇7、散热器、节温器63等组成。它的功用是将受热零件吸收的部分热量及时散发，保证发动机在最适宜的温度状态下工作。

（7）点火系　它由蓄电池、发电机、分电器56、点火线圈和火花塞组成。其功用是定时使火花塞电极间产生火花，点燃气缸内的可燃混合气。

（8）启动系　发动机由静止状态过渡到工作状态，必须先用外力转动发动机的曲轴，带动连杆活塞作往复运动，气缸内的可燃混合气燃烧膨胀做功，推动活塞向下运动，带动曲轴旋转，发动机进入自行运转。

二、识读汽车发动机的机体组（气缸体部分）构造图

发动机机体是发动机整台机器的骨架和外壳，许多零部件和辅助系统的元件都安装在机体上。机体主要包括气缸体、曲轴箱、气缸盖、气缸套、气缸垫和油底壳等零件。

下面介绍气缸体部件图的识读。发动机机体组气缸体部件如图10-6所示。

气缸体是气缸的壳体，上曲轴箱是支承曲轴作旋转运动的基体，水冷发动机的气缸体和曲轴箱常铸成一体，称为气缸体，它是机体组中一个重要的箱体类零件。也可称为气缸体-曲轴箱。气缸体12上半部有四个活塞在其中运动的导向圆柱形空腔，称为气缸；下半部为支承曲轴的曲轴箱，其内腔为曲轴运动空间。它作为发动机各个机构和系统的装配基体，气缸体本身应具有足够的刚度和强度，如图10-6中件12所示。

该气缸体的特点是它的曲轴轴线与气缸体下表面在同一平面上，为一般式气缸体，这种气缸体的优点是机体高度小、重量轻、结构紧凑、便于机械加工和拆装曲轴；缺点是刚度和强度较差，一般适用于中、小型发动机，如492Q汽油机。

发动机的支承设在上曲轴箱上，下曲轴箱只用来盛装机油，不承受任何其他作用力，这种结构的下曲轴箱，一般称为油底壳，曲轴是同曲轴轴承盖8吊装在机体的横壁上。

气缸体上装有水泵2（冷却系部件）、交流发电机3（供给系部件）、正时齿轮盖底板4、活塞与连杆1、曲轴轴承上轴瓦5、曲轴轴承下轴瓦7、曲轴6与飞轮10（曲轴活塞连杆机构）均安装在机体上，还有机油泵9和机油过滤器11（供给系部件）也都安装在机体上。

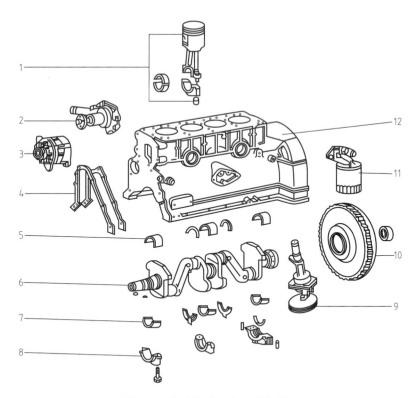

图 10-6　汽车发动机气缸体部件图

1—活塞与连杆；2—水泵；3—交流发电机；4—正时齿轮盖底板；5—曲轴轴承上轴瓦；6—曲轴；
7—曲轴轴承下轴瓦；8—曲轴轴承盖；9—机油泵；10—飞轮；11—机油过滤器；12—气缸体

这类图比较直观，我们按发动机的系统部件进行识读就十分清晰、明了、易懂。

三、识读汽车发动机的机体组（气缸盖部分）构造图

1. 发动机气缸盖的结构特征及其功用

气缸盖的结构特征及其主要功用是密封气缸盖上部，并与活塞顶部、气缸壁组成燃烧室，气缸盖内部铸有冷却水套，其端面上的冷却水孔与气缸体的冷却水孔相通，有利于循环冷却水来冷却燃烧室等部分的高温。

气缸盖上还加工有进排气门座和气门导管孔、进排气通道等。顶置凸轮轴式发动机的气缸盖上还加工有凸轮轴轴承孔，以便安装凸轮轴，气缸盖的上面还安装了一些主要的零部件。

2. 识读气缸盖部件图

汽车发动机机体组气缸盖部件图，如图 10-7 所示。

气缸盖部件图中除了气缸盖结构特征所具有的功能外，从对安装其上的部件功能分析，可以确定这些部件的功能归属如下。

（1）配气机构　气门摇臂机构 6、进排气门 2、推杆 7、气门弹簧 4 和进排气歧管 1。

（2）供给系　燃油管和真空管 10。

（3）冷却系　除气缸盖上的冷却水套外，还有出水管 9。

（4）点火系　火花塞 8。

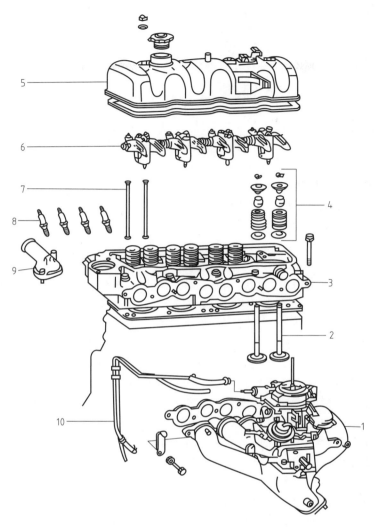

图 10-7 汽车发动机气缸盖部件图

1—进排气歧管（配气机构）；2—进排气门（配气机构）；3—气缸盖与气缸垫；4—气门弹簧（配气机构）；5—气缸盖罩与密封垫；6—气门摇臂机构（配气机构）；7—推杆（配气机构）；8—火花塞（点火系）；9—出水管（冷却系）；10—燃油管和真空管（供给系）

第三节　汽车底盘、离合器、悬架部件识图

一、汽车底盘组成及其功用

汽车底盘由传动系、行驶系、转向系、制动系等零部件组成。汽车底盘的各部分功用在第一节已经讲述，这里不再赘述。

二、离合器的概述

离合器位于发动机和变速器之间，是汽车传动系中直接与发动机相联系的总成件。通常离合器与发动机曲轴飞轮安装在一起，是切断和传递动力的部件。

1. 离合器的功用

1）使发动机与传动系平顺地接合，保证汽车起步平稳。汽车起步时，由静止到行驶的过程中，其速度由零逐渐增大。此时，驾驶员先踏下离合器踏板，离合器处于分离状态，切断发动机向传动系输出的动力，再挂上适当的档位，然后慢慢松开离合器踏板，使离合器逐渐接合。与此同时，逐渐踏下加速踏板，使发动机在输出动力的过程中能保持稳定的转速而不至于熄火，平稳起步。

2）保证传动系换挡时工作平顺。汽车在行驶过程中，为适应不断变化的行驶工况，需要经常改变传动比（换挡）。为保证在换挡过程中变速器的啮合齿轮副顺利平稳地退出，啮合到另一齿轮副（顺利平稳换挡），在换挡之前，必须踏下离合器踏板，让离合器处于分离状态，中断动力传递状况下进行换挡，避免齿轮在啮合时的冲击过大。

3）防止传动系过载。当汽车进行紧急制动时，有了离合器的作用，则会通过其主、从动部分产生相对滑动而消除传动系的过载，从而避免对发动传动系造成超过其承载能力的冲击载荷。

2. 离合器的类型

要求离合器具有前述的功用，它应当是这样一种传动机构，主动部分和从动部分可暂时分离，也可以逐渐接合，且在传动过程中可以相对转动。这就要求主、从部分之间不得采用刚性连接。因此，根据主、从部分传动方式不同有如下几种类型。

利用两者接触面之间的摩擦作用来传递转矩的离合器称为摩擦离合器；利用液体作为传动介质的离合器称为液力偶合器；利用磁力传动的离合器称为电磁离合器。离合器是依靠摩擦力来传递动力的，而产生摩擦力所需的压紧力，可以是弹簧力、液压作用力或电磁力。目前汽车广泛采用的是用弹簧压紧的摩擦式离合器（摩擦离合器）。

3. 离合器的工作原理

以拉式膜片弹簧离合器为例说明离合器的结构特点与工作原理。

（1）拉式膜片弹簧离合器的结构特点　图10-8所示为一种拉式膜片弹簧离合器，其结构特点是膜片弹簧5的靠中心部分有18个径向切槽，形成多个弹性杠杆，其余未切槽的截锥部分起弹簧作用。膜片弹簧5的两侧有支承环6和11，膜片弹簧5的末端圆孔穿过固定铆钉7而处在两个支承环之间，借助于固定铆钉7将它们安装在离合器盖1上。两支承环成为膜片弹簧5工作的支点。拉式膜片弹簧离合器中，膜片弹簧5反装，支承环11移动到膜片弹簧5的外端，分离离合器时，必须通过分离套筒9将膜片中央部分向后拉。由于支承环11移动到膜片弹簧5的外端，其支承结构为简化（省去铆钉等），膜片弹簧强度得到了提高。离合器中间的窗孔可以做得大一些，有利于离合器散热；这种结构的优点是，在同样的磨损情况下，膜片弹簧5仍能保持与支承环6接触不会产生间隙，膜片弹簧离合器还具有自动调节压紧力的特点，它是一种很有发展前景的离合器结构。

膜片弹簧离合器根据分离杠杆内端受推力还是拉力，分为推式膜片弹簧离合器和拉式膜片弹簧离合器。捷达轿车采用的就是拉式膜片弹簧离合器，如图10-9所示。其结构主要由从动盘、膜片弹簧-压盘组和离合器盖等零部件组成。

压紧装置由压盘2、离合器盖1、膜片弹簧5、支承环6、11、限位螺钉、分离钩4和从动盘12组成。

（2）拉式膜片弹簧离合器的工作原理　拉式膜片弹簧离合器如图10-9所示。离合器盖3用螺栓固定在发动机曲轴1的法兰盘上，离合器压盘5通过传动片与离合器盖接近。膜片弹簧4装于离合器盖和压盘5之间，其大端与离合器相接触，膜片弹簧4的碟簧部分的小端压在离合器的压盘5上，发动机飞轮2通过螺栓11固连到离合器盖上。离合器压盘5和飞轮工作端

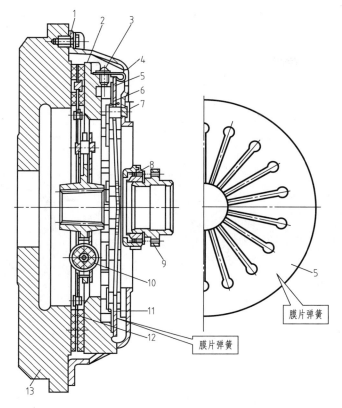

图 10-8 拉式膜片弹簧离合器结构图

1—离合器盖；2—压盘；3—螺钉；4—分离钩；5—膜片弹簧；6,11—支承环；7—固定铆钉；
8—分离轴承；9—分离套筒；10—扭转减振器；12—从动盘；13—飞轮

面之间是离合器从动盘8。离合器分离盘6通过卡环7固定在膜片弹簧分离指上。离合器分离推杆9安装在变速器输入轴10的中心，一端作用于安装在变速器内的分离轴承端面上。

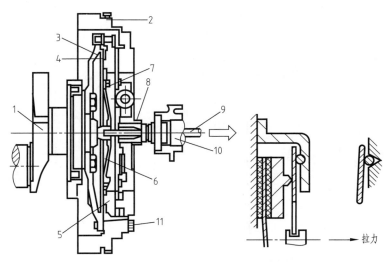

图 10-9 拉式膜片弹簧离合器工作原理图

1—曲轴；2—飞轮；3—离合器盖；4—膜片弹簧；5—压盘；6—分离盘；7—卡环；
8—从动盘；9—推杆；10—变速器输入轴；11—螺栓

4. 识读拉式膜片弹簧离合器结构图

识读捷达轿车的拉式膜片弹簧离合器。

(1) 捷达轿车的拉式膜片弹簧离合器结构分析　图10-10所示是捷达轿车的拉式膜片弹簧离合器基本组成图。其主动部分包括压盘1、离合器盖10、传动片11、膜片弹簧12、中间盘2和飞轮8；从动部分包括从动盘6及与其相连的摩擦片、扭转减振器等；压盘总成由离合器盖10、压盘1、传动片11及弹簧等组成。捷达轿车离合器的压盘总成是不可拆卸件，若其中零件损坏需更换压盘总成。

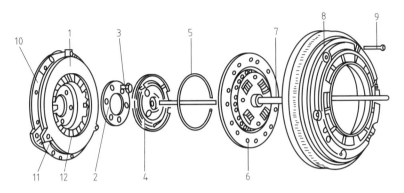

图 10-10　捷达轿车拉式膜片弹簧离合器结构示意图

1—压盘；2—中间盘；3—螺栓；4—分离盘；5—卡环；6—从动盘；7—推杆；
8—飞轮；9—螺栓；10—离合器盖；11—传动片；12—膜片弹簧

(2) 捷达轿车的拉式膜片弹簧离合器工作原理分析　压盘总成通过螺栓与发动机曲轴上的法兰盘相连（图10-11），压紧弹簧是由薄弹簧钢板制成的带有24个分离指的膜片弹簧。飞轮未固定在离合器盖上时，膜片弹簧不受力，处于自由状态；飞轮固定到离合器盖上后，在膜片弹簧12压紧力的作用下，从动盘6被牢固地夹在离合器压盘1与飞轮8之间，这时离合器处于接合状态，离合器从动部分与主动部分一起旋转。当踏下离合器踏板时，在离合器操纵机构的联动下，通过分离盘压膜片弹簧的内端，将膜片弹簧分离指推向发动机方向，膜片弹簧带动压盘离开从动盘，这时离合器处于分离状态。

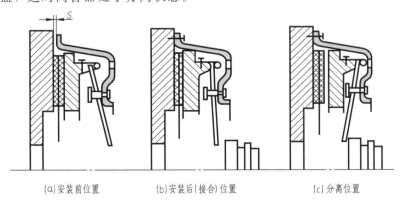

(a) 安装前位置　　(b) 安装后(接合)位置　　(c) 分离位置

图 10-11　捷达轿车拉式膜片弹簧离合器工作原理图

三、识读汽车前悬架结构图

1. 概述

悬架是车架（或承载式车身）与车桥（或车轮）之间一切传力连接装置的总称。其功用是弹性连接车桥与车架或车身；把路面作用于车轮上的垂直反力、纵向反力和侧向反力以及这些反力所形成的力矩都传递到车架上；衰减由于弹性系统引起的振动，保证汽车的正常行驶。

现代汽车的悬架虽有不同的结构形式，但一般都是由弹性组件、减振器和导向机构三部分组成，汽车的悬架有非独立悬架和独立悬架结构，如图10-12所示。

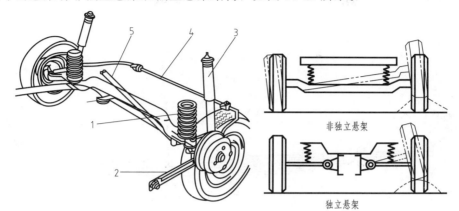

图10-12 汽车悬架结构示意图

1—弹性组件；2—纵向推力杆；3—减振器；4—横向稳定器；5—横向推力杆

汽车行驶的路面不可能全是平坦的，路面作用于车轮上的垂直反力往往是冲击性的。尤其是高速行驶在路况差的路面时，这种冲击力就更大，为了缓和冲击，除了采用弹性充气轮胎外，在悬架中还装有弹性组件与车架（或车身）、车桥（或车轮）之间作弹性联系。但弹性系统在受到冲击后仍会产生振动，因此悬架还应具有减振作用，在许多结构形式的汽车悬架中都设有专门的减振器。

为保证汽车行驶操纵的稳定性，悬架中的某些传力构件还起导向作用，这些传力构件被称为导向机构。

2. 识读汽车前悬架结构图

识读解放CA1092型汽车前悬架结构图。

（1）钢板弹簧的结构与功用（弹性组件）

钢板弹簧是汽车悬架中应用最广泛的弹性组件，它是由若干片不等长但等宽、等厚（也可不同）的合金钢弹簧片组合而成的一根等强度的弹性梁，如图10-13所示。

钢板弹簧中最长的一片称为主片，某两端有卷耳，内装衬套，以便用弹簧销与固定在车架上的支架或吊耳作铰链连接。各弹簧片用中心螺栓连接，保证装配时各片的相对位置。中心螺栓距两端卷耳中心的距离相等，称为对称式钢板弹簧，而不相等的称为非对称式钢板弹簧。

钢板弹簧因载荷而变形，各片相对滑动产生的摩擦可衰减车架的振动；钢板弹簧兼起导向机构作用；在各弹簧片之间夹入塑料片，保证弹簧片间产生定值摩擦力，同时消除噪声。

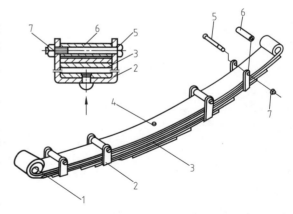

图10-13 钢板弹簧结构示意图

1—卷耳；2—弹簧夹；3—钢板弹簧；4—中心螺栓；5—螺栓；6—套管；7—螺母

（2）解放 CA1092 型汽车前悬架结构与功用分析　图 10-14 所示为解放 CA1092 型汽车前悬架。钢板弹簧中部用 U 形螺栓固定在前桥上，钢板弹簧的前端卷耳用钢板弹簧销与前支架相连，形成固定式铰链支点，起传力和导向作用；而后卷耳则用吊耳销与可在车架上摆动的吊耳相连，形成摆动式铰链支点，从而保证了弹簧变形时，两卷耳中心线间的距离有改变的余地。

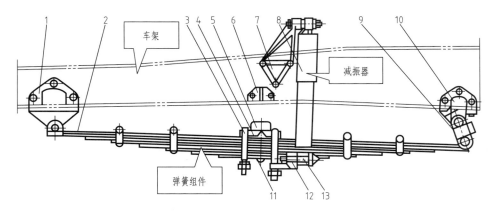

图 10-14　解放 CA1092 型汽车前悬架结构图

1—钢板弹簧前支架；2—前钢板弹簧；3—U 形螺栓；4—盖板；5—缓冲块（橡胶）；6—限位块；7—减振器上支架；8—减振器；9—吊耳；10—吊耳支架；11—中心螺栓；12—减振器下支架；13—减振器连接销

钢板弹簧销钻有轴向和径向油道，通过油嘴将润滑脂注入至衬套处进行润滑，以延长钢板弹簧的使用寿命。

减振器的上、下两个吊环通过橡胶衬套和连接销分别与车架上的上支架和车桥上的下支架相连接。盖板上装有橡胶缓冲块，以限制钢板弹簧的最大变形，防止钢板弹簧直接碰撞车架，起到缓冲减振作用。

附　录

表1　螺纹　　　　　　　　　　　　　　　　　　　　　　　　　　单位：mm

普通螺纹直径与螺距(摘自 GB/T 196～197)

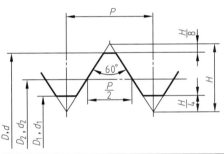

D——内螺纹的基本大径(公称直径)
d——外螺纹的基本大径(公称直径)
D_2——内螺纹的基本中径
d_2——外螺纹的基本中径
D_1——内螺纹的基本小径
d_1——外螺纹的基本小径
P——螺距
H——$\dfrac{\sqrt{3}}{2}P$

标注示例：
M24(公称直径为24mm、螺距为3mm的粗牙右旋普通螺纹)
M24×1.5-LH(公称直径为24mm、螺距为1.5mm的细牙左旋普通螺纹)

公称直径 D、d		螺距 P		粗牙中径 D_2、d_2	粗牙小径 D_1、d_1
第一系列	第二系列	粗牙	细牙		
3		0.5	0.35	2.675	2.459
	3.5	(0.6)		3.110	2.850
4		0.7	0.5	3.545	3.242
	4.5	(0.75)		4.013	3.688
5		0.8		4.480	4.134
6		1	0.75(0.5)	5.350	4.917
8		1.25	1,0.75,(0.5)	7.188	6.647
10		1.5	1.25,1,0.75,(0.5)	9.026	8.376
12		1.75	1.5,1.25,1,0.75,(0.5)	10.863	10.106
	14	2	1.5,(1.25),1,(0.75),(0.5)	12.701	11.835
16		2	1.5,1,(0.75),(0.5)	14.701	13.835
	18	2.5	1.5,1,(0.75),(0.5)	16.376	15.294
20		2.5		18.376	17.294
	22	2.5	2,1.5,1,(0.75),(0.5)	20.376	19.294
24		3	2,1.5,1,(0.75)	22.051	20.752
	27	3	2,1.5,1,(0.75)	25.051	23.752
30		3.5	(3),2,1.5,1,(0.75)	27.727	26.211

注：1. 优先选用第一系列，括号内尺寸尽可能不用，第三系列未列入。
　　2. M14×1.25仅用于火花塞。

续表

梯形螺纹(摘自 GB/T 5796.1～5796.4)

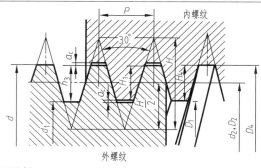

d——外螺纹大径(公称直径)
d_1——外螺纹小径
D_4——内螺纹大径
D_1——内螺纹小径
d_2——外螺纹中径
D_2——内螺纹中径
P——螺距
a_c——牙顶间隙

标记示例：
Tr40×7-7H(单线梯形内螺纹、公称直径 $d=40$、螺距 $P=7$、右旋、中径公差带为7H、中等旋合长度)
Tr60×18(P9)LH-8e-L(双线梯形外螺纹、公称直径 $d=60$、导程 $S=18$、螺距 $P=9$、左旋、中径公差带为8e、长旋合长度)

梯形螺纹的基本尺寸

d 公称系列		螺距 P	中径 $d_2=D_2$	大径 D_4	小径		d 公称系列		螺距 P	中径 $d_2=D_2$	大径 D_4	小径	
第一系列	第二系列				d_3	D_1	第一系列	第二系列				d_3	D_1
8	—	1.5	7.25	8.3	6.2	6.5	32	—	6	29.0	33	25	26
—	9	2	8.0	9.5	6.5	7	—	34		31.0	35	27	28
10	—		9.0	10.5	7.5	8	36	—		33.0	37	29	30
—	11		10.0	11.5	8.5	9	—	38		34.5	39	30	31
12	—	3	10.5	12.5	8.5	9	40	—	7	36.5	41	32	33
—	14		12.5	14.5	10.5	11	—	42		38.5	43	34	35
16	—	4	14.0	16.5	11.5	12	44	—		40.5	45	36	37
—	18		16.0	18.5	13.5	14	—	46		42.0	47	37	38
20	—		18.0	20.5	15.5	16	48	—	8	44.0	49	39	40
—	22	5	19.5	22.5	16.5	17	—	50		46.0	51	41	42
24	—		21.5	24.5	18.5	19	52	—		48.0	53	43	44
—	26		23.5	26.5	20.5	21	—	55	9	50.5	56	45	46
28	—		25.5	28.5	22.5	23	60	—		55.5	61	50	51
—	30	6	27.0	31.0	23.0	24	—	65	10	60.0	66	54	55

注：1. 优先选用第一系列的直径。
2. 表中所列的螺距和直径，是优先选择的螺距及与之对应的直径。

55°非密封管螺纹(摘自 GB/T 7307)

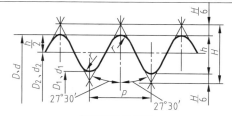

标注示例：
G2(尺寸代号2，右旋，圆柱内螺纹)
G3A(尺寸代号3，右旋，A级圆柱外螺纹)
G2-LH(尺寸代号2，左旋，圆柱外螺纹)
G4B-LH(尺寸代号4，左旋，B级圆柱外螺纹)
注：$r=0.137329P$ $P=25.4/n$ $H=0.960401P$

螺纹的设计牙型

尺寸代号	每 25.4mm 内所含的牙数 n	螺距 P/mm	牙高 h/mm	基本直径		
				大径 $d=D$/mm	中径 $d_2=D_2$/mm	小径 $d_1=D_1$/mm
1/16	28	0.907	0.581	7.723	7.142	6.561
1/8	28	0.907	0.581	9.728	9.147	8.566
1/4	19	1.337	0.856	13.157	12.301	11.445
3/8	19	1.337	0.856	16.662	15.806	14.950
1/2	14	1.814	1.162	20.955	19.793	18.631
3/4	14	1.814	1.162	26.441	25.279	24.117
1	11	2.309	1.479	33.249	31.770	30.291
1¼	11	2.309	1.479	41.910	40.431	38.952

续表

尺寸代号	每25.4mm内所含的牙数 n	螺距 P/mm	牙高 h/mm	基本直径 大径 $d=D$/mm	中径 $d_2=D_2$/mm	小径 $d_1=D_1$/mm
1½	11	2.309	1.479	47.803	46.324	44.845
2	11	2.309	1.479	59.614	58.135	56.656
2½	11	2.309	1.479	75.184	73.705	72.226
3	11	2.309	1.479	87.884	86.405	84.926
4	11	2.309	1.479	113.030	111.551	110.072
5	11	2.309	1.479	138.430	136.951	135.472
6	11	2.309	1.479	163.830	162.351	160.872

表 2 螺栓   单位：mm

六角头螺栓—A 和 B 级（摘自 GB/T 5782）
六角头螺栓—细牙—A 和 B 级（摘自 GB/T 5785）

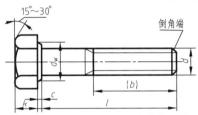

标记示例：
螺栓 GB/T 5782 M12×100
（螺纹规格 d=M12，公称长度 l=100，性能等级为 8.8 级，表面氧化、杆身半螺纹、A 级的六角头螺栓）

六角头螺栓—全螺纹—A 和 B 级（摘自 GB/T 5783—2000）
六角头螺栓—细牙—全螺纹—A 和 B 级（摘自 GB/T 5786—2000）

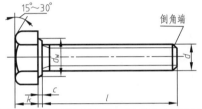

标记示例：
螺栓 GB/T 5786 M30×2×80
（螺纹规格 d=M30×2，公称长度 l=80，性能等级为 8.8 级、表面氧化、全螺纹、B 级的细牙六角头螺栓）

螺纹规格	d	M4	M5	M6	M8	M10	M12	M16	M20	M24	M30	M36	M42	M48
	$D×P$	—	—	—	M8×1	M10×1	M12×1.5	M16×1.5	M20×2	M24×2	M30×2	M36×3	M42×3	M48×3
b 参考	$l≤125$	14	16	18	22	26	30	38	46	54	66	78	—	—
	$125<l≤200$	—	—	—	28	32	36	44	52	60	72	84	96	108
	$l>200$	—	—	—	—	—	—	57	65	73	85	97	109	121
c_{max}		0.4	0.4	0.4	0.5	0.5	0.6	0.6	0.6	0.8	0.8	0.8	1	1
k 公称		2.8	3.5	4	5.3	6.4	7.5	10	12.5	15	18.7	22.5	26	30
$d_{w\,max}$		4	5	6	8	10	12	16	20	24	30	36	42	48
s_{max}=公称		7	8	10	13	16	18	24	30	36	46	55	65	75
e_{min}	A	7.66	8.79	11.05	14.38	17.77	20.03	26.75	33.53	39.98	—	—	—	—
	B	—	8.63	10.89	14.2	17.59	19.85	26.17	32.95	39.55	50.85	60.79	72.02	82.6
$d_{w\,min}$	A	5.9	6.9	8.9	11.6	14.6	16.6	22.5	28.2	33.6	—	—	—	—
	B	—	6.7	8.7	11.4	14.4	16.4	22	27.7	33.2	42.7	51.1	60.6	69.4
l 范围	GB 5782 / GB 5785	25～40	25～50	30～60	35～80	40～100	45～120	55～160	65～200	80～240	90～300	110～360 / 110～300	130～400	140～400
	GB 5783 / GB 5786	8～40	10～50	12～60	16～80	20～100	25～100 / 25～120	35～100 / 35～160	40～100	40～200	40～200	80～500 / 90～400	100～500	100～500
l 系列	GB 5782 / GB 5785	20～65（5 进位）、70～160（10 进位）、180～400（20 进位）												
	GB 5783 / GB 5786	6、8、10、12、16、18、20～65（5 进位）、70～160（10 进位）、180～500（20 进位）												

注：1. P——螺距。末端按 GB/T 2—2000 规定。
2. 螺纹公差：6g；机械性能等级：8.8。
3. 产品等级：A 级用于 $d≤24$ 和 $l≤10d$ 或 $≤150$mm（按较小值）；B 级用于 $d>24$ 和 $l>10d$ 或 >150mm（按较小值）。

续表

六角头螺栓—C 级（摘自 GB/T 5780）

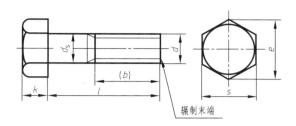

标记示例：
螺栓 GB/T 5780 M20×100
（螺纹规格 d＝M20、公称长度 l＝100、性能等级为 4.8 级、不经表面处理、杆身半螺纹、C 级的六角头螺栓）

六角头螺栓—全螺纹—C 级（摘自 GB/T 5781）

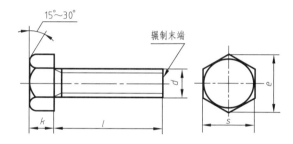

标记示例：
螺栓 GB/T 5781 M12×80
（螺纹规格 d＝M12、公称长度 l＝80、性能等级为 4.8 级、不经表面处理、全螺纹、C 级的六角头螺栓）

螺纹规格 d		M5	M6	M8	M10	M12	M16	M20	M24	M30	M36	M42	M48
b 参考	l≤125	16	18	22	26	30	38	40	54	66	78	—	—
	125＜l≤1200	—	—	28	32	36	44	52	60	72	84	96	108
	l＞200	—	—	—	—	—	—	57	65	73	85	97	109	121
k 公称		3.5	4.0	5.3	6.4	7.5	10	12.5	15	18.7	22.5	26	30
s max		8	10	13	16	18	24	30	36	46	55	65	75
e max		8.63	10.9	14.2	17.6	19.9	26.2	33.0	39.6	50.9	60.8	72.0	82.6
d_s max		5.48	6.48	8.58	10.6	12.7	16.7	20.8	24.8	30.8	37.0	45.0	49.0
l 范围	GB/T 5780 —2000	25～50	30～60	35～80	40～100	45～120	55～160	65～200	80～240	90～300	110～300	160～420	180～480
	GB/T 5781 —2000	10～40	12～50	16～65	20～80	25～100	35～100	40～100	50～100	60～100	70～100	80～420	90～480
l 系列		10、12、16、20～50(5 进位)、(55)、60、(65)、70～160(10 进位)、180、220～500(20 进位)											

注：1. 括号内的规格尽可能不用。末端按 GB/T 2—2000 规定。
2. 螺纹公差：8g（GB/T 5780—2000）；6g（GB/T 5781—2000）；机械性能等级：4.6、4.8；产品等级：C。

附录 195

表3 螺母　　　　　　　　　　　　　　　　　　　　　　　单位：mm

Ⅰ型六角螺母—A和B级(摘自GB/T 6170)
Ⅰ型六角头螺母—细牙—A和B级(摘自GB/T 6171)
Ⅰ型六角螺母—C级(摘自GB/T 41)

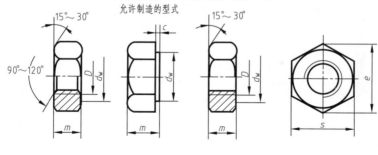

标记示例：
螺母　GB/T 41　M12
(螺纹规格$D=$M12、性能等级为5级、不经表面处理、C级的Ⅰ型六角螺母)
螺母　GB/T 6171　M24×2
(螺纹规格$D=$M24、螺距$P=2$、性能等级为10级、不经表面处理、B级的Ⅰ型细牙六角螺母)

螺纹规格	D	M4	M5	M6	M8	M10	M12	M16	M20	M24	M30	M36	M42	M48
	$D\times P$	—	—	—	M8×1	M10×1	M12×1.5	M16×1.5	M20×2	M24×2	M30×2	M36×3	M42×3	M48×3
C		0.4	0.5	0.5	0.6	0.6	0.6	0.6	0.8	0.8	0.8	1	1	1
s_{max}		7	8	10	13	16	18	24	30	36	46	55	65	75
e_{min}	A、B级	7.66	8.79	11.05	14.38	17.77	20.03	26.75	32.95	39.95	50.85	60.79	72.02	82.6
	C级	—	8.63	10.89	14.2	17.59	19.85	26.17						
m_{max}	A、B级	3.2	4.7	5.2	6.8	8.4	10.8	14.8	18	21.5	25.6	31	34	38
	C级	—	5.6	6.1	7.9	9.5	12.2	15.9	18.7	22.3	26.4	31.5	34.9	38.9
d_{wmin}	A、B级	5.9	6.9	8.9	11.6	14.6	16.6	22.5	27.7	33.2	42.7	51.1	60.6	69.4
	C级	—	6.9	8.7	11.5	14.5	16.5	22						

注：1. P——螺距。
2. A级用于$D\leqslant 16$的螺母；B级用于$D>16$的螺母；C级用于$D\geqslant 5$的螺母。
3. 螺纹公差：A、B级为6H，C级为7H；机械性能等级：A、B级为6、8、10级，C级为4、5级。

表4 螺柱　　　　　　　　　　　　　　　　　　　　　　　单位：mm

$b_m=1d$(GB/T 897)；$b_m=1.25d$(GB/T 898)；$b_m=1.5d$(GB/T 899)；$b_m=2d$(GB/T 900)

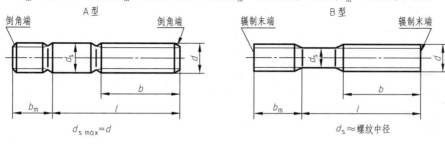

标记示例：
螺柱　GB/T 900　M10×50
(两端均为粗牙普通螺纹、$d=10$、$l=50$、性能等级为4.8级、不经表面处理、B型、$b_m=2d$的双头螺柱)
螺柱　GB/T 900　AM10-10×1×50
(旋入机体一端为粗牙普通螺纹、旋螺母端为螺距$P=1$的细牙普通螺纹、$d=10$、$l=50$、性能等级为4.8级、不经表面处理、A型、$b_m=2d$的双头螺柱)

续表

螺纹规格 d	b_m（旋入机体端长度）				l/b（螺柱长度/旋螺母端长度）				
	GB/T 897	GB/T 898	GB/T 899	GB/T 900					
M4	—	—	6	8	$\dfrac{16\sim22}{8}$	$\dfrac{25\sim40}{14}$			
M5	5	6	8	10	$\dfrac{16\sim22}{10}$	$\dfrac{25\sim50}{16}$			
M6	6	8	10	12	$\dfrac{20\sim22}{10}$	$\dfrac{25\sim30}{14}$	$\dfrac{32\sim75}{18}$		
M8	8	10	12	16	$\dfrac{20\sim22}{12}$	$\dfrac{25\sim30}{16}$	$\dfrac{32\sim90}{22}$		
M10	10	12	15	20	$\dfrac{25\sim28}{14}$	$\dfrac{30\sim38}{16}$	$\dfrac{40\sim120}{26}$	$\dfrac{130}{32}$	
M12	12	15	18	24	$\dfrac{25\sim30}{14}$	$\dfrac{32\sim40}{16}$	$\dfrac{45\sim120}{26}$	$\dfrac{130\sim180}{32}$	
M16	16	20	24	32	$\dfrac{30\sim38}{16}$	$\dfrac{40\sim55}{20}$	$\dfrac{60\sim120}{30}$	$\dfrac{130\sim200}{36}$	
M20	20	25	30	40	$\dfrac{35\sim40}{20}$	$\dfrac{45\sim65}{30}$	$\dfrac{70\sim120}{38}$	$\dfrac{130\sim200}{44}$	
(M24)	24	30	36	48	$\dfrac{45\sim50}{25}$	$\dfrac{55\sim75}{35}$	$\dfrac{80\sim120}{46}$	$\dfrac{130\sim200}{52}$	
(M30)	30	38	45	60	$\dfrac{60\sim65}{40}$	$\dfrac{70\sim90}{50}$	$\dfrac{95\sim120}{66}$	$\dfrac{130\sim200}{72}$	$\dfrac{210\sim250}{85}$
M36	36	45	54	72	$\dfrac{65\sim75}{45}$	$\dfrac{80\sim110}{60}$	$\dfrac{120}{78}$	$\dfrac{130\sim200}{84}$	$\dfrac{210\sim300}{97}$
M42	42	52	63	84	$\dfrac{70\sim80}{50}$	$\dfrac{85\sim110}{70}$	$\dfrac{120}{90}$	$\dfrac{130\sim200}{96}$	$\dfrac{210\sim300}{109}$
M48	48	60	72	96	$\dfrac{80\sim90}{60}$	$\dfrac{95\sim110}{80}$	$\dfrac{120}{102}$	$\dfrac{130\sim200}{108}$	$\dfrac{210\sim300}{121}$
$l_{系列}$	12、(14)、16、(18)、20、(22)、25、(28)、30、(32)、35、(38)、40、45、50、55、60、(65)、70、75、80、(85)、90、(95)、100～260(10进位)、280、300								

注：1. 尽可能不采用括号内的规格。末端按 GB/T 2—2000 规定。
2. $b_m=1d$，一般用于钢对钢；$b_m=(1.25\sim1.5)d$，一般用于钢对铸铁；$b_m=2d$，一般用于钢对铝合金。

表 5　螺钉　　　　　　　　　　　　　　　　　　　　　　单位：mm

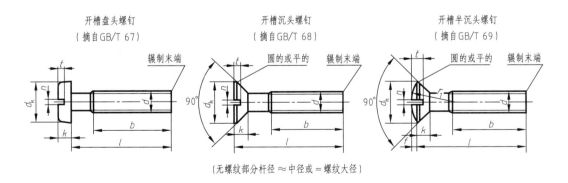

标记示例：
螺钉　GB/T 67　M5×60
（螺纹规格 $d=$M5、$l=60$、性能等级为 4.8 级、不经表面处理的开槽盘头螺钉）

续表

螺纹规格 d	P	b_{min}	n 公称	f GB/T 69	r_1 GB/T 69	k_{max} GB/T 67	k_{max} GB/T 68 GB/T 69	$d_{k\,max}$ GB/T 67	$d_{k\,max}$ GB/T 68 GB/T 69	t_{min} GB/T 67	t_{min} GB/T 68	t_{min} GB/T 69	l 范围 GB/T 67	l 范围 GB/T 68 GB/T 69	全螺纹时最大长度 GB/T 67	全螺纹时最大长度 GB/T 68 GB/T 69
M2	0.4	25	0.5	4	0.5	1.3	1.2	4	3.8	0.5	0.4	0.8	2.5~20	3~20	30	30
M3	0.5	25	0.8	6	0.7	1.8	1.65	5.6	5.5	0.7	0.6	1.2	4~30	5~30	30	30
M4	0.7		1.2	9.5	1	2.4	2.7	8	8.4	1	1	1.6	5~40	6~40	40	45
M5	0.8		1.2	9.5	1.2	3	2.7	9.5	9.3	1.2	1.1	2	6~50	8~50	40	45
M6	1	38	1.6	12	1.4	3.6	3.3	12	12	1.4	1.2	2.4	8~60	8~60	40	45
M8	1.25		2	16.5	2	4.8	4.65	16	16	1.9	1.8	3.2	10~80		40	45
M10	1.5		2.5	19.5	2.3	6	5	20	20	2.4	2	3.8	10~80		40	45
l 系列	2、2.5、3、4、5、6、8、10、12、(14)、16、20~50(5进位)、(55)、60、(65)、70、(75)、80															

注：螺纹公差：6g；机械性能等级：4.8、5.8；产品等级：A。

开槽锥端紧定螺钉（摘自 GB/T 71）　　开槽平端紧定螺钉（摘自 GB/T 73）　　开槽长圆柱端紧定螺钉（摘自 GB/T 75）

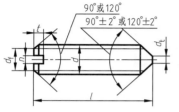 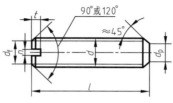 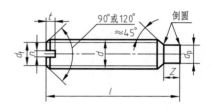

标记示例：

螺钉 GB/T 71　M5×20

（螺纹规格 d＝M5、公称长度 l＝20、性能等级为 14H 级、表面氧化的开槽锥端紧定螺钉）

螺纹规格 d	P	d_f	$d_{t\,max}$	$d_{p\,max}$	n 公称	t_{max}	Z_{max}	l 范围 GB 71	l 范围 GB 73	l 范围 GB 75
M2	0.4	螺纹小径	0.2	1	0.25	0.84	1.25	3~10	2~10	3~10
M3	0.5		0.3	2	0.4	1.05	1.75	4~16	3~16	5~16
M4	0.7		0.4	2.5	0.6	1.42	2.25	6~20	4~20	6~20
M5	0.8		0.5	3.5	0.8	1.63	2.75	8~25	5~25	8~25
M6	1		1.5	4	1	2	3.25	8~30	6~30	8~30
M8	1.25		2	5.5	1.2	2.5	4.3	10~40	8~40	10~40
M10	1.5		2.5	7	1.6	3	5.3	12~50	10~50	12~50
M12	1.75		3	8.5	2	3.6	6.3	14~60	12~60	14~60
l 系列	2、2.5、3、4、5、6、8、10、12、(14)、16、20、25、30、35、40、45、50、(55)、60									

注：螺纹公差：6g；机械性能等级：14H、22H；产品等级：A。

内六角圆柱头螺钉（摘自 GB/T 70.1）

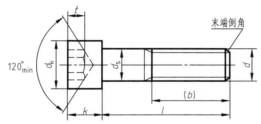 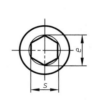

标记示例：

螺钉　GB/T 70.1　M5×20

（螺纹规格 d＝M5、公称长度 l＝20、性能等级为 8.8 级、表面氧化的内六角圆柱头螺钉）

续表

螺纹规格 d		M4	M5	M6	M8	M10	M12	(M14)	M16	M20	M24	M30	M36
螺距 P		0.7	0.8	1	1.25	1.5	1.75	2	2	2.5	3	3.5	4
b 参考		20	22	24	28	32	36	40	44	52	60	72	84
$d_{k\max}$	光滑头部	7	8.5	10	13	16	18	21	24	30	36	45	54
	滚花头部	7.22	8.72	10.22	13.27	16.27	18.27	21.33	24.33	30.33	36.39	45.39	54.46
$k_{\max}$		4	5	6	8	10	12	14	16	20	24	30	36
$t_{\min}$		2	2.5	3	4	5	6	7	8	10	12	15.5	19
s 公称		3	4	5	6	8	10	12	14	17	19	22	27
$e_{\min}$		3.44	4.58	5.72	6.86	9.15	11.43	13.72	16	19.44	21.73	25.15	30.35
$d_{s\max}$		4	5	6	8	10	12	14	16	20	24	30	36
l 范围		6～40	8～50	10～60	12～80	16～100	20～120	25～140	25～160	30～200	40～200	45～200	55～200
全螺纹时最大长度		25	25	30	35	40	45	55	55	65	80	90	100
l 系列		6、8、10、12、(14)、(16)、20～50（5 进位）、(55)、60、(65)、70～160（10 进位）、180、200												

注：1. 括号内的规格尽可能不用。
2. 机械性能等级：8.8、12.9。
3. 螺纹公差：机械性能等级 8.8 级时为 6g，12.9 级时为 5g、6g。
4. 产品等级：A。

表 6　垫圈　　　　　　　　　　　　　　　　　　　　　　　　单位：mm

小垫圈——A 级（摘自 GB/T 848）
平垫圈——A 级（摘自 GB/T 97.1）
平垫圈　倒角型——A 级（摘自 GB/T 97.2）
平垫圈——C 级（摘自 GB/T 95）
大垫圈——A 级（摘自 GB/T 96.1）
特大垫圈——C 级（摘自 GB/T 5287）

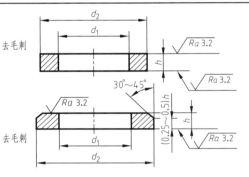

标记示例：
垫圈　GB/T 95　8
（标准系列、公称尺寸 $d=8$、性能等级为 100HV 级、不经表面处理的平垫圈）
垫圈　GB/T 97.2　8
（标准系列、公称尺寸 $d=8$、性能等级为 A140 级、倒角型、不经表面处理的平垫圈）

公称尺寸（螺纹规格）d	标准系列									特大系列			大系列			小系列		
	GB/T 95 (C级)			GB/T 97.1 (A级)			GB/T 97.2 (A级)			GB/T 5287 (C级)			GB/T 96.1 (A级)			GB/T 848 (A级)		
	$d_{1\min}$	$d_{2\max}$	h	$d_{1\min}$	$d_{2\max}$	h	$d_{1\min}$	$d_{2\max}$	h	$d_{1\min}$	$d_{2\max}$	h	$d_{1\min}$	$d_{2\max}$	h	$d_{1\min}$	$d_{2\max}$	h
4	—	—	—	4.3	9	0.8	—	—	—	—	—	—	4.3	12	1	4.3	8	0.5
5	5.5	10	1	5.3	10	1	5.3	10	1	5.5	18	2	5.3	15	1.2	5.3	9	1
6	6.6	12	1.6	6.4	12	1.6	6.4	12	1.6	6.6	22	2	6.4	18	1.6	6.4	11	1.6
8	9	16	1.6	8.4	16	1.6	8.4	16	1.6	9	28	3	8.4	24	2	8.4	15	1.6
10	11	20	2	10.5	20	2	10.5	20	2	11	34	3	10.5	30	2.5	10.5	18	1.6
12	13.5	24	2.5	13	24	2.5	13	24	2.5	13.5	44	4	13	37	3	13	20	2
14	15.5	28	2.5	15	28	2.5	15	28	2.5	15.5	50	4	15	44	3	15	24	2.5
16	17.5	30	3	17	30	3	17	30	3	17.5	56	4	17	50	3	17	28	2.5
20	22	37	3	21	37	3	21	37	3	22	72	4	22	60	4	21	34	3
24	26	44	4	25	44	4	25	44	4	26	85	4	26	72	5	25	39	4
30	33	56	4	31	56	4	31	56	4	33	105	4	33	92	5	31	50	4
36	39	66	5	37	66	5	37	66	5	39	125	6	39	110	8	37	60	5
42①	45	78	8										45	125	10			
48	52	92	8										52	145	10			

① 表示尚未列入相应产品标准的规格。
注：1. A 级适用于精装配系列，C 级适用于中等装配系列。
2. C 级垫圈没有 $Ra\,3.2$ 和去毛刺的要求。
3. GB/T 848 主要用于圆柱头螺钉，其他用于标准的六角螺栓、螺母和螺钉。

续表

标准型弹簧垫圈(摘自 GB/T 93)

标记示例:

垫圈 GB/T 93 10

(规格 10、材料为 65Mn、表面氧化的标准型弹簧垫圈)

规格(螺纹大径)	4	5	6	8	10	12	16	20	24	30	36	42	48
$d_{1\min}$	4.1	5.1	6.1	8.1	10.2	12.2	16.2	20.2	24.5	30.5	36.5	42.5	48.5
$s=b$ 公称	1.1	1.3	1.6	2.1	2.6	3.1	4.1	5	6	7.5	9	10.5	12
$m \leqslant$	0.55	0.65	0.8	1.05	1.3	1.55	2.05	2.5	3	3.75	4.5	5.25	6
$H_{\max}$	2.75	3.25	4	5.25	6.5	7.75	10.25	12.5	15	18.75	22.5	26.25	30

注:m 应大于零。

表7 销   单位:mm

圆柱销(摘自 GB/T 119.1)

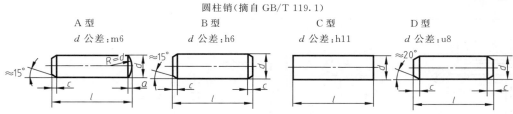

标记示例:

销 GB/T 119.1 6 m6×30

(公称直径 $d=6$、公差为 m6、公称长度 $l=30$、材料为钢、不经表面处理的圆柱销)

销 GB/T 119.1 6 m6×30—A1

(公称直径 $d=6$、公差为 m6、公称长度 $l=30$、材料为A1组奥氏体不锈钢、表面简单处理的圆柱销)

d(公称)m6/h8	2	3	4	5	6	8	10	12	16	20	25
$c \approx$	0.35	0.5	0.63	0.8	1.2	1.6	2	2.5	3	3.5	4
l 范围	6~20	8~30	8~40	10~50	12~60	14~80	18~95	22~140	26~180	35~200	50~200
l 系列(公称)	2、3、4、5、6~32(2 进位)、35~100(5 进位)、120~≥200(按 20 递增)										

圆锥销(摘自 GB/T 117)

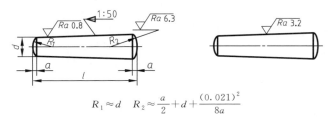

$$R_1 \approx d \quad R_2 \approx \frac{a}{2}+d+\frac{(0.021)^2}{8a}$$

标记示例:

销 GB/T 117 10×60

(公称直径 $d=10$、长度 $l=60$、材料为 35 钢、热处理硬度 28~38HRC、表面氧化处理的 A 型圆锥销)

d 公称	2	2.5	3	4	5	6	8	10	12	16	20	25
$a \approx$	0.25	0.3	0.4	0.5	0.63	0.8	1.0	1.2	1.6	2.0	2.5	3.0
l 范围	10~35	10~35	12~45	14~55	18~60	22~90	22~120	26~160	32~180	40~200	45~200	50~200
l 系列	2、3、4、5、6~32(2 进位)、35~100(5 进位)、120~200(20 进位)											

续表

开口销(摘自 GB/T 91)

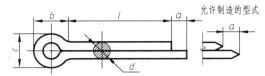

标记示例:
销 GB/T 91 5×50
(公称规格为 5,公称长度 l=50,材料为低碳钢,不经表面处理的开口销)

公称		0.8	1	1.2	1.6	2	2.5	3.2	4	5	6.3	8	10	12
d	max	0.7	0.9	1	1.4	1.8	2.3	2.9	3.7	4.6	5.9	7.5	9.5	11.4
	min	0.6	0.8	0.9	1.3	1.7	2.1	2.7	3.5	4.4	5.7	7.3	9.3	11.1
c_{max}		1.4	1.8	2	2.8	3.6	4.6	5.8	7.4	9.2	11.8	15	19	24.8
b		2.4	3	3	3.2	4	5	6.4	8	10	12.6	16	20	26
a_{max}		1.6			2.5			3.2		4			6.3	
$l_{范围}$		5~16	6~20	8~26	8~32	10~40	12~50	14~65	18~80	22~100	30~120	40~160	45~200	70~200
$l_{系列}$		4、5、6~32(2 进位)、36、40~100(5 进位)、120~200(20 进位)											

注:销孔的公称直径等于 $d_{公称}$,$d_{min} \leqslant$(销的直径)$\leqslant d_{max}$。

表 8 键   单位:mm

普通平键键槽的尺寸及公差(摘自 GB/T 1095)

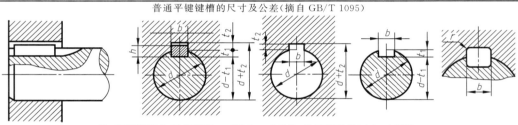

注:在工作图中,轴槽深用 t_1 或 $(d-t_1)$ 标注,轮毂槽深用 $(d+t_2)$ 标注。

轴的直径 d		键尺寸 $b \times h$	键槽								半径 r	
			宽度 b						深度				
			基本尺寸	极限偏差					轴 t_1		毂 t_2			
				正常连接		紧密连接	松连接		基本尺寸	极限偏差	基本尺寸	极限偏差		
大于	到			轴 N9	毂 JS9	轴和毂 P9	轴 H9	毂 D10					min	max
≥6	8	2×2	2	-0.004	±0.0125	-0.006	+0.025	+0.060	1.2	+0.1	1	+0.1	0.08	0.16
8	10	3×3	3	-0.029		-0.031	0	+0.020	1.8		1.4			
10	12	4×4	4	0	±0.015	-0.012	+0.030	+0.078	2.5	0	1.8	0		
12	17	5×5	5	-0.030		-0.042	0	+0.030	3.0		2.3			
17	22	6×6	6						3.5		2.8		0.16	0.25
22	30	8×7	8	0	±0.018	-0.015	+0.036	+0.098	4.0		3.3			
30	38	10×8	10	-0.036		-0.051	0	+0.040	5.0		3.3			
38	44	12×8	12						5.0		3.3			
44	50	14×9	14	0	±0.026	+0.018 / -0.061	+0.043 / 0	+0.120 / +0.050	5.5		3.8		0.25	0.40
50	58	16×10	16	-0.043					6.0		4.3			
58	65	18×11	18						7.0	+0.2	4.4	+0.2		
65	75	20×12	20						7.5	0	4.9	0		
75	85	22×14	22	0	±0.031	+0.022 / -0.074	+0.052 / 0	+0.149 / +0.065	9.0		5.4			
85	95	25×14	25	-0.052					9.0		5.4		0.40	0.60
95	110	28×16	28						10.0		6.4			
110	130	32×18	32						11.0		7.4			
130	150	36×20	36	0	±0.037	+0.026 / -0.088	+0.062 / 0	+0.180 / +0.080	12.0	+0.3	8.4	+0.3	0.70	1.0
150	170	40×22	40	-0.062					13.0	0	9.4	0		
170	200	45×25	45						15.0		10.4			

注:1. $(d-t_1)$ 和 $(d+t_2)$ 两组组合尺寸的极限偏差按相应的 t_1 和 t_2 的极限偏差选取,但 $(d-t_1)$ 极限偏差应取负号(-)。
2. 轴的直径不在本标准所列。仅供参考。

续表

普通平键的尺寸及公差(摘自 GB/T 1096)

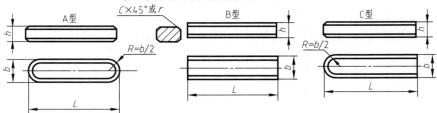

标记示例：
圆头普通平键(A 型)、$b=18mm$、$h=11mm$、$L=100mm$；GB/T 1096 键 18×11×100
平头普通平键(B 型)、$b=18mm$、$h=11mm$、$L=100mm$；GB/T 1096 键 B 18×11×100
单圆头普通平键(C 型)、$b=18mm$、$h=11mm$、$L=100mm$；GB/T 1096 键 C 18×11×100

宽度 b	基本尺寸		2	3	4	5	6	8	10	12	14	16	18	20	22
	极限偏差 (h8)		0 −0.014		0 −0.018			0 −0.022			0 −0.027			0 −0.033	
高度 h	基本尺寸		2	3	4	5	6	7	8	8	9	10	11	12	14
	极限偏差	矩形 (h11)	—		—				0 −0.090				0 −0.010		
		方形 (h8)	0 −0.014		0 −0.018				—				—		
倒角或圆角 r			0.16~0.25		0.25~0.40				0.40~0.60				0.60~0.80		
长度 L															
基本尺寸	极限偏差 (h14)														
6	0 −0.36					—	—	—	—	—	—	—	—	—	—
8							—	—	—	—	—	—	—	—	—
10								—	—	—	—	—	—	—	—
12	0 −0.48							—	—	—	—	—	—	—	—
14									—	—	—	—	—	—	—
16			—						—	—	—	—	—	—	—
18			—							—	—	—	—	—	—
20			—							—	—	—	—	—	—
22	0 −0.52		—			标准				—	—	—	—	—	—
25			—							—	—	—	—	—	—
28			—								—	—	—	—	—
32			—	—							—	—	—	—	—
36	0 −0.62		—	—								—	—	—	—
40			—	—								—	—	—	—
45			—	—	—			长度					—	—	—
50			—	—	—								—	—	—
56			—	—	—	—								—	—
63	0 −0.74		—	—	—	—								—	—
70			—	—	—	—	—								—
80			—	—	—	—	—								
90			—	—	—	—	—	—	范围						
100	0 −0.87		—	—	—	—	—	—							
110			—	—	—	—	—	—	—						
125			—	—	—	—	—	—	—	—					
140	0 −1.00		—	—	—	—	—	—	—	—	—				
160			—	—	—	—	—	—	—	—	—	—			
180			—	—	—	—	—	—	—	—	—	—	—		
200			—	—	—	—	—	—	—	—	—	—	—	—	
220	0 −1.15		—	—	—	—	—	—	—	—	—	—	—	—	—
250			—	—	—	—	—	—	—	—	—	—	—	—	—

续表

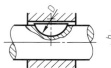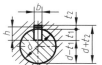

半圆键　键槽的剖面尺寸(摘自 GB/T 1098)
普通型　半圆键(摘自 GB/T 1099)

标注示例：

宽度 $b=6$mm，宽度 $h=10$mm，直径 $D=25$mm，普通型半圆键的标记为 GB/T 1099.1 键 $6\times10\times25$

键 尺 寸				键 槽				
				轴		轮毂 t_2		
b	h(h11)	D(h12)	c	t_1	极限偏差	t_2	极限偏差	半径 r
1.0	1.4	4		1.0		0.6		
1.5	2.6	7		2.0	+0.1 0	0.8		
2.0	2.6	7		1.8		1.0		
2.0	3.7	10	0.16～0.25	2.9		1.0		0.16～0.25
2.5	3.7	10		2.7		1.2		
3.0	5.0	13		3.8		1.4	+0.1 0	
3.0	6.5	16		5.3		1.4		
4.0	6.5	16		5.0		1.8		
4.0	7.5	19		6.0	+0.2 0	1.8		
5.0	6.5	16		4.5		2.3		
5.0	7.5	19	0.25～0.40	5.5		2.3		0.25～0.40
5.0	9.0	22		7.0		2.3		
6.0	9.0	22		6.5		2.8		
6.0	10.0	25		7.5	+0.3 0	2.8	+0.2 0	
8.0	11.0	28	0.40～0.60	8.0		3.3		0.40～0.60
10.0	13.0	32		10.0		3.3		

注：1. 在图样中，轴槽深用 t_1 或 $(d-t_1)$ 标注，轮毂槽深用 $(d+t_2)$ 标注。$(d-t_1)$ 和 $(d+t_2)$ 的两个组合尺寸的极限偏差按相应 t_1 和 t_2 的极限偏差选取，但 $(d-t_1)$ 极限偏差应为负偏差。

2. 键长 L 的两端允许倒成圆角，圆角半径 $r=0.5\sim1.5$mm。

3. 键宽 b 的下偏差统一为"-0.025"。

表9　基本尺寸小于500mm的标准公差　　　　单位：μm

基本尺寸/mm		公 差 等 级																		
大于	到	IT01	IT0	IT1	IT2	IT3	IT4	IT5	IT6	IT7	IT8	IT9	IT10	IT11	IT12	IT13	IT14	IT15	IT16	IT17	IT18
—	3	0.3	0.5	0.8	1.2	2	3	4	6	10	14	25	40	60	100	140	250	400	600	1000	1400
3	6	0.4	0.6	1	1.5	2.5	4	5	8	12	18	30	48	75	120	180	300	480	750	1200	1800
6	10	0.4	0.6	1	1.5	2.5	4	6	9	15	22	36	58	90	150	220	360	580	900	1500	2200
10	18	0.5	0.8	1.2	2	3	5	8	11	18	27	43	70	110	180	270	430	700	1100	1800	2700
18	30	0.6	1	1.5	2.5	4	6	9	13	21	33	52	84	130	210	330	520	840	1300	2100	3300
30	50	0.7	1	1.5	2.5	4	7	11	16	25	39	62	100	160	250	390	620	1000	1600	2500	3900
50	80	0.8	1.2	2	3	5	8	13	19	30	46	74	120	190	300	460	740	1200	1900	3000	4600
80	120	1	1.5	2.5	4	6	10	15	22	35	54	87	140	220	350	540	870	1400	2200	3500	5400
120	180	1.2	2	3.5	5	8	12	18	25	40	63	100	160	250	400	630	1000	1600	2500	4000	6300
180	250	2	3	4.5	7	10	14	20	29	46	72	115	185	290	460	720	1150	1850	2900	4600	7200
250	315	2.5	4	6	8	12	16	23	32	52	81	130	210	320	520	810	1300	2100	3200	5200	8100
315	400	3	5	7	9	13	18	25	36	57	89	140	230	360	570	890	1400	2300	3600	5700	8900
400	500	4	6	8	10	15	20	27	40	63	97	155	250	400	630	970	1550	2500	4000	6300	9700

附录

表 10 滚动轴承

单位：mm

深沟球轴承（摘自 GB/T 276）	圆锥滚子轴承（摘自 GB/T 297）	推力球轴承（摘自 GB/T 301）
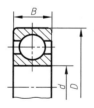	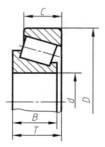	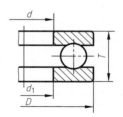
标记示例：滚动轴承 6310 GB/T 276	标记示例：滚动轴承 30212 GB/T 297	标记示例：滚动轴承 51305 GB/T 301

轴承型号	尺寸/mm			轴承型号	尺寸/mm					轴承型号	尺寸/mm			
	d	D	B		d	D	B	C	T		d	D	T	d_1
尺寸系列〔(0)2〕				尺寸系列〔02〕						尺寸系列〔12〕				
6202	15	35	11	30203	17	40	12	11	13.25	51202	15	32	12	17
6203	17	40	12	30204	20	47	14	12	15.25	51203	17	35	12	19
6204	20	47	14	30205	25	52	15	13	16.25	51204	20	40	14	22
6205	25	52	15	30206	30	62	16	14	17.25	51205	25	47	15	27
6206	30	62	16	30207	35	72	17	15	18.25	51206	30	52	16	32
6207	35	72	17	30208	40	80	18	16	19.75	51207	35	62	18	37
6208	40	80	18	30209	45	85	19	16	20.75	51208	40	68	19	42
6209	45	85	19	30210	50	90	20	17	21.75	51209	45	73	20	47
6210	50	90	20	30211	55	100	21	18	22.75	51210	50	78	22	52
6211	55	100	21	30212	60	110	22	19	23.75	51211	55	90	25	57
6212	60	110	22	30213	65	120	23	20	24.75	51212	60	95	26	62
尺寸系列〔(0)3〕				尺寸系列〔03〕						尺寸系列〔13〕				
6302	15	42	13	30302	15	42	13	11	14.25	51304	20	47	18	22
6303	17	47	14	30303	17	47	14	12	15.25	51305	25	52	18	27
6304	20	52	15	30304	20	52	15	13	16.25	51306	30	60	21	32
6305	25	62	17	30305	25	62	17	15	18.25	51307	35	68	24	37
6306	30	72	19	30306	30	72	19	16	20.75	51308	40	78	26	42
6307	35	80	21	30307	35	80	21	18	22.75	51309	45	85	28	47
6308	40	90	23	30308	40	90	23	20	25.25	51310	50	95	31	52
6309	45	100	25	30309	45	100	25	22	27.25	51311	55	105	35	57
6310	50	110	27	30310	50	110	27	23	29.25	51312	60	110	35	62
6311	55	120	29	30311	55	120	29	25	31.50	51313	65	115	36	67
6312	60	130	31	30312	60	130	31	26	33.50	51314	70	125	40	72

注：圆括号中的尺寸系列代号在轴承代号中省略。

表 11 优先及常用配合轴的极限偏差

单位：μm

代号 基本尺寸/mm 大于 至	a 11	b 11	c *11	d *9	e 8	f *7	g *6	g 5	h *6	h *7	h 8	h *9	h 10	h *11	h 12	js 6	k *6	k 6	m 6	n *6	n 6	p *6	p 6	r 6	r 6	s *6	s 6	t 6	u *6	u 6	v 6	x 6	y 6	z 6
— 3	−270 −330	−140 −200	−60 −120	−20 −45	−14 −28	−6 −16	−2 −8	−4	0 −6	0 −10	0 −14	0 −25	0 −40	0 −60	0 −100	±3	+6 0	+6 +1	+8 +2	+10 +4	+10 +4	+12 +6	+12 +6	+16 +10	+16 +10	+20 +14	+20 +14		+24 +18	+24 +18		+26 +20		+32 +26
3 6	−270 −345	−140 −215	−70 −145	−30 −60	−20 −38	−10 −22	−4 −12	−5	0 −8	0 −12	0 −18	0 −30	0 −48	0 −75	0 −120	±4	+9 +1	+9 +1	+12 +4	+16 +8	+16 +8	+20 +12	+20 +12	+23 +15	+23 +15	+27 +19	+27 +19		+31 +23	+31 +23		+36 +28		+43 +35
6 10	−280 −370	−150 −240	−80 −170	−40 −76	−25 −47	−13 −28	−5 −14	−6	0 −9	0 −15	0 −22	0 −36	0 −58	0 −90	0 −150	±4.5	+10 +1	+10 +1	+15 +6	+19 +10	+19 +10	+24 +15	+24 +15	+28 +19	+28 +19	+32 +23	+32 +23		+37 +28	+37 +28		+43 +34		+51 +42
10 14	−290 −400	−150 −260	−95 −205	−50 −93	−32 −59	−16 −34	−6 −17	−8	0 −11	0 −18	0 −27	0 −43	0 −70	0 −110	0 −180	±5.5	+12 +1	+12 +1	+18 +7	+23 +12	+23 +12	+29 +18	+29 +18	+34 +23	+34 +23	+39 +28	+39 +28		+44 +33	+44 +33		+51 +40		+61 +50
14 18	−290 −400	−150 −260	−95 −205	−50 −93	−32 −59	−16 −34	−6 −17	−8	0 −11	0 −18	0 −27	0 −43	0 −70	0 −110	0 −180	±5.5	+12 +1	+12 +1	+18 +7	+23 +12	+23 +12	+29 +18	+29 +18	+34 +23	+34 +23	+39 +28	+39 +28		+44 +33	+44 +33	+50 +39	+56 +45		+71 +60
18 24	−300 −430	−160 −290	−110 −240	−65 −117	−40 −73	−20 −41	−7 −20	−9	0 −13	0 −21	0 −33	0 −52	0 −84	0 −130	0 −210	±6.5	+15 +2	+15 +2	+21 +8	+28 +15	+28 +15	+35 +22	+35 +22	+41 +28	+41 +28	+48 +35	+48 +35		+54 +41	+54 +41	+60 +47	+67 +54	+76 +63	+86 +73
24 30	−300 −430	−160 −290	−110 −240	−65 −117	−40 −73	−20 −41	−7 −20	−9	0 −13	0 −21	0 −33	0 −52	0 −84	0 −130	0 −210	±6.5	+15 +2	+15 +2	+21 +8	+28 +15	+28 +15	+35 +22	+35 +22	+41 +28	+41 +28	+48 +35	+48 +35	+54 +41	+61 +48	+61 +48	+68 +55	+77 +64	+88 +75	+101 +88
30 40	−310 −470	−170 −330	−120 −280	−80 −142	−50 −89	−25 −50	−9 −25	−11	0 −16	0 −25	0 −39	0 −62	0 −100	0 −160	0 −250	±8	+18 +2	+18 +2	+25 +9	+33 +17	+33 +17	+42 +26	+42 +26	+50 +34	+50 +34	+59 +43	+59 +43	+64 +48	+76 +60	+76 +60	+84 +68	+96 +80	+110 +94	+128 +112
40 50	−320 −480	−180 −340	−130 −290	−80 −142	−50 −89	−25 −50	−9 −25	−11	0 −16	0 −25	0 −39	0 −62	0 −100	0 −160	0 −250	±8	+18 +2	+18 +2	+25 +9	+33 +17	+33 +17	+42 +26	+42 +26	+50 +34	+50 +34	+59 +43	+59 +43	+70 +54	+86 +70	+86 +70	+97 +81	+113 +97	+130 +114	+152 +136
50 65	−340 −530	−190 −380	−140 −330	−100 −174	−60 −106	−30 −60	−10 −29	−13	0 −19	0 −30	0 −46	0 −74	0 −120	0 −190	0 −300	±9.5	+21 +2	+21 +2	+30 +11	+39 +20	+39 +20	+51 +32	+51 +32	+60 +41	+60 +41	+72 +53	+72 +53	+85 +66	+106 +87	+106 +87	+121 +102	+141 +122	+163 +144	+191 +172
65 80	−360 −550	−200 −390	−150 −340	−100 −174	−60 −106	−30 −60	−10 −29	−13	0 −19	0 −30	0 −46	0 −74	0 −120	0 −190	0 −300	±9.5	+21 +2	+21 +2	+30 +11	+39 +20	+39 +20	+51 +32	+51 +32	+62 +43	+62 +43	+78 +59	+78 +59	+94 +75	+121 +102	+121 +102	+139 +120	+165 +146	+193 +174	+229 +210
80 100	−380 −600	−220 −440	−170 −390	−120 −207	−72 −126	−36 −71	−12 −34	−15	0 −22	0 −35	0 −54	0 −87	0 −140	0 −220	0 −350	±11	+25 +3	+25 +3	+35 +13	+45 +23	+45 +23	+59 +37	+59 +37	+73 +51	+73 +51	+93 +71	+93 +71	+113 +91	+146 +124	+146 +124	+168 +146	+200 +178	+236 +214	+280 +258
100 120	−410 −630	−240 −460	−180 −400	−120 −207	−72 −126	−36 −71	−12 −34	−15	0 −22	0 −35	0 −54	0 −87	0 −140	0 −220	0 −350	±11	+25 +3	+25 +3	+35 +13	+45 +23	+45 +23	+59 +37	+59 +37	+76 +54	+76 +54	+101 +79	+101 +79	+126 +104	+166 +144	+166 +144	+194 +172	+232 +210	+276 +254	+332 +310
120 140	−460 −710	−260 −510	−200 −450	−145 −245	−85 −148	−43 −83	−14 −39	−18	0 −25	0 −40	0 −63	0 −100	0 −160	0 −250	0 −400	±12.5	+28 +3	+28 +3	+40 +15	+52 +27	+52 +27	+68 +43	+68 +43	+88 +63	+88 +63	+117 +92	+117 +92	+147 +122	+195 +170	+195 +170	+227 +202	+273 +248	+325 +300	+390 +365
140 160	−520 −770	−280 −530	−210 −460	−145 −245	−85 −148	−43 −83	−14 −39	−18	0 −25	0 −40	0 −63	0 −100	0 −160	0 −250	0 −400	±12.5	+28 +3	+28 +3	+40 +15	+52 +27	+52 +27	+68 +43	+68 +43	+90 +65	+90 +65	+125 +100	+125 +100	+159 +134	+215 +190	+215 +190	+253 +228	+305 +280	+365 +340	+440 +415
160 180	−580 −830	−310 −560	−230 −480	−145 −245	−85 −148	−43 −83	−14 −39	−18	0 −25	0 −40	0 −63	0 −100	0 −160	0 −250	0 −400	±12.5	+28 +3	+28 +3	+40 +15	+52 +27	+52 +27	+68 +43	+68 +43	+93 +68	+93 +68	+133 +108	+133 +108	+171 +146	+235 +210	+235 +210	+277 +252	+335 +310	+405 +380	+490 +465
180 200	−660 −950	−340 −630	−240 −530	−170 −285	−100 −172	−50 −96	−15 −44	−20	0 −29	0 −46	0 −72	0 −115	0 −185	0 −290	0 −460	±14.5	+33 +4	+33 +4	+46 +17	+60 +31	+60 +31	+79 +50	+79 +50	+106 +77	+106 +77	+151 +122	+151 +122	+195 +166	+265 +236	+265 +236	+313 +284	+379 +350	+454 +425	+549 +520
200 225	−740 −1030	−380 −670	−260 −550	−170 −285	−100 −172	−50 −96	−15 −44	−20	0 −29	0 −46	0 −72	0 −115	0 −185	0 −290	0 −460	±14.5	+33 +4	+33 +4	+46 +17	+60 +31	+60 +31	+79 +50	+79 +50	+109 +80	+109 +80	+159 +130	+159 +130	+209 +180	+287 +258	+287 +258	+339 +310	+414 +385	+499 +470	+604 +575
225 250	−820 −1110	−420 −710	−280 −570	−170 −285	−100 −172	−50 −96	−15 −44	−20	0 −29	0 −46	0 −72	0 −115	0 −185	0 −290	0 −460	±14.5	+33 +4	+33 +4	+46 +17	+60 +31	+60 +31	+79 +50	+79 +50	+113 +84	+113 +84	+169 +140	+169 +140	+225 +196	+313 +284	+313 +284	+369 +340	+454 +425	+549 +520	+669 +640
250 280	−920 −1240	−480 −800	−300 −620	−190 −320	−110 −191	−56 −108	−17 −49	−23	0 −32	0 −52	0 −81	0 −130	0 −210	0 −320	0 −520	±16	+36 +4	+36 +4	+52 +20	+66 +34	+66 +34	+88 +56	+88 +56	+126 +94	+126 +94	+190 +158	+190 +158	+250 +218	+347 +315	+347 +315	+417 +385	+507 +475	+612 +580	+742 +710
280 315	−1050 −1370	−540 −860	−330 −650	−190 −320	−110 −191	−56 −108	−17 −49	−23	0 −32	0 −52	0 −81	0 −130	0 −210	0 −320	0 −520	±16	+36 +4	+36 +4	+52 +20	+66 +34	+66 +34	+88 +56	+88 +56	+130 +98	+130 +98	+202 +170	+202 +170	+272 +240	+382 +350	+382 +350	+457 +425	+557 +525	+682 +650	+822 +790
315 355	−1200 −1560	−600 −960	−360 −720	−210 −350	−125 −214	−62 −119	−18 −54	−25	0 −36	0 −57	0 −89	0 −140	0 −230	0 −360	0 −570	±18	+40 +4	+40 +4	+57 +21	+73 +37	+73 +37	+98 +62	+98 +62	+144 +108	+144 +108	+226 +190	+226 +190	+304 +268	+426 +390	+426 +390	+511 +475	+626 +590	+766 +730	+936 +900
355 400	−1350 −1710	−680 −1040	−400 −760	−210 −350	−125 −214	−62 −119	−18 −54	−25	0 −36	0 −57	0 −89	0 −140	0 −230	0 −360	0 −570	±18	+40 +4	+40 +4	+57 +21	+73 +37	+73 +37	+98 +62	+98 +62	+150 +114	+150 +114	+244 +208	+244 +208	+330 +294	+471 +435	+471 +435	+566 +530	+696 +660	+856 +820	+1036 +1000
400 450	−1500 −1900	−760 −1160	−440 −840	−230 −385	−135 −232	−68 −131	−20 −60	−27	0 −40	0 −63	0 −97	0 −155	0 −250	0 −400	0 −630	±20	+45 +5	+45 +5	+63 +23	+80 +40	+80 +40	+108 +68	+108 +68	+166 +126	+166 +126	+272 +232	+272 +232	+370 +330	+530 +490	+530 +490	+635 +595	+780 +740	+960 +920	+1140 +1100
450 500	−1650 −2050	−840 −1240	−480 −880	−230 −385	−135 −232	−68 −131	−20 −60	−27	0 −40	0 −63	0 −97	0 −155	0 −250	0 −400	0 −630	±20	+45 +5	+45 +5	+63 +23	+80 +40	+80 +40	+108 +68	+108 +68	+172 +132	+172 +132	+292 +252	+292 +252	+400 +360	+580 +540	+580 +540	+660 +660	+860 +820	+1040 +1000	+1290 +1250

注：带"*"者为优先选用的，其他为常用的。

表 12 优先及常用配合孔的极限偏差

单位：μm

代号		A	B	C	D	E	F	G	H								JS		K			M	N		P		R	S	T	U
基本尺寸/mm		公差等级																												
大于	至	11	11	*11	*9	8	*8	*7	6	*7	*8	*9	10	*11	12	6	7	6	*7	8	7	6	*7	6	*7	7	*7	7	*7
—	3	+330 +270	+200 +140	+120 +60	+45 +20	+28 +14	+20 +6	+12 +2	+6 0	+10 0	+14 0	+25 0	+40 0	+60 0	+100 0	±3	±5	0 −6	0 −10	0 −14	−2 −12	−4 −10	−4 −14	−6 −12	−6 −16	−10 −20	−14 −24	—	−18 −28
3	6	+345 +270	+215 +140	+145 +70	+60 +30	+38 +20	+28 +10	+16 +4	+8 0	+12 0	+18 0	+30 0	+48 0	+75 0	+120 0	±4	±6	+2 −6	+3 −9	+5 −13	0 −12	−5 −13	−4 −16	−9 −17	−8 −20	−11 −23	−15 −27	—	−19 −31
6	10	+370 +280	+240 +150	+170 +80	+76 +40	+47 +25	+35 +13	+20 +5	+9 0	+15 0	+22 0	+36 0	+58 0	+90 0	+150 0	±4.5	±7	+2 −7	+5 −10	+6 −16	0 −15	−7 −16	−4 −19	−12 −21	−9 −24	−13 −28	−17 −32	—	−22 −37
10	14	+400 +290	+260 +150	+205 +95	+93 +50	+59 +32	+43 +16	+24 +6	+11 0	+18 0	+27 0	+43 0	+70 0	+110 0	+180 0	±5.5	±9	+2 −9	+6 −12	+8 −19	0 −18	−9 −20	−5 −23	−15 −26	−11 29	−16 −34	−21 −39	—	−26 −44
14	18																												
18	24	+430 +300	+290 +160	+240 +110	+117 +65	+73 +40	+53 +20	+28 +7	+13 0	+21 0	+33 0	+52 0	+84 0	+130 0	+210 0	±6.5	±10	+2 −11	+6 −15	+10 −23	0 −21	−11 −24	−7 −28	−18 −31	−14 −35	−20 −41	−27 −48	—	−33 −54
24	30																											−33 −54	−40 −61
30	40	+470 +310	+330 +170	+280 +120	+142 +80	+89 +50	+64 +25	+34 +9	+16 0	+25 0	+39 0	+62 0	+100 0	+160 0	+250 0	±8	±12	+3 −13	+7 −18	+12 −27	0 −25	−12 −28	−8 −33	−21 37	−17 −42	−25 −50	−34 −59	−39 −64	−51 −76
40	50	+480 +320	+340 +180	+290 +130																								−45 −70	−61 −86
50	65	+530 +340	+380 +190	+330 +140	+174 +100	+106 +60	+76 +30	+40 +10	+19 0	+30 0	+46 0	+74 0	+120 0	+190 0	+300 0	±9.5	±15	+4 −15	+9 −21	+14 −32	0 −30	−14 −33	−9 −39	−26 −45	−21 −51	−30 −60	−42 −72	−55 −85	−76 −106
65	80	+550 +360	+390 +200	+340 +150																						−32 −62	−48 −78	−64 −94	−91 −121
80	100	+600 +380	+440 +220	+390 +170	+207 +120	+126 +72	+90 +36	+47 +12	+22 0	+35 0	+54 0	+87 0	+140 0	+220 0	+350 0	±11	±17	+4 −18	+10 −25	+16 −38	0 −35	−16 −38	−10 −45	−30 −52	−24 −59	−38 −73	−58 −93	−78 −113	−111 −146
100	120	+630 +410	+460 +240	+400 +180																						−41 −76	−66 −101	−91 −126	−131 −166
120	140	+710 +460	+510 +260	+450 +200	+245 +145	+148 +85	+106 +43	+54 +14	+25 0	+40 0	+63 0	+100 0	+160 0	+250 0	+400 0	±12.5	±20	+4 −21	+12 −28	+20 −43	0 −40	−20 −45	−12 −52	−36 −61	−28 −68	−48 −88	−77 −117	−107 −147	−155 −195
140	160	+770 +520	+530 +280	+460 +210																						−52 −90	−85 −125	−119 −159	−175 −215
160	180	+830 +580	+560 +310	+480 +230																						−53 −93	−93 −133	−131 −171	−195 −235
180	200	+950 +660	+630 +340	+530 +240	+285 +170	+172 +100	+122 +50	+61 +15	+29 0	+46 0	+72 0	+115 0	+185 0	+290 0	+460 0	±14.5	±23	+5 −24	+13 −33	+22 −50	0 −46	−22 −51	−14 −60	−41 −70	−33 −79	−60 −106	−105 −151	−149 −195	−219 −265
200	225	+1030 +740	+670 +380	+550 +260																						−63 −109	−113 −159	−163 −209	−241 −287
225	250	+1110 +820	+710 +420	+570 +280																						−67 −113	−123 −169	−179 −225	−267 −313
250	280	+1240 +920	+800 +480	+620 +300	+320 +190	+191 +110	+137 +56	+69 +17	+32 0	+52 0	+81 0	+130 0	+210 0	+320 0	+520 0	±16	±26	+5 −27	+16 −36	+25 −56	0 −52	−25 −57	−14 −66	−47 −79	−36 −88	−74 −126	−138 −190	−198 −250	−295 −347
280	315	+1370 +1050	+860 +540	+650 +330																						−78 −130	−150 −202	−220 −272	−330 −382
315	355	+1560 +1200	+960 +600	+720 +360	+350 +210	+214 +125	+151 +62	+75 +18	+36 0	+57 0	+89 0	+140 0	+230 0	+360 0	+570 0	±18	±28	+7 −29	+17 −40	+28 −61	0 −57	−26 −62	−16 −73	−51 −87	−41 −98	−87 −144	−169 −226	−247 −304	−369 −426
355	400	+1710 +1350	+1040 +680	+760 +400																						−93 −150	−187 −244	−273 −330	−414 −471
400	450	+1900 +1500	+1160 +760	+840 +440	+385 +230	+232 +135	+165 +68	+83 +20	+40 0	+63 0	+97 0	+155 0	+250 0	+400 0	+630 0	±20	±31	+8 −32	+18 −45	+29 −68	0 −63	−27 −67	−17 −10	−55 −95	−45 −108	−103 −166	−209 −272	−307 −370	−467 −530
450	500	+2050 +1650	+1240 +840	+880 +480																						−109 −172	−229 −292	−337 −400	−517 −580

注：带“*”者为优先选用的，其他为常用的。

表 13 机构运动简图符号（摘自 GB 4460）

名称	例图	基本符号	可用符号
轴、杆		—	
螺杆		～	
螺杆与螺母			
深沟球轴承			
推力球轴承			
角接触球轴承			
圆柱齿轮啮合			
圆锥齿轮啮合			
蜗轮蜗杆啮合			

名称	例图	基本符号	可用符号
V 带传动			
滑动轴承与轴			
轮子与轴			
轮孔与轴固定联接			
花键轴与花键孔			
平带传动			
圆皮带传动			
电动机（一般符号）			
电动机（装在支架上）			

表 14　常用热处理方法及应用

名称	处理方法	应用
退火	将钢件加热到临界温度以上,保温一段时间,然后缓慢地冷却下来(例如在炉中冷却)	用来消除铸、锻、焊零件的内应力,降低硬度,改善加工性能,增加塑性和韧性,细化金属晶粒,使组织均匀。适用于 w_C 在 0.83% 以下的铸、锻、焊零件
正火	将钢件加热到临界温度以上,保温一段时间,然后在空气中冷却下来,冷却速度比退火快	用来处理低碳和中碳结构钢件及渗碳零件,使其晶粒细化,增加强度与韧性,改善切削加工性能
淬火	将钢件加热到临界温度以上,保温一段时间,然后在水、盐水或油中急速冷却下来,使其增加硬度、耐磨性	用来提高钢的硬度、强度和耐磨性。但淬火后会引起内应力及脆性,因此淬火后的钢件必须回火
回火	将淬火后的钢件,加热到临界温度以下的某一温度,保温一段时间,然后在空气或油中冷却下来	用来消除淬火时产生的脆性和内应力,以提高钢件的韧性和强度
调质	淬火后进行高温回火(450~650℃)称为调质	可以完全消除内应力,并获得较高的综合机械性能。一些重要零件淬火后都要经过调质处理
表面淬火	用火焰或高频电流将零件表面迅速加热至临界温度以上,急速冷却	使零件表层有较高的硬度和耐磨性,而内部保持一定的韧性,使零件既耐磨又能承受冲击,如重要的齿轮、曲轴、活塞销等
渗碳	将低、中碳($w_C<0.4\%$)钢件,在渗碳剂中加热到 900~950℃,停留一段时间,使零件表面增碳 0.4~0.6mm,然后淬火	增加零件表面硬度、耐磨性、抗拉强度及疲劳极限。适用于低碳、中碳结构钢的中小型零件及大型重负荷、受冲击、耐磨的零件
液体碳氮共渗	使零件表面增加碳与氮,其扩散层深度较浅(0.2~0.5mm)。在 0.2~0.4mm 层具有高硬度 66~70HRC	增加结构钢、工具钢零件的表面硬度、耐磨性及疲劳极限,提高刀具切削性能和使用寿命。适用于要求硬度高、耐磨的中、小型及薄片的零件和刀具
渗氮	使零件表面增氮,氮化层为 0.025~0.8mm。氮化层硬度极高(达 1200HV)	增加零件的表面硬度、耐磨性、疲劳极限及抗蚀能力。适用于含铝、铬、钼、锰等合金钢,如要求耐磨的主轴、量规、样板、水泵轴、排气门等零件
冰冷处理	将淬火钢件继续冷却至室温以下的处理方法	进一步提高零件的硬度、耐磨性,使零件尺寸趋于稳定,如用于滚动轴承的钢球
发蓝发黑	用加热办法使零件工作表面形成一层氧化铁组成的保护性薄膜	防腐蚀、美观,用于一般紧固件
时效处理	天然时效:在空气中存放半年到一年以上 人工时效:加热到 200℃左右,保温 10~20h 或更长时间	使铸件或淬火后的钢件慢慢消除其内应力,而达到稳定其形状和尺寸

注:w_C 为 C 的质量分数。

表 15　常用金属材料与非金属材料

名称		牌号	说明	应用举例
黑色金属材料	灰铸铁 GB/T 9439	HT100	HT——"灰铁"代号 150——抗拉强度(MPa)	属低强度铸铁,用于盖、手把、手轮等不重要零件
		HT150		属中等强度铸铁,用于一般铸件如机床座、端盖、带轮、工作台等
		HT200		属高强度铸铁,用于较重要铸件,如气缸、齿轮、凸轮、机座、床身、飞轮、带轮、齿轮箱、阀壳、联轴器、衬筒、轴承座等
	球墨铸铁 GB/T 1348	QT450-10	QT——"球铁"代号 450——抗拉强度(MPa) 10——伸长率(%)	具有较高的强度和塑性,广泛用于机械制造业中受磨损和受冲击的零件,如曲轴、气缸套、活塞环、摩擦片、中低压阀门、千斤顶座等
		QT500-7		
		QT600-3		

续表

名称		牌号	说明	应用举例
黑色金属材料	铸钢 GB/T 11352	ZG200-400	ZG——"铸钢"代号 200——屈服强度（MPa） 400——抗拉强度（MPa）	用于各种形状的零件，如机座、变速箱壳等
		ZG270-500		用于各种形状的零件，如飞轮、机架、水压机工作缸、横梁等
		ZG310-570		用于各种形状的零件，如联轴器、气缸、齿轮及重负荷的机架等
	普通碳素结构钢 GB/T 700	Q215-A	Q——"屈"字代号 215——屈服点数值（MPa） A——质量等级	塑性大、抗拉强度低、易焊接，用于炉撑、铆钉、垫圈、开口销
		Q235-A		有较高的强度和硬度，伸长率也相当大，可以焊接，用途很广，是一般机械上的主要材料，用于低速轻载齿轮、键、拉杆、钩子、螺栓、套圈等
		Q275		
	优质碳素结构钢 GB/T 699	15、15F	15——平均含碳量（质量分数，万分之几） F——沸腾钢	塑性、韧性、焊接性能和冷冲性能均极好，但强度低。用于螺钉、螺母、法兰盘、渗碳零件等
		35		不经热处理可用于中等载荷的零件，如拉杆、轴套筒、钩子等；经调质处理后适用于强度及韧性要求较高的零件，如传动轴等
		45		用于强度要求较高的零件，如齿轮、机床主轴、花键轴等
		15Mn	15——平均含碳量（质量分数，万分之几） Mn——含锰量较高	其性能与15钢相似，渗碳后淬透性、强度比15钢高
		45Mn		用于受磨损的零件，如转轴、心轴、齿轮、花键轴等
有色金属材料	普通黄铜 GB/T 5232	H59	H——"黄"铜的代号 96——基体元素铜的含量（质量分数）	用于热轧、热压零件，如套管、螺母等
		H68		用于复杂的冷冲零件和深拉伸零件，如弹壳、垫座等
		H96		用于散热器和冷凝器管子等
	铸造锡青铜 GB/T 1176	ZCuSn5Pb5Zn5	Z——"铸"造代号 Cu——基体金属铜元素符号 Sn10——锡元素符号及名义含量（质量分数，%）	用于轴瓦、衬套、缸套、油塞、离合器、蜗轮等中等滑动速度下工作的耐磨、耐腐蚀零件
		ZCuSn10Zn2		用于中等及较高负荷和小滑动速度下工作的重要管配件，以及阀、旋塞、泵体、齿轮、叶轮、蜗轮等
		ZCuAl9Fe4Ni4Mn2		用于船舶螺旋桨、耐磨和400℃以下工作的零件，如轴承、齿轮、蜗轮、螺母、阀体、法兰等
		ZCuAl10Fe3		用于强度高、耐磨、耐蚀的零件，如蜗轮、轴承、衬套、耐热管配件等
	铸造铝合金 GB/T 1173	ZAlSi5Cu1Mg	Z——"铸"造代号 Al——基体元素铝元素符号 Si5——硅元素符号及名义含量（质量分数，%）	用于风冷发动机的气缸头、机闸、油泵体等225℃以下工作的零件
		ZAlCu4		用于中等载荷、形状较简单的200℃以下工作的小零件
非金属材料	尼龙	尼龙6	6、66为顺序号，66比6的力学性能和线膨胀系数高	力学性能高、韧性好、耐磨、耐水、耐油，用于一般机械零件、传动件及减摩耐磨件，如齿轮、蜗轮、轴承、丝杠、螺母、凸轮、风扇叶轮、螺钉、垫圈等，其特点是运转时噪声小
		尼龙66		
	耐油橡胶板 GB/T 5574	3707	37、38——顺序号 07——扯断强度（kPa）	用于在一定温度的机油、变压器油、汽油等介质中工作的零件，冲制各种形状的垫圈
		3807		
		3709		
		3809		

续表

名称	牌号	说明	应用举例
软钢纸板 QB 365		规格： 920×650　650×490 650×400　400×300	用于密封连接处垫片
工业用 平面毛毡 FJ 314	T112-32～44 T122-30～38 T132-32～36	T112——细毛 T122——半粗毛 T132——粗毛 后两位数是密度（g/cm^3）值乘100（如 T112-32～44 是指密度为 0.32～0.44g/cm^3）	用作密封、防振缓冲衬垫

（非金属材料）

[1] 霍振生. 汽车机械识图. 第2版. 北京：高等教育出版社，2013.
[2] 金大鹰. 机械制图. 第2版. 北京：机械工业出版社，2009.
[3] 布仁. 汽车机械识图. 北京：化学工业出版社，2011.
[4] 国家技术监督局. 技术制图与机械制图. 北京：中国标准出版社，1996.
[5] 王槐德. 机械制图新旧标准代换教程（修订版）. 北京：中国标准出版社，2004.
[6] 张应龙. 汽车维修识图及实例详解. 北京：化学工业出版社，2013.
[7] 徐彩琴. 汽车机械制图. 北京：中国地质大学出版社，2011.
[8] 易波. 汽车零部件识图. 北京：机械工业出版社，2012.
[9] 成大先. 机械设计手册·电子版. 北京：化学工业出版社，2010.